Ernst-Wilhelm Händler

Die Produktion von Gesellschaft

S. FISCHER

Aus Verantwortung für die Umwelt hat sich der S. Fischer Verlag zu einer nachhaltigen Buchproduktion verpflichtet. Der bewusste Umgang mit unseren Ressourcen, der Schutz unseres Klimas und der Natur gehören zu unseren obersten Unternehmenszielen. Gemeinsam mit unseren Partnern und Lieferanten setzen wir uns für eine klimaneutrale Buchproduktion ein, die den Erwerb von Klimazertifikaten zur Kompensation des CO_2-Ausstoßes einschließt.

Weitere Informationen finden Sie unter:
www.klimaneutralerverlag.de

FSC
www.fsc.org
MIX
Papier aus verantwortungsvollen Quellen
FSC® C014496

Erschienen bei S. FISCHER

Umschlaggestaltung: Andreas Heilmann und Gundula Hissmann, Hamburg
Umschlagabbildung: Martta Garcia Ramo / @LUMAS.com
Satz: Dörlemann Satz, Lemförde
Druck und Bindung: GGP Media GmbH, Pößneck
Printed in Germany
ISBN 978-3-10-397139-2

Everything is vague to a degree you do not realize
till you have tried to make it precise.

Sir Bertrand Russell

Inhalt

0
Vorbemerkung

Die Gesellschaften der Gegenwart sind zuallererst dadurch gekennzeichnet, dass auf allen Ebenen und unablässig produziert wird. Das geschieht ohne ein übergeordnetes Ziel und ohne Gesamtsinn. Gesellschaft besteht aus Produktionsumgebungen: Die hier vorgeschlagene Gesellschaftstheorie betrachtet Gesellschaft als eine je nach den historischen Gegebenheiten strukturierte Ansammlung beziehungsweise Abfolge von Produktionsumgebungen.

Wenn wir über Produktion sprechen, heißt das keineswegs, dass wir etwa gegenüber der kapitalistischen Ökonomie als Praxis und Theorie bedingungslos die weiße Flagge zeigen. Nichts liegt uns ferner, als einem Primat der Ökonomie das Wort zu reden, schon gar nicht in Bezug auf die Gesellschaftstheorie. Der Gedanke der Produktion ist in allen Gliederungen und Untergliederungen der Gesellschaft gegenwärtig. Er wirkt im Kleinen wie im Großen. Unser Ziel ist, den Gedanken der Produktion zu isolieren und seinen grundsätzlichen Einfluss auf Gesellschaft zu erkunden. Produktion ist nicht an ein spezifisches ökonomisches Regime gebunden. Weder an ein dezentralisiert kapitalistisches noch an ein sozialistisch zentralisiertes. Nicht an eine klassische Wettbewerbsökonomie mit Preissystem, aber auch nicht an andere Koordinationsmodelle wie zum Beispiel Matching Markets ohne Preise. Der Gedanke der Produktion ist völlig unabhängig von den Modellen der Profitmaximierung durch Firmen und der Nutzenmaximierung durch Konsumenten. Ökonomische Theorie bedeutet immer auch Optimierung, als Nahziel, Fernziel oder, wie bei Behavioral Economics, zumindest als Referenzpunkt. In der Gesellschaftstheorie können optimierende Modelle höchstens Spezialfälle darstellen.

Produktion und Optimierung müssen entkoppelt werden. Produktion meint nicht automatisch Optimierung. Produktion bedeutet: In einer Produktionsumgebung gibt es Handlungsalternativen, Pläne und realisierte Pläne. In einer Produktionsumgebung kann etwas produziert werden, in einer Produktionsumgebung werden Pläne gemacht, in einer Produktionsumgebung wird tatsächlich etwas produziert. Die Entscheidungsinstanz kann ein einzelner Mensch sein, eine Gruppe von Menschen oder auch Software. *Innerhalb* einer Produktionsumgebung gibt es Ziele und Sinn. Optimierung ist lediglich eins von unendlich vielen möglichen Zielen. Ökonomischer Sinn für einzelne Produktionsumgebungen oder für eine Ansammlung von Produktionsumgebungen ist nur eine Sorte von unendlich vielen möglichen Sinngebungen.

Wir werden einen Vorschlag machen, wie Produktion und Gesellschaft zweckmäßig formal modelliert werden können. Uns ist bewusst, dass formale gesellschaftstheoretische Modelle in der Soziologie nur geringen und in der Gesamtgesellschaft gar keinen Rückhalt haben. Die zur Begleitung bereiten Leser und Leserinnen mögen die Bemühung als ein Gedankenspiel sehen, das zu Denkwegen führt, die auf den ersten Blick abwegig erscheinen, die jedoch überraschende Anschlussmöglichkeiten bieten.

Die Versuche zu klären, ›was das Soziale eigentlich ist‹, sind Legion. Ein Forschungsprojekt, das alle Sozialtheorien katalogisiert, die in der Geschichte der Menschheit eine Rolle gespielt haben beziehungsweise vorgeschlagen wurden, wäre ein Unterfangen, das nie an ein Ende kommen würde. Zur Nomenklatur: Wir unterscheiden zwischen Sozialtheorie und Gesellschaftstheorie. Alle Gesellschaftstheorien sind auch Sozialtheorien, aber nicht jede Sozialtheorie stellt auch eine Gesellschaftstheorie auf.

Jede Gesellschaft und jede Subgesellschaft bastelt sich

ihre eigene mehr oder weniger komplexe Gesellschaftstheorie. Wir berücksichtigen in diesem Buch die Systeme Niklas Luhmanns, die Netzwerke von Harrison White und Bruno Latour, die verschiedenen Soziologien Pierre Bourdieus, die Handlungstheorie von Gabriel Tarde und die Sinnüberschuss-Theorie von Dirk Baecker. Wir gehen ausschließlich auf Ansätze ein, die ein Minimum an formaler Entschlossenheit aufweisen.

Luhmanns Ziel ist ein klassisches: Er will klären, was Gesellschaft ist. Gesellschaften und Subgesellschaften sind soziale Systeme. Die Netzwerke von White und Latour sind soziale Situationen. Gesellschaft kann als ein besonderer Typ von Netzwerk oder als eine Zusammenballung von Netzwerken aufgefasst werden. Aber weder White noch Latour sind wirklich daran interessiert, einen Gesellschaftsbegriff zu definieren. Man könnte formulieren: Sie bieten Gesellschaftstheorien ohne Gesellschaften an. Wir glauben, dass das ein Fehler ist. Ein Gesellschaftsbegriff ist nötiger denn je: Die Bedrohung der Ökologie des Planeten erfordert Gegenmaßnahmen, über die sich möglichst viele Verursacher einigen müssen. Es geht hier nicht um den Konflikt zwischen Zusammenballungen von Menschen, zwischen sozialen Systemen oder sozialen Netzwerken. *Alle* Zusammenballungen von Menschen, alle sozialen Systeme und alle sozialen Netzwerke sehen sich der Möglichkeit des Untergangs gegenüber, wenn die Ökologie des Planeten weiter in die lebensfeindliche Richtung umgestaltet wird. Der *einen* Bedrohung muss einheitlich begegnet werden, dazu gehört auch eine prononcierte Gesellschaftstheorie. Eine in der gegenwärtigen Situation adäquate Theorie des sozialen Lebens muss einen Beitrag leisten, die Zersplitterung der Ursachen für die ökologische Bedrohung nicht zu maximieren, sondern zu reduzieren.

Die in diesem Buch aufgestellte Gesellschaftstheorie schlägt in Bezug auf zwei sehr heterogene Tendenzen des soziologischen Gegenwartsdenkens die Gegenrichtung ein: Gesellschaftliche Dynamik und nicht Stasis bildet den Orientierungspunkt. Unabhängig davon wird angestrebt, dass sich die Gesellschaftstheorie der Philosophie annähert, anstatt den Abstand zwischen den beiden weiter zu vergrößern.

Die aktuellen Formalisierungsvorschläge soziales System, Network und Actor-Network sind ihrer verbalen Intention nach dynamisch, in ihrer tatsächlichen Performance jedoch statisch. Sie haben nur geringe Anstöße zur empirischen Untersuchung der Dynamik sozialer Entwicklung gegeben. Das im Folgenden vorgeschlagene Begriffsgerüst, die Produktionstheorie der Gesellschaft, versucht dezidiert, der gesellschaftlichen Dynamik den ihr zukommenden Raum zu geben. Eine tragende Rolle spielen hier Ersetzbarkeit und Ersetzung. Die Ersetzbarkeit von Individuen ist eine der besonders eingängigen Eigenschaften des Begriffes Gesellschaft. Gesellschaftliche Differenzierung führt dazu, dass auch ganz andere Entitäten Kandidaten für Ersetzungen werden. Ersetzbarkeit wird zum Kern unseres Begriffsgerüsts zählen.

In der Gegenwart ist die Kommunikation zwischen der Philosophie und der Sozialtheorie durchaus prekär. Bis zum Aufstieg der Analytischen Philosophie im 20. Jahrhundert waren Philosophie und Gesellschaftstheorie untrennbar verbunden. Ziel der Analytischen Philosophie war, philosophische Probleme möglichst durch den Rückgriff auf mengentheoretische und entsprechende logische Methoden zu lösen. Weil Mathematik und Logik essenziell zeitlos sind, koppelte sich die Analytische Philosophie von der Position der Beobachterin in der Zeit und ihrer Vorgeschichte ab. Da eine zeitlose gesellschaftliche Position keinen Sinn macht, war damit eine Absage der Analytischen Philosophie an die Gesellschaftstheorie verbunden. Der Verzicht wurde von der Analytischen Philosophie mit einem generellen physikalischen Reduktionismus verbunden, der Beschäftigung mit Gesellschaftstheorie weitgehend überflüssig machen sollte. Alle biologischen und sozialen Phänomene sollten auf physikalische zurückgeführt werden, der Akt der Rückführung wurde als eine reine Fleißaufgabe betrachtet. Angesichts der unzähligen Emergenzphänomene bereits in der Physik erscheint diese Geisteshaltung nicht erst heute unbegreiflich. Als Folge des Schismas zwischen Gesellschaftstheorie und Analytischer Philosophie fanden wichtige Einsichten der Analytischen Philosophie über die Sprache, über das interne Funktionieren von wissenschaftlichen Theorien und über die Kognition von Individuen keinen Eingang in die Sozialtheorie.

In der Gegenwart hakt die Kommunikation zwischen Sozialtheorie und Philosophie sowohl auf der Makro- als auch auf der Mikroebene. Auf der Makroebene stehen sich der neue philosophische Realismus und der Konstruktivismus der Gesellschaftstheoretiker und Gesellschaftstheoretikerinnen unversöhnlich gegenüber. Die neuen Realisten des 21. Jahrhunderts unter den Philosophen und Philosophinnen insistieren auf der Existenz einer vom Beobachter unabhängigen Wirklichkeit. Dagegen nimmt es die überwiegende Mehrzahl der Gesellschaftstheoretiker und Gesellschaftstheoretikerinnen als gesichert, dass der Beobachter oder die Beobachterin die jeweilige Wirklichkeit konstruieren. Auf der Mikroebene herrscht eine Berührungsphobie zwischen den Detailuntersuchungen der neuen Analytischen Philosophen und den philosophischen Anstrengungen der Physiker und Physikerinnen auf der einen Seite und den soziologischen Studien des Wissenschaftsbetriebs auf der anderen Seite. Dabei ist zu berücksichtigen, dass in ständig größer werdendem Ausmaß Philosophie innerhalb der Naturwissenschaften betrieben wird. Physiker und Physikerinnen, Philosophen und Philosophinnen blenden gleichermaßen aus, dass hinter Formeln Scientific Communities stehen. Soziologen und Soziologinnen behandeln Scientific Communities als Stammesgesellschaften, die unzugängliche Sprachen sprechen.

Indem die Produktionstheorie der Gesellschaft Möglichkeiten und realisierte Möglichkeiten immer unter einem

Handlungsgesichtspunkt betrachtet, ist sie in der Lage, die Kommunikationsstörungen zwischen Sozialtheorie und Philosophie wirkungsvoll anzugehen. Die Produktionstheorie der Gesellschaft stellt außerdem die Begriffe bereit, um die Dichotomie zwischen Naturwissenschaften und Sozialtheorie für beide Gebiete fruchtbar zu machen. In diesem Zusammenhang werden wir insbesondere die Rolle der Naturwissenschaften als methodologischer Orientierungspunkt für die Sozialtheorie beleuchten.

1
Netzwerke und Systeme 2 go

Wozu braucht man einen allgemeinen Gesellschaftsbegriff?

Der Mensch in den westlichen Gegenwartsgesellschaften nimmt seine Situation so wahr: Er ist in seinen Entschlüssen frei. Es ist seine Entscheidung, ob er Rihanna oder Taylor Swift hört. Ob er Serien von HBO oder von Netflix verfolgt. Ob er oder sie als Hardwaretechniker oder -technikerin oder als Softwaretechniker oder -technikerin arbeitet. Der moderne Mensch kontrolliert sein Leben im Rahmen seiner physischen Möglichkeiten – nicht jeder ist in der Lage, Marathon zu laufen – und innerhalb der Budgetbegrenzung –, er kann nicht viel mehr Geld ausgeben, als er hat.

Aber der Mensch gibt auch einen nicht geringen Teil der Kontrolle über sein Leben ab. Das ist ihm bei verschiedenen Gelegenheiten unterschiedlich bewusst. Der Mensch wird in bestimmte Verhältnisse hineingeboren. Er ist Bestandteil eines Zusammenhangs von kognitiven und emotionalen Inhalten sowie von Handlungszusammenhängen, die er sich nicht ausgesucht hat. Er kann nicht in jeder Situation jeden Gedanken und jede Handlung in Frage stellen. Dem Menschen der Gegenwart stehen ungleich mehr mögliche Lebensentwürfe offen als allen seinen Vorgängern. Darüber legt er sich jedoch nur im Ausnahmefall Rechenschaft ab – wenn er an einem Scheideweg steht und eine persönliche oder berufliche Entscheidung zwischen miteinander unvereinbaren Alternativen treffen muss.

Ob es ihm voll bewusst wird oder nicht: Der Mensch akzeptiert ein Normen- und Institutionssystem, das er nicht selbst aufgebaut hat und das er über den demokratischen Prozess nur marginal beeinflussen kann. Jeder Mensch muss

Kontrollverzicht üben, sonst wäre ein auch nur halbwegs berechenbarer Alltag nicht möglich. An wen oder was gibt der Mensch Kontrolle ab? Der Mensch gibt Kontrolle nur in genau definierten ökonomischen oder technologischen Prozesszusammenhängen an andere Menschen ab, an den Flugkapitän oder an den Abteilungsleiter der Firma, in der er arbeitet. Der Mensch räumt anderen Menschen keine generellen Kontrollbefugnisse ein. Auch demokratisches Gewähltsein bedeutet lediglich spezifische Befugnisse. Der Mensch gibt generelle Kontrolle an etwas ab, was nicht einfach die anderen Menschen ist. Der religiöse Mensch unterwirft sich göttlichen Normen. Der nicht komplett religiöse Mensch gibt generelle Kontrolle an eine nicht göttliche Entität ab: an die Gesellschaft.

Selbst wenn Gesellschaft alles durchdringt: *Gesellschaft* muss auch in irgendeiner Form eine abgesonderte Einheit bedeuten. Denn wie sähe die Alternative aus? Warum sollte sich der aufgeklärte Mensch *unmittelbar* Normen und Institutionen unterwerfen? Warum sollte der Mensch Gedanken und Handlungen *um ihrer selbst willen* akzeptieren?

Die aktuellen formal orientierten Sozialtheorien betrachten Netzwerke und Systeme. Der Schöpfer der soziologischen Netzwerktheorie ist Harrison C. White mit *Identity & Control.* Obwohl Netzwerktheoretiker, besteht Whites Anspruch darin, kein statischer, sondern ein Prozess-Denker zu sein. Die Knoten des Netzwerks sind gerade nicht sein Ausgangspunkt. Die elementaren Einheiten der White'schen Ontologie sind Kontrollversuche. Aus den Kontrollversuchen ergeben sich temporäre Identitäten:

> »An Identitiy emerges for each of us only out of efforts at control amid contingencies and contentions of interaction. These control efforts need not have anything to do with domination over other identities. Before anything else, control is about finding footings among other entities. […]

A firm, a community, a crowd, oneself on the tennis court, encounters of strangers on a sidewalk – each may be identities. Identity here is not restricted to our everyday notion of a person, of self, which takes for granted consciousness and integration, and presupposes personality. Instead I generalize identity to any source of action, any entity to which observers can attribute meaning not explicable from biophysical regularities. Those regularities are subsidiary to social context as environment, and persons will appear as bundles of identities.«[1]

Die Welt besteht zuerst weder aus den Identitäten der klassischen Philosophie noch aus strukturalistischen oder poststrukturalistischen Differenzen, sondern aus einer spezifischen Art von Operationen, aus Kontrollversuchen. Die sich aus diesen Operationen ergebenden Identitäten (und Differenzen) sind nicht statisch:

»My central claim entails that the lives of these identities are stochastic flows over time whose primary shapers and switchers come from the others, not just in local detail but also as overall patterns and dynamics – as co-constituted context.«[2]

Unter bestimmten Umständen können die Identitäten Strukturen bilden. Die Identitäten werden dann zu Knoten eines Netzwerks. Das White'sche Netzwerk soll dabei jedoch kein statisches Gitter darstellen. Die Knotenpunkte sind keine präexistenten Leerstellen, die später ausgefüllt werden. Sie entstehen erst durch das Wirken der Kontrollkräfte.

White verortet hegelsche Widersprüche im Alltagsleben:

»Regular life is shot full of contradictions. They are less obtrusive to adults than they are to children. The contradictions may even become invisible. Everyday life has trained us and supplies us with nice packages of stories. At any given time, we have learned to apply just some one of the set, and suppress memories of the switchbacks and changes that at other times we use and embroider to get along. Much of social science has been an auxiliary to this provision of packages of stories sufficient to account for most anything we find – but only by suitable ex post selection of one rather than another story.«[3]

Alle Widersprüche, egal, ob im Materiellen oder im Ideellen, sind letztlich Lebenswidersprüche. Es ist die Literatur, die inhaltliche und formale Erzählmuster liefert, mit deren Hilfe der Einzelne und die Netzwerke die Widersprüche managen. Wobei im Augenblick die Erzählmuster von Fernsehserien besonders einflussreich sind, die sich allerdings fast ausnahmslos aus der Literatur herleiten. Bei Wilhelm von Humboldt ist die Sprache natürlich, bei White ist Protoliteratur natürlich:

»Regular life in some account is a utopia. Regular life seems to support you at any time with an accounting, a story of what is going on and where you fit. If this were the whole story, there would be no triggering by happenstance, and you would not be in existence as an entity outside of prediction. You would not have an identity; you would not need it – any more than you would need an identity in a utopia.«[4]

Es muss betont werden, dass die White'schen Identitäten keineswegs nur auf Individuen beziehungsweise Personen hinauslaufen. Alle Arten von sozialen Gruppierungen, vom Stammtisch bis zum Staat, können Knoten im Netzwerk bilden.

Bruno Latour hat die nächste Generation der Netzwerke geprägt. Die aktuelle Version seiner Sozialtheorie findet sich in *Enquête sur les modes d'existence*. Die Knotenpunkte seiner Netzwerke sind nicht nur Menschen, sondern auch Dinge und Verfahren, z. B. Computerprogramme. Das Soziale besteht in den Relationen zwischen diesen Knotenpunkten. Dingen, Verfahren und Menschen wird gleichermaßen Agency zugeschrieben, es gibt keinen kategorialen Unterschied in Bezug auf den Akteursstatus.

Die Latour'schen Netzwerke breiten sich nicht aus, weil Menschen versuchen, Dinge und Vorgänge zu erfassen und sie zu gestalten. Die Einteilung der klassischen Philosophie in erkennende Subjekte und erkannte und erzeugte Objekte ist nach Latour völlig obsolet. Subjekte und Objekte sind nicht Anfangs- und Endpunkte einer Kausalkette, sondern werden von sich entfaltenden Netzwerken hervorgebracht. Alles, was es gibt, befindet sich in einem Netzwerk oder ist über ein Netzwerk zugänglich. Über die Netzwerke hinaus gibt es – nichts. Da ist kein Jenseits der Erkenntnis.

Das Netzwerksegment Ökonomie ist etwa durch das ständige Schreiben und Neuschreiben von Skripten gekennzeichnet. Der Einkauf im Supermarkt, die Fusion zweier Milliardenunternehmen wie auch das High Frequency Trading eines Hedge Fund vollziehen sich gemäß Skripten, die im Zeitablauf mehr oder weniger stark variieren. Die Wirtschaftssubjekte, die Computer und die Programme sind unablässig sowohl Autoren als auch Figuren in den entsprechenden Erzählungen. Allen Elementen des ökonomischen Netzwerksegments ist gemeinsam: Niemals beschreiben sie lediglich, niemals berechnen sie nur, immer agieren sie mit ihrer Beschreibung, ihrer Berechnung. Eine Bilanz ist nicht lediglich die Schilderung der ökonomischen Situation einer Firma, sondern eine Handlung der Geschäftsführung.

Der Ausgangspunkt der Luhmann'schen Gesellschaftstheorie ist die Differenz zwischen System und Umwelt. Das System beherrscht seine Umwelt nicht, seine Operationen sind in Bezug auf die Umwelt kontingent. Die Differenz erzeugt ein

Komplexitätsgefälle, welches das System zu ständigen Selektionen zwingt. Gesellschafts- wie Bewusstseinssysteme bestehen aus Kommunikationen und nichts anderem. Nur weil in Gesellschaften, bis jetzt, Menschen involviert sind, müssen sie noch lange nicht aus Menschen bestehen. Die Gesellschaft ist das System, das alle Kommunikationen außerhalb der Bewusstseinssysteme umfasst. Es gibt keine Kommunikation außerhalb der Gesellschaft. In Abwandlung von Wittgensteins *Tractatus* könnte die original luhmannsche Gesellschaft sagen: Die Grenzen meiner Kommunikation bedeuten die Grenzen meiner Welt.

Luhmann besteht darauf, dass das, was wir intern und extern äußern, alles ist, und wir sind nichts. Gesellschafts- und Bewusstseinssysteme erzeugen selbst ihre Bausteine, sie sind autopoietisch: Kommunikationen produzieren Kommunikationen, Gedanken produzieren Gedanken. Soziale Systeme sind mit der Umwelt strukturell gekoppelt. Der Begriff der strukturellen Kopplung beschreibt die notwendige Einbettung des Systems in seine Umwelt. Jedes System muss in dem Sinn an seine Umwelt angepasst sein, dass es in Lage ist, seine Operationen durchzuführen. Die Umwelt kann nicht direkt auf die Operationen des Systems einwirken. Nicht die Umwelt stört das System, das System stört sich selbst. Soziale Systeme sind mit Bewusstseinssystemen gekoppelt. Ohne Bewusstseinssysteme keine sozialen Systeme, wobei die Umkehrung gerade nicht gilt.

Die Luhmann'sche Theorie liefert unter anderem eine überzeugende Explikation des gesellschaftlichen Hintergrundes. *Die* Gesellschaft ist jeweils dasjenige soziale System, welches die fundamentalen Prinzipien für das Operieren aller anderen Subsysteme liefert, indem es die fundamentalen Komplexitätsreduktionen liefert. Die Selektivität *der* Gesellschaft ermöglicht erst die Selektivität aller andern sozialen Systeme.

Die Luhmann-Rezeption wird durch ein ontologisches und ein Ingenieurs-Missverständnis beeinträchtigt. Am Anfang aller größeren Werke Luhmanns steht eine Variation des Satzes: *Ein System ist …* Für das ontologische Fehlverständnis ist der Gesellschaftstheoretiker aus Bielefeld selbst verantwortlich. Denn es ist nicht wirklich wichtig, was ein System ist oder nicht ist, woraus ein System besteht und wie im Einzelnen die Elemente gekoppelt sind. Wichtig ist allein: Zwischen System und Umwelt muss eine klare Grenze existieren. Diese Grenze darf *niemals* unscharf sein. Die Leistung der Luhmann'schen Gesellschaftstheorie liegt gerade nicht darin, die Welt mit Systemen zu möblieren und nachzuweisen, aus welchen Katalogen die Möbel stammen. Luhmaniacs mögen sich schütteln, aber soziale Systeme müssen nicht unbedingt aus Kommunikationen bestehen. Durchaus geeignete Kandidaten wären zum Beispiel auch Handlungen. Der Ontologe Luhmann ist nicht nur überflüssig, unglückseligerweise beschädigt er den Funktionalisten Luhmann, und das in nicht geringem Ausmaß.

Luhmanns Gedankengebäude ist auf zwei separaten Fundamenten situiert: auf der Differenz von System und Umwelt und auf einer radikal funktionalen Betrachtungsweise. Ihn interessiert nicht: Warum ist irgendetwas so und nicht anders? Er will auch nicht wissen: Warum gibt es die sozialen Gebilde, auf die man stößt? Er möchte wissen: Unter welchen Bedingungen gibt es die sozialen Gebilde, die es gibt, weiterhin? Man möchte sagen, Luhmann hat eine Phobie: Er ist von der Vorstellung heimgesucht, dass die Gesellschaft jeweils bei der nächsten Gelegenheit auseinanderfallen könnte. Alles, aber auch wirklich alles wird unter dem Gesichtspunkt beurteilt, was es dazu beiträgt, dass das betrachtete soziale Gebilde in dieser oder jener Form weiterexistiert.

Der Begriff der Funktion impliziert, dass die Stellen in einer Gesellschaft anders, aber nicht beliebig anders besetzt werden können. Gesellschaftstheorie ist auch eine Theorie der Leerstellen und wie sie besetzt oder nicht besetzt werden. Nicht alles, was ist, wäre anders möglich. Das, was anders möglich ist, kann aber nicht beliebig anders sein. Das Ingenieurs-Fehlverständnis ging schon so weit, Luhmann als Sozialingenieur zu bezeichnen. Ein Ingenieur konstruiert, indem er kausale Zusammenhänge nützt. Nichts liegt Luhmann ferner, als kausal zu denken. Wer trotz allem die funktionalistische mit einer fundamentalontologischen Perspektive vereinigen will, muss Willard Van Orman Quine mit *On What There Is* abwandeln: To be is to be the value of a functional explanation.

Luhmann, White und Latour haben eine klare Marschroute: Erst kommen die Systeme beziehungsweise die Netzwerke, dann – wenn überhaupt – das Individuum. Daraus folgt, dass ihnen das individuell Innerliche nicht viel bedeuten kann. Der Funktionalist Luhmann gewährt dem Innerlichen über die Autopoiesis noch einen gewissen Spielraum: Wenn es so etwas wie eine menschliche Innenwelt gibt, dann sorgt sie auch selbst dafür, dass sie weiterexistiert. Dagegen bestehen die Netzwerktheoretiker White und Latour darauf, dass das Innerliche komplett von außen produziert wird. Weder existiert eine unabhängige Außenwelt noch eine unabhängige Innenwelt. Bei Latour ist das menschliche Bewusstsein ein psychogenes Netzwerk. In den *modes d'existence* überträgt er die Einführung des Lesers in sein Theoriegebäude einer fiktiven Anthropologin. Sie zeigt auf eine riesige Apparatur, die zur Fabrikation des Inneren der Menschen notwendig sei: »Les Modernes ont de gros ego, c'est vrai, mais en prêtant l'oreille, on entend le ronronnement régulier des pompes d'exhaure qui mantiennent le vide de leur si précieuse intériorité.«[5] Spricht die Anthropologin Deutsch? Wenn ja, dann würde sie natürlich auch einen beträchtlichen Teil der deutschsprachigen Literatur zu den »fabriques d'intériorité«[6] rechnen.

Was Luhmanns Auffassung von Innerlichkeit als psychisches System betrifft, muss eine starke Einschränkung gemacht werden. Es ist nur sehr begrenzt fruchtbar, Innerpsychisches mit individuumsinternen Kommunikationen gleichzusetzen. Die individuumsinternen Kommunikationen werden von Luhmann als sprachliche Operationen begriffen. Gedanken sollen sprachliche Form besitzen. Oswald Wiener hat es sich zu einer Lebensaufgabe gemacht aufzuzeigen, dass viele Denkvorgänge eben nicht sprachlicher Natur sind.[7]

White und Latour wollen keine Denker der Statik sein. Das gilt auch für Luhmann. Netzwerke und Systeme schreiten in der Zeit voran, indem sie laufend neue Anschlüsse suchen und finden. Die Übergänge zwischen den Zeitpunkten geschehen durch Kommunikationen und Handlungen. Jede neue Kommunikation muss sich mindestens durch einen minimalen neuen Aspekt von den vorangegangenen Kommunikationen unterscheiden. Die Regeln für Kommunikationen und Handlungen werden in den System- und Netzwerktheorien als Strukturen bezeichnet.[8] Obwohl die jeweiligen mathematischen Apparate präzise ausformuliert sind, bieten jedoch weder die sozialen Netzwerktheorien noch die sozialen Systemtheorien Differenzengleichungen oder stetige, nach der Zeit differenzierbare Gleichungen an. Das stellt den naturwissenschaftlichen Idealfall dar, wenn dynamische Entwicklungen erfasst werden sollen. In den Sozialwissenschaften kommen Differenzen- und Differentialgleichungen praktisch nur in der Ökonomie vor.

Differentialgleichungen sind sinnvoll für die Erfassung isolierter, abgeschlossener Systeme mit wenigen Parametern und wenigen Variablen – mit der modernen IT können es auch ziemlich viele werden –, in denen die Parameter kontrolliert und die Variablen beobachtet werden können. Die Gleichungen beschreiben den Zeitverlauf der Beziehungen zwischen den Variablen in Abhängigkeit von den Parametern. Netzwerke und soziale Systeme haben immer zu viele Parameter und Variablen. Die moderne IT kann prinzipiell mit vielen Parametern und vielen Variablen fertig werden. Die Problematik besteht in der Erfassung der Vielzahl der Wechselwirkungen.

Auch wenn man zugesteht, dass es mehr als schwierig ist, die Dynamik von sozialen Systemen und Netzwerken mathematisch zu modellieren: Bei den Theoretikern und bei den von ihnen inspirierten Forschungsvorhaben existiert ein starkes Ungleichgewicht zwischen den statischen und den dynamischen Einlassungen. Viel Energie wird auf die Beschreibung konkreter Netzwerke und Systeme verwendet. Insbesondere die Netzwerktheorie, egal in welcher Version, glänzt mit empirischen Studien, die aussagefähige, detaillierte Momentaufnahmen liefern.[9] Keineswegs mit der gleichen Intensität werden jedoch die mehr als naheliegenden Fragen angegangen: Wie entwickelt sich das Netzwerk, das System im Zeitablauf? Wie genau vollzieht sich der Übergang des Systems, des Netzwerks von seinem Zustand zum Zeitpunkt t_1 zu seinem Zustand zum Zeitpunkt t_2? Gibt es generelle, lokale oder temporäre Regeln für die Übergänge der Netzwerke, der Systeme für die Übergänge von t zu $t+1$?

2
Soziale Zersplitterung und Metabetrachtung

Alle rezenten Sozialtheorien weisen zwei zentrale Gemeinsamkeiten auf: Sie betonen die Irreversibilität der sozialen Zersplitterung und die Notwendigkeit der sozialtheoretischen Metabetrachtung.

Sozialtheorien, die explizit Gesellschaftstheorien aufstellen, behandeln die soziale Zersplitterung als gesellschaftliche Differenzierung. Üblicherweise werden vier Typen von Differenzierung unterschieden: Segmentation, also Differenzierung in gleichrangige gesellschaftliche Teileinheiten, Differenzierung in Zentrum und Peripherie, hierarchische Differenzierung in Schichten und funktionale Differenzierung. Die ersten drei Typen haben stark an Bedeutung eingebüßt. Dafür gibt es in den Gesellschaften der Gegenwart eine anscheinend universale Drift zu funktionaler Differenzierung in Teileinheiten, die in ständig mehr Hinsichten voneinander unabhängig werden. Differenzierung ist auch die Antwort Luhmanns auf die Frage nach der Entwicklung von Gesellschaft in der Zeit. Für Luhmann gibt es nicht die vielen Gesellschaften, sondern nur eine Gesellschaft: die Weltgesellschaft. Die Spezifizierung der näheren Umstände bleibt er allerdings schuldig: Wann kommt es zu gesellschaftlicher Differenzierung, welche Bedingungen fördern sie, welche Bedingungen verhindern sie? Welche sind die Determinanten ihrer Geschwindigkeit? Ist es möglich, einen detaillierten Katalog möglicher Versionen von Differenzierung aufzustellen? Gibt es formale Gemeinsamkeiten zwischen inhaltlich verschiedenen Differenzierungsarten?

Merkwürdigerweise behandelt Luhmann das Thema Dynamik kaum für isolierte Systeme, sondern vor allem im Rahmen der Interaktion von Systemen: Die Interpenetration als Spezialfall der strukturellen Kopplung beschreibt den Fall der wechselseitigen Ko-Evolution von Systemen. Die Systeme sind aufeinander angewiesen, keins kann ohne das andere existieren. Auch Gehirne sind Systeme, Gehirne sowie Bewusstseinssysteme und Bewusstseinssysteme und soziale Systeme stehen zueinander im Verhältnis der Interpenetration. Luhmann begründet sein Vorgehen nicht explizit, etwa mit der Hypothese, dass Systemdynamik nur als Interaktion von Systemen auftritt.

Für White und Latour gibt es zuallererst soziale Situationen, die durch Netzwerke erfasst werden. Die so verschiedenen Netzwerke *sind* die soziale Zersplitterung. Auf der Basis von Netzwerken kann man Gesellschaft – Gesellschaften – definieren. White und Latour halten das für überflüssig. Wenn man trotzdem Gesellschaften denkt, dann findet gesellschaftliche Differenzierung auf zwei sehr verschiedenen Ebenen statt: Einerseits stellen die Netzwerke die radikale theoretische Konsequenz aus der Ubiquität der gesellschaftlichen Differenzierung dar. Andererseits rekonstruieren einzelne Netzwerke oder Cluster von Netzwerken bestimmte Arten von gesellschaftlicher Differenzierung. Bei White ergeben sich gesellschaftliche Differenzierungen als Spezialfälle der durch Kontrollversuche entstehenden Identitäten. Die *modes d'existence* von Latour sind als überzeitlich konzipiert, hier scheinen gesellschaftliche Differenzierungen ausschließlich innerhalb der jeweiligen Existenzweisen auf.

Die gesellschaftliche Metabetrachtung erfolgt in einem Kontinuum zwischen zwei Polen. Am einen Pol gibt es kein Außen der Gesellschaft, am entgegengesetzten Pol ist jedes Außen der Gesellschaft zulässig. Luhmann vertritt kompromisslos die Ansicht, dass eine einheitliche Beschreibung von

Gesellschaften nicht möglich ist, weil es überhaupt keinen Standpunkt außerhalb der Gesellschaft und auch keine sinnvoll privilegierte Beobachterposition in der Gesellschaft gibt. Der Beobachter erster Ordnung ist per definitionem nicht in der Lage, die Unterscheidungen, die er verwendet, selbst zu beobachten. Um die Möglichkeitsbedingungen für Beobachtungen zu erkunden, braucht es den Beobachter zweiter Ordnung. Der Beobachter zweiter Ordnung beobachtet den Beobachter erster Ordnung, ohne mit dessen Beobachtungen übereinzustimmen. Die Beobachtung zweiter Ordnung sieht, dass die Beobachtung erster Ordnung nicht sieht, und sie sieht, was die Beobachtung erster Ordnung nicht sieht. Die Gesellschaft hat kein Außerhalb, es gibt nur die vielen Gesellschaften. Die Einheit einer Gesellschaft ist das Produkt der Selbstbeobachtung der Gesellschaft oder der Beobachtung durch andere Gesellschaften.

John Levi Martin beschreibt die konträre Position. In *The Explanation of Social Action* weist er darauf hin, dass viele Gesellschaftstheoretiker bewusst oder unbewusst die Attitüde eines Therapeuten gegenüber seinem Patientengut annehmen. Der Patient meint nur, er handle aus diesen und jenen Beweggründen. Der Therapeut weiß es besser, er kennt die wirklichen Gründe für die Handlungen des Patienten. Als Beispiel führt Martin einen Soziologenkollegen an, der die Ertüchtigung durch Jogging direkt kausal mit den Erfordernissen der kapitalistischen Gesellschaft erklärt, unter expliziter Negation persönlicher Motive wie etwa Spaß am Sport. Martin ist konsistent, er genügt seiner Theorie: Man müsse bei der Erklärung von sozialen Phänomenen grundsätzlich das persönliche Motiv einbeziehen, entweder als Explanandum oder als Explanans. Martin weiß es besser als seine Kollegen, er ist der Metatherapeut.[10] Hier wäre anzumerken, dass Martin den autoritären Therapeuten nach dem Vorbild von Jean-Martin Charcot und seines Schülers Sigmund Freud konstruiert. Die Zeit ist über diese Form der Therapie hinweggegangen. Der moderne Therapeut betont die in vielen Dimensionen gleichberechtigte Interaktion mit seinem Klienten.

Der Antrieb für die sozialtheoretische Metabetrachtung, gleich in welcher Variante, speist sich aus zwei Energiequellen. Zum einen ist sie nicht unabhängig von der sozialen Zersplitterung. Wenn das Soziale aus immer mehr Einheiten besteht, wenn sich die Gesellschaft zunehmend in Teileinheiten aufspaltet, dann liegt es nahe, sowohl die Unterschiede als auch die Gemeinsamkeiten der Einheiten zu analysieren. Das betrifft auch die Art, wie die Einheiten beobachten. Damit ist man automatisch bei der Metabeobachtung. Zum anderen nehmen *alle* Akteure die Rolle von Sozialtheorie heute viel bewusster als früher wahr. Ein aktuelles Beispiel sind die Pläne für gesellschaftliche Experimente der Tech-Gründer im Silicon Valley und die Reaktionen darauf. Ohne soziale Einheiten geht gar nichts. Früher hat die Metaebene vor allem in Form von Verfassungstheorien auf die Objektebene zurückgewirkt. Der einschlägige Diskurs wurde vorzugsweise von Spezialisten geführt. Jetzt nimmt die Metaebene über mannigfache Kommunikationskreise Einfluss auf die Objektebene.

Obwohl sich die Sozialtheoretiker und Sozialtheoretikerinnen in Bezug auf die Wichtigkeit der Differenzierung und der Metabetrachtung einig sind, spiegeln sich beide Themen in den empirischen Studien, die die aktuellen Theoriegebäude begleiten, nicht wider. Das gilt sowohl für die Systemtheorie als auch für die Netzwerktheorien. Die soziale Zersplitterung kommt wie ein von den Göttern verhängtes Schicksal über Gegenstände der Studien. Die Metabetrachtung spielt keine Rolle. Die von den empirischen Studien verwendeten Bausteine aus der Systemtheorie und den Netzwerktheorien sind gegenüber der Differenzierung und der Metabetrachtung weitgehend invariant.

Systeme und Netzwerke bilden das Leben zu jeweils bestimmten Zeitpunkten sehr anspruchsvoll ab. Aber sie bieten keinen Zugang zu dem Leben dazwischen. Der Komplexitätsgrad der Momentaufnahmen von Systemen und Netzwerken ist sehr hoch, aber für alles, was über den definierten Moment hinausgeht, sehr niedrig. Luhmann blendet aus, wie einzelne soziale Systeme zustandekommen, und er untersucht die Mechanismen der Differenzierung von Gesellschaften nicht näher. Latour beschreibt zwar grosso modo, wie sich Netzwerke entfalten, aber die Verbindung zu den von ihm inaugurierten Feldstudien ist eine durchaus lockere. White denkt prinzipiell dynamisch, aber auch hier wird keine Brücke von der Theorie zu den empirischen Untersuchungen geschlagen. Warum sind bestimmte Kontrollversuche erfolgreich und andere nicht? Warum kommen bestimmte whitesche und latoursche Netzwerke ins Leben und andere nicht? Diese Fragen werden nicht einmal angegangen. Whites Wettbewerb der Kontrollversuche ist der Versuch einer grundsätzlichen Erklärung, die nicht mit konkreten Beispielen unterfüttert wird. Gesellschaften haben einen Anfang und ein Ende. Gesellschaften entfalten sich in der Zeit. Ein Gesellschaftsbegriff darf das Thema des Anfangs und des Endes nicht völlig im Ungefähren lassen. Das ist nicht Ausfluss einer Sehnsucht nach Geschichtsphilosophie. Sowohl in den Natur- als auch in den Geisteswissenschaften hat es sich als klarheitsfördernd erwiesen, die jeweiligen Beobachtungsbereiche zeitlich einzuschränken.

3
Die Produktion von Ersetzbarkeit

Im Folgenden soll versucht werden, eine Begrifflichkeit zu entwickeln, bei der die Tendenz zur gesellschaftlichen Differenzierung und die gesellschaftliche Metabetrachtung nicht nur äußerlich sind, sondern die vielmehr die beiden Phänomene als Fundamente des Theoriedesigns nutzt.

Die Lösung des Dynamikproblems muss darin bestehen, die Momentaufnahmen zu den Zeitpunkten t und t+1 nicht nur per Alltags- oder Fachsprache, sondern auch formal zu verknüpfen. Welche sind die Regeln, die dazu imstande sind, Gesellschaft zu t und t+1 zu verbinden? Es geht um Ersetzbarkeit. Egal, woraus Gesellschaft besteht: Bestimmte Komponenten können durch andere ersetzt werden, und man spricht noch von derselben Gesellschaft. Wogegen andere Ersetzungen dazu führen, dass die Gesellschaft eine andere oder gar keine mehr ist.

Bei diesem Thema ploppt natürlich sofort der Begriff der sozialen Rolle in seinen verschiedenen Versionen und mit seinen sehr unterschiedlichen Implikationen hoch: die Marx'sche ›Charaktermaske‹, die soziale Position Georg Simmels, die Pattern Variables von Talcott Parsons, der Role Set bei Robert K. Merton und der Mensch ohne Rollen, Ralph Dahrendorfs Homo sociologicus. Das Theaterstück bleibt dasselbe, wenn andere Schauspieler die Rollen spielen und der Regisseur den Text nicht bearbeitet. Aber bei diesen Begriffsbildungen ist die Ersetzbarkeit vor allem Heuristik: Man möchte die Gesamtgesellschaft erfassen. Die setzt sich aus vielen Bestandteilen zusammen und ist unübersichtlich. Man kategorisiert die Bestandteile. Alles, was innerhalb einer Kategorie bleibt, ist gegeneinander austauschbar. Jetzt besteht die Gesellschaft aus einer begrenzten Anzahl von Kategorien und ist übersichtlich.

Mit der Rollentheorie ist das Thema Ersetzbarkeit jedoch nur angetippt. Ersetzbarkeit ist keineswegs lediglich ein Ordnungsprinzip für vorliegende Gesellschaften. Zuvörderst ist Ersetzbarkeit ein kognitives Prinzip, das Gesellschaft überhaupt erst möglich macht. Alles spricht dafür, dass der Ursprung dieses kognitiven Prinzips in dem liegt, was der Anthropologe Michael Tomasello – von 1998 bis 2017 Kodirektor des Max-Planck-Instituts für evolutionäre Anthropologie in Leipzig – kollektive Intentionalität nennt.[11]

Tomasello nennt die Vorstufe zur kollektiven Intentionalität gemeinsame Intentionalität. Bei der Jagd der Frühmenschen gab es ein gemeinsames Ziel, das erreicht wurde, indem jedes Gruppenmitglied eine eigene Rolle spielte, wobei die Rollen wechselseitig voneinander abhingen. Individualität und Gemeinsamkeit koexistierten. Für die gemeinsame Intentionalität ist entscheidend: Es gibt einen Zielgegenstand, dem alle Gruppenmitglieder ihre ungeteilte Aufmerksamkeit widmen, den die Gruppenmitglieder jedoch aus verschiedenen Perspektiven betrachten.

Menschenaffen verstehen, dass andere Ziele haben, unter Umständen helfen sie anderen. Aber sie arbeiten nicht auf ein gemeinsames Ziel in dem Sinne hin, dass sie sich sowohl auf die Absicht des anderen als auch unabhängig davon auf eine gemeinsame Absicht beziehen. Menschenaffen haben keine gemeinsame Intentionalität. Wenn Menschenaffen zusammenarbeiten, gibt es so gut wie keine Kommunikation über Absichten. Dagegen benutzen kleine Kinder bereits im Alter von vierzehn bis achtzehn Monaten die Zeigegeste, um gemeinsame Tätigkeiten miteinander abzustimmen. In diesem Zusammenhang ist auch wichtig: Unter den mehr als zweihundert Primatenarten ist nur beim Menschen die Ausrichtung der Augen gut sichtbar. Weil der Augapfel weiß ist, kann die Stellung der Pupillen und damit das Ziel der Aufmerksamkeit beim anderen jeweils ziemlich präzise identifiziert werden.

Gesellschaft beginnt nicht mit dem Wir und ist keineswegs dasselbe wie das Wir. Gesellschaft ist eine besondere Sorte von Wir. Gemeinsame Intentionalität ist noch nicht Gesellschaft. Denn mit der Erreichung des Zieles zerfällt die Gruppe. Erst mit einem anderen Ziel kommt es erneut zu gemeinsamer Intentionalität. Gemeinsame Intentionalität ist der erste, kollektive Intentionalität der zweite Entwicklungsschritt. Im Gegensatz zu gemeinsamer Intentionalität ist kollektive Intentionalität dauerhaft: Die Individuen koordinieren sich nicht nur synchron, sondern auch diachron. Praktiken und Wissen werden weitergegeben, das Ergebnis ist das, was wir als zivilisatorische oder kulturelle Praktiken bezeichnen.

Bei den Frühmenschen bedeutete das Wir allein diejenigen Mitglieder der Gruppe, die von Angesicht zu Angesicht Umgang miteinander hatten. Gesellschaft beginnt jedoch erst da, wo das Individuum in der Lage sein muss, sich mit jedem beliebigen Individuum zu koordinieren, das als Gruppenmitglied in Frage kommt. Die kollektive Intentionalität ist der Ursprung des ›Objektiven‹: Das ›Objektive‹ ist dasjenige, was in den Perspektiven aller Individuen das Gleiche ist. Wird in irgendeinem Kontext ein Individuum durch ein anderes ersetzt, eine Perspektive durch eine andere abgelöst, dann ist ›objektiv‹, was für jede beliebige Person, für jede beliebige Perspektive gleichbleibt.

Die Herausbildung kollektiver Intentionalität wurde durch mehrere Faktoren begünstigt. Die Konkurrenz mit anderen Menschen um knappe Ressourcen, vor allem um Nahrung, förderte die dauerhafte Gruppenbildung. Die Gruppe lernte, sie musste nicht mit jedem neuen Ziel wieder bei Adam und Eva beginnen. Schließlich begünstigten die zunehmenden Populationsgrößen die Aufspaltung in weitere Gruppen. Die verschiedenen Gruppen lernten, sich verschiedener Hilfsmittel zu bedienen, auf diese Weise konnten sich die großen Populationen koordinieren.

Mit der kollektiven Intentionalität treten auch soziale Normen im engeren Sinn auf: Menschenaffen üben Vergeltung, wenn ihnen etwas angetan wird, aber sie bestrafen nicht andere für Handlungen gegenüber Dritten. Soziale Normen funktionieren, wenn sie ihren Namen tatsächlich verdienen, in einem ›objektiven‹ Modus: Sie gelten für jede beliebige Person. Im Vergleich zur gemeinsamen Intentionalität unterliegt bei der kollektiven Intentionalität alles einem Prozess der Verallgemeinerung. Der Prozess ist zunächst in keiner Weise ein begrifflicher. Er erfolgt vielmehr durch Handlungen, durch Operationen: durch Ersetzung.

Die historisch frühesten Ersetzungen betrafen Objekte und Menschen: Ein zweites Objekt wird an die Stelle eines ersten gesetzt. Das zweite Objekt übernimmt die Funktion des ersten. Ein zweiter Mensch rückt an die Stelle des ersten. Der zweite Mensch übernimmt die Perspektive des ersten. Dabei kann es nicht darum gehen, ein Objekt durch ein gleiches zu ersetzen. Zwei gleiche Objekte sind *ein und dasselbe* Objekt. Bei den Menschen stellt sich die Frage nicht: Zwei Menschen sind nie gleich, auch wenn es eineiige Zwillinge sind oder es Klone sein sollten.

Die kollektive Intentionalität Tomasellos scheint zunächst völlig inkompatibel mit den System- und Netzwerktheorien von Luhmann, White und Latour zu sein. Denn sie lässt an etwas wie eine kollektive Rationalität denken. Diesen Leitgedanken hat die Sozialtheorie überwunden, weil er die dementsprechend möglichen Sozialtheorien viel zu sehr beengte. Uns interessiert an der kollektiven Rationalität Tomasellos *ausschließlich* ein Aspekt: derjenige der Ersetzung. Es ist völlig egal, welche Richtung die kollektive Intentionalität einschlägt, sie ist die Voraussetzung für das Praktizieren von Ersetzung, ohne das Gesellschaft nicht denkbar ist.

In den frühesten abstrakten Gesellschaftstheorien bedeutete Gesellschaft Konstanz bei der Ersetzbarkeit von Individuen. Auf der nächsten Entwicklungsstufe meinte Gesellschaft eine definierte Varianz bei Individuentausch. Die Gesellschaft der Zukunft dehnt die Ersetzbarkeit auf Entitäten aus, die vom klassischen Bild des Individuums sehr weit weg sind.

Die Grundüberlegung dieses Buches lautet deshalb: Gesellschaft ist die Produktion von nicht identischer Ersetzbarkeit.

4 Produktionsumgebungen

Der Begriff der Produktion bietet einen Ansatzpunkt, um die Unzulänglichkeiten der aktuell kursierenden Sozial- und Gesellschaftstheorien effektiv anzugehen. Produktion ist grundsätzlich dynamisch: Produktion ist mit einem Prozess verbunden, der einen definierbaren Anfang und ein definierbares Ende hat. Es gibt ein Vorher und ein Nachher. Produktionstheorie kann gar nicht statisch sein, sie muss schon vom Begriff her Dynamik berücksichtigen.

Wir bauen auf dem Begriff der Produktionsfunktion auf, der den Betriebswirten und den Volkswirten vertraut ist. Zwei Dinge seien vorausgeschickt. Die Betriebswirtschaftslehre untersucht vor allem materielle Produktion. Das ist eine für unseren Zweck untragbare Einschränkung. Wir berücksichtigen auch jegliche Form von immaterieller Produktion, die Erstellung von Software genauso wie das Verfassen von Gedichten. Aber vor allem: Unsere Argumentation läuft in keiner Weise etwa darauf hinaus, dass Gesellschaft, sei es die Gesamtgesellschaft, seien es Subgesellschaften, produziert, ›gemacht‹ ist oder sind. Gesellschaft bildet sich. Für die Bildung und für den Fortbestand von Gesellschaft spielt jedoch Produktion in allen ihren Versionen eine Schlüsselrolle.

Eine klassische Produktionsfunktion beschreibt die Beziehung zwischen den Inputs und den Outputs eines Produktionsprozesses: Für jede Kombination von Inputs gibt die Produktionsfunktion die größte Produktmenge an, die mit Hilfe der Inputkombination erzeugt werden kann. Die Inputs sind die Produktionsfaktoren, die Outputs die Produktionsergebnisse. Der Begriff der Produktionsfunktion kam mit der industriellen Fertigung auf. Die Produktionsfaktoren waren die verwendeten Rohstoffe und die Arbeitskräfte, die Produktionsergebnisse die Endprodukte.

Differenzierung und Metabetrachtung gehören zum Kern der klassischen Produktionstheorie. Im betriebswirtschaftlichen Schrifttum wurde zunächst jeder Firma eine Produktionsfunktion zugeordnet. Die komplette maschinelle Ausrüstung und das gesamte Knowhow der Firma wurden durch die Produktionsfunktion erfasst. Die Differenzierung erfolgt entlang von zwei Hauptlinien: Produktionsprozesse spalten sich auf, als Folge sind Firmen durch eine ständig zunehmende Anzahl von Produktionsfunktionen zu charakterisieren. Die Produktionsprozesse werden zunehmend komplexer, es gibt ständig mehr Produktionsfaktoren und Produktionsergebnisse. Die Metabetrachtung ist im prinzipiell rekursiven Charakter der Produktionstheorie angelegt. Sehr elementar können Produktionsergebnisse zu Produktionsfaktoren werden. Weniger elementar können Produktionsergebnisse auch in Produktionsprozessen bestehen: Produktion produziert Produktion.

Unser Zentralbegriff ist derjenige der Produktionsumgebung. Eine Produktionsumgebung steht für einen Auswahlmechanismus oder, vermenschlicht formuliert, für eine handelnde Entscheidungsinstanz. Das kann ein einzelner Mensch sein, eine Gruppe von Menschen oder etwa auch Software. Die Entscheidungsinstanz verfügt über Handlungsalternativen, die aufgezählt oder eingegrenzt werden können. Die Entscheidungsinstanz macht Pläne. Ein Teil der Pläne wird verwirklicht: Es wird etwas produziert. Produktionsumgebungen enthalten keine Produktionsfunktionen, die anerkannten mathematischen und Naturgesetzen widersprechen.

Jeder Produktionsumgebung ist ein Raumzeitabschnitt zugeordnet. Die Länge des Zeitintervalls hängt davon ab, wie lange die Entscheidungsinstanz braucht, um ihre Pläne zu realisieren. Der Raumabschnitt muss so groß sein, dass die Produktionsfaktoren, die Produktionsverfahren und die Produktionsergebnisse darin untergebracht werden können. Die Entscheidungsinstanz selbst und der Raumzeitabschnitt kommen in der Produktionsumgebung nicht vor. Die Entscheidungsinstanz *ist* die Produktionsumgebung. Der Raumzeitabschnitt wird per Indexierung hinzugefügt.

Möge die Reise durch Formel-Mordor beginnen. Wir werden die zentralen Begriffe zunächst intuitiv einführen und dann jeweils am Kapitelende die präzisen formalen Definitionen geben.

Eine Produktionsumgebung besteht aus einer Menge von Produktionsfunktionen, einer Menge von Intentionen und einer Menge von Aktualisierungen:

$$PU = \langle P, I, A \rangle.$$

P ist eine Menge von Produktionsfunktionen p. Produktionsfunktionen repräsentieren Produktionsverfahren. Der ursprüngliche Begriff der Produktionsfunktion kann nach zahlreichen Seiten hin verallgemeinert werden. Die Produktionsfaktoren wie die Produktionsergebnisse müssen keineswegs materieller Natur sein. Geistige Leistungen wie naturwissenschaftliche Forschung, geisteswissenschaftliche Betrachtung und künstlerische beziehungsweise ästhetische Anstrengung können gleichfalls als Fälle von Produktion modelliert werden. Die zuerst untersuchten Produktionsfunktionen waren quantitativ und vorzugsweise stetig. Generell hängt die Stetigkeit einer Funktion mit der Topologie der abgebildeten und abbildenden Räume zusammen. Um den Produktionsgedanken möglichst universal anzuwenden, verwenden wir im Folgenden diskrete Produktionsfunktionen. Auch für diskrete Räume gibt es einen Stetigkeitsbegriff.

Verschiedene Produktionsfaktoren werden kombiniert, um ein eindeutiges Produktionsergebnis zu erzielen. p_1 und p_2 seien etwa zwei Produktionsfunktionen aus P. Die Anwendung von p_1 auf f_1 und f_2 ergibt das Ergebnis e_1, während die Produktion mit der Kombination von f_1, f_3 und f_5 durch p_2 zu den Ergebnissen e_2 und e_4 führt. Das wird geschrieben als:

> $p_1(\{f_1, f_2\}) = \{e_1\}$. Und: $p_2(\{f_1, f_3, f_5\}) = \{e_2, e_4\}$.

I ist die Menge der Intentionen der Produktionsumgebung. Produktionsvorgänge werden geplant. Der Auswahlmechanismus, die Entscheidungsinstanz selektiert bestimmte Produktionsfunktionen und Produktionsfaktoren. Die Produktionsfunktionen sollen auf die Produktionsfaktoren angewendet werden. Der Begriff der Intention ist hier in keiner Weise psychologisch gemeint: Auch eine nicht menschliche Entität kann Produktionspläne machen, man denke etwa an die automatische Produktionsauslösung aufgrund der Bestelleingänge in der Industrie.

Es ist geplant, e_1 unter Einsatz von p_1 und f_1, f_2 sowie e_2 und e_4 unter Einsatz von p_2 und f_1, f_3, f_5 zu produzieren. Es sollen also die Produktionen $p_1(\{f_1, f_2\}) = \{e_1\}$ und $p_2(\{f_1, f_3, f_5\}) = \{e_2, e_4\}$ durchgeführt werden. Das wird ausgedrückt als:

> $\langle p_1, f_1, f_2, e_1\rangle$ ist Element von I und $\langle p_2, f_1, f_3, f_5, e_2, e_4\rangle$ ist Element von I.

A ist die Menge der Aktualisierungen der Produktionsumgebung. Pläne werden ausgeführt oder nicht. A ist eine Teilmenge von I. Nicht alle Intentionen müssen aktualisiert werden. Alle Aktualisierungen sind intendiert.

Die Produktionen $p_1(\{f_1, f_2\}) = \{e_1\}$ und $p_2(\{f_1, f_3, f_5\}) = \{e_2, e_4\}$ sind geplant, doch es wird nur die Produktion $p_2(\{f_1, f_3, f_5\}) = \{e_2, e_4\}$ durchgeführt. Das wird dargestellt als:

> $\langle p_2, f_1, f_3, f_5, e_2, e_4\rangle$ ist Element von A und $\langle p_1, f_1, f_2, e_1\rangle$ ist nicht Element von A.

Die Intentionen gehen voran, die Aktualisierungen folgen. Natürlich gibt es den Fall, dass neue Intentionen entstehen, wenn sich die Entscheidungsinstanz der Aktualisierungen gewahr wird. Diese Situation wird dann in einer zeitlich nachgelagerten, neuen Produktionsumgebung erfasst.

Der Begriff der Produktionsumgebung ist ein sehr offener. Eine große Industriefirma ist genauso eine Produktionsumgebung wie die Ein-Mann-Imbissbude vor dem Werkseingang. Natürlich muss die Produktion nicht unbedingt materiell sein. Eine Softwarefirma ist eine Produktionsumgebung, ein Freelancer oder eine Freelancerin, der oder die für die Softwarefirma zu Hause arbeitet, ist ebenfalls eine. Scientific Communities, etwa die Stringtheoretiker, die Anhänger und Anhängerinnen der Schleifenquantengravitation oder die Multiversums-Kosmologen und -Kosmologinnen sind Produktionsumgebungen, sie produzieren mögliche Lösungen für bestimmte begriffliche oder empirische Probleme. Bildende Künstler und Künstlerinnen, Romanciers und Romanschriftstellerinnen, Lyriker und Lyrikerinnen, Komponisten und Komponistinnen sind ebenso Produktionsumgebungen wie die Kritiker und Kritikerinnen, die sich mit ihnen beschäftigen.

Die kombinatorische Anwendung des Begriffes der Produktionsumgebung ist gleichfalls sehr offen. Es gibt keine guten Gründe, einen Softwarefreelancer, eine -freelancerin oder einen Lyriker beziehungsweise eine Lyrikerin anders als *eine* Produktionsumgebung zu konstruieren. Bei der Industriefirma und bei der Scientific Community hat man die Wahl: Man kann sie sowohl als eine einzige wie auch als eine Zusammenballung von Produktionsumgebungen modellieren.

Wir unterscheiden zwischen relationaler Produktionstheorie und der Produktionstheorie der Gesellschaft. Nicht alle Produktionsumgebungen sind Gesellschaften oder gesellschaftlich relevant. Gegenstand der relationalen Produktionstheorie sind alle denkbaren Produktionsumgebungen.

Die Produktionstheorie der Gesellschaft ist die Anwendung der relationalen Produktionstheorie auf das Gesellschaftliche: Wir werden Gesellschaften als Zusammenballungen beziehungsweise Zusammenhänge von Produktionsumgebungen auffassen. Jede Gesellschaft ist – in einem sehr weiten Sinne – eine Produktionsumgebung oder mehrere Produktionsumgebungen. Die Produktionstheorie der Gesellschaft sieht das Gesellschaftliche als Komplex von Produktionsumgebungen.

Produktionsfunktionen

Eine Produktionsfunktion p ist eine Abbildung von einem Faktorbereich $\mathbf{f}_p$ in einen Ergebnisbereich $\mathbf{e}_p$. Der Faktorbereich repräsentiert den möglichen Input, der Ergebnisbereich den möglichen Output der machbaren Produktionsvorgänge.
Der Faktorbereich $\mathbf{f}_p$ ist die Menge der in Frage kommenden Produktionsfaktoren. Der Ergebnisbereich $\mathbf{e}_p$ ist die Menge der möglichen Produktionsergebnisse.

Produktionsumgebungen

$PU = \langle P, I, A\rangle$ ist_{Def} eine Produktionsumgebung genau dann, wenn gilt: P ist eine Menge von Funktionen, I ist eine Menge von Elementen $\langle p, f_1, \ldots f_m, e_1, \ldots e_n\rangle$ mit $p \in P$ und $p(\{f_1, \ldots f_m\}) = \{e_1, \ldots e_n\}$ und $A \subseteq I$.

Die Differenz Intendiert-aktualisiert $\mathbf{d}_{I\text{-}A}$ ist_{Def} die Menge aller Produktionen, die intendiert, aber nicht aktualisiert sind. Aktualisierte und nicht intendierte Produktionen gibt es nicht: $\mathbf{d}_{A\text{-}I} = \varnothing$. $\varnothing$ ist naturgemäß die leere Menge. A ist eine Teilmenge von I.

5
Einige Typen von Produktionsumgebungen

Wir bezeichnen eine Produktionsumgebung als intentionsstark, wenn alle möglichen Produktionen intendiert sind. Das wird bei Produktionsumgebungen mit stetigen Produktionsfunktionen nie der Fall sein. Im Falle von diskreten Produktionsfunktionen ist die Möglichkeit jedoch keineswegs weit hergeholt. Eine Produktionsumgebung ist aktualisierungsstark, wenn alle intendierten Produktionen verwirklicht sind. Eine starke Produktionsumgebung ist sowohl intentions- als auch aktualisierungsstark: Alle möglichen Produktionen werden verwirklicht. Die verschiedenen Sorten von schwachen Produktionsumgebungen sind entsprechend definiert.

Eine wichtige Untergruppe sind algorithmische Produktionsumgebungen. Sie zeichnen sich durch zwei Eigenschaften aus: Die Produktion erfolgt gemäß unzweideutigen Vorschriften, und gefasste Pläne werden ausnahmslos durchgeführt, die Produktionsumgebungen sind aktualisierungsstark. Etwa das Verfassen von Gedichten ist in der Regel keine algorithmische Produktion.

Für algorithmische Produktionsumgebungen ist sinnvollerweise ein Gedächtnis zu fordern, das sich unter den Produktionsfaktoren der Produktionsfunktionen findet und die Vorschriften für die Produktion enthält. Dabei hängt es von den Umständen ab, wie groß das Gedächtnis ist und auf welche Weise es organisiert ist. Das Gedächtnis kann Informationen über alle Vorproduktionen oder über einen Teil davon enthalten. Im Einzelfall ist vor allem das Zusammenspiel zwischen Gedächtnis und Intentionen interessant. Zentrale Fragen sind: Bestimmt das Gedächtnis die Intentionen oder bestimmen die Intentionen das Gedächtnis? Wie verändert sich das Gedächtnis? Welche Faktoren beeinflussen es? Bleibt der Kern des Gedächtnisses gleich? Wird das Gedächtnis eventuell komplett ausgetauscht?

Die Ergebnisse algorithmischer Produktionsumgebungen müssen nicht notwendigerweise entscheidbar sein. Es kann einen, aber es muss keinen weiteren Algorithmus geben, der eine Ja-oder-nein-Aussage liefert, ob ein Ergebnis eines algorithmischen Entscheidungsprozesses eine bestimmte Eigenschaft hat oder nicht. Algorithmische Produktionsprozesse können zu NP-vollständigen Problemen führen: Die Lösung eines NP-vollständigen Problems kann in polynomieller Zeit bestätigt werden, aber sie lässt sich nicht in polynomieller Zeit finden, die Rechenzeit wächst stärker als eine Polynomialfunktion.

Produktionsumgebungen, die algorithmische Komponenten enthalten, nehmen in großem Ausmaß zu. Selbsternannte Propheten schüren Ängste, die Menschen würden schon jetzt oder bald von Algorithmen beherrscht. Die Befürchtungen sind für die Gegenwart übertrieben. Die Kartensoftware Google Maps setzt für ihr Funktionieren unterschiedlichste Hardware und jede Menge leibhaftige Menschen voraus: Ohne Satelliten, Transponder, Sensoren auf Gebäuden und an Fahrzeugen, ohne IT-Netzwerke und ohne eine Armee von menschlichen Hardwaretechnikern und Softwarespezialisten, die die Karten betreuen, wären diese nicht zu gebrauchen. So gut wie nirgendwo haben Algorithmen das Kommando. Öffentliche Verkehrsmittel werden während sensibler Phasen manuell gesteuert und bei automatischer Steuerung von Menschen überwacht. Algorithmische Tradingprogramme werden vom Hedgefundmanager aus- und eingeschaltet.

Robert Musil schrieb: »Sobald man anfängt, irgend ein Ding zu untersuchen, löst es sich in Relationen und Funktionen auf. So ist der naive Begriff des Dings in den Wissenschaften ganz verloren gegangen.«[12] Von Dingen ist heute nur noch in alltagsnahen Kontexten die Rede. Die Physik als die Wissenschaft, die antrat, die Dinge zu untersuchen, verwendet den Begriff nicht mehr.

Die Unterscheidung zwischen materiellen und immateriellen Produktionsfaktoren und Produktionsergebnissen erscheint philosophisch ziemlich obsolet. Die Materie ist auch nicht mehr das, was sie einmal war. Gemäß dem Standardmodell der Teilchenphysik besteht die Mikrowelt aus Quarks und Leptonen. Quarks kommen in der Natur nicht alleine vor, sondern stets zu mehreren in der Form von Hadronen. Die gewöhnliche Materie besteht aus Elementarteilchen der ersten Generation, den Up- und Down-Quarks sowie dem Elektron. Elementarteilchen aus anderen Generationen sind weniger alltäglich und zeigen sich nur unter extremen Bedingungen, etwa in Teilchenbeschleunigern. Die vier Elementarkräfte sind die Gravitation, der Elektromagnetismus sowie die schwache und die starke Wechselwirkung. Die starke Wechselwirkung ist für die Bindung zwischen den Quarks in den Hadronen verantwortlich. Die schwache Wechselwirkung bewirkt keine Bindungen, sie kommt vor allem bei Zerfällen und Umwandlungen von Teilchen zum Tragen.

Das Standardmodell ist gut bestätigt. Die Dichotomie zwischen Teilchen und Kraftfeldern existiert jedoch nicht wirklich. Die Quantenfeldtheorie ordnet jedem Elementarteilchen ein Kraftfeld zu. Dabei sind die Kraftfelder nicht kontinuierlich, sondern sie weisen Quanteneigenschaften auf. Deshalb existieren Teilchen wie das Photon, das Quant des elektromagnetischen Felds. Eine sinnvolle Unterscheidung ist diejenige zwischen masselosen Teilchen bzw. Feldern, die nicht an die Gravitation gekoppelt sind, auf der einen Seite, und massebehafteten Teilchen, Feldquanten bzw. Feldern, die an die Gravitation gekoppelt sind, auf der anderen Seite. Was ist fundamentaler: Teilchen oder Feld? Beide Begriffe sind zu sehr mit anschaulichen Konnotationen belastet, als dass sie bei der Bedeutungsklärung des Standardmodells hilfreich sein können. Welche sind dann die grundlegenden Gegenstände des Standardmodells?

Der letzte Stand der Kosmologie ist: Das Universum besteht zu 4,6 % aus baryonischer Materie, aus Quarks und Leptonen, zu 23 % aus Dunkler Materie und zu 72 % aus Dunkler Energie. Eines der Standardprobleme der Kosmologie besteht darin, die Friedman-Gleichung unter bestimmten Annahmen darüber, was das Universum enthält, zu lösen. Die Differentialgleichung ist aus der Allgemeinen Relativitätstheorie abgeleitet und beschreibt die Expansion des Universums. Die Friedmann-Gleichung setzt folgende Größen in Beziehung: die Gravitationskonstante, die Raumkrümmung, die mittlere Materiedichte sowie die mittlere Strahlungsdichte des Universums und die kosmologische Konstante Λ. Man tut den Kosmologen und Kosmologinnen kein Unrecht, wenn man bündig formuliert: Die Dunkle Materie und die Dunkle Energie gibt es, damit die Kosmologie der Friedman-Gleichung funktioniert. Ohne das Postulat der Dunklen Energie und der Dunklen Materie würde die Kosmologie in ihrer jetzigen Form in sich zusammenfallen. Die Dunkle Energie ist nicht das Problem. Energie lässt sich immer nur durch ihre Wirkungen nachweisen. Der konventionelle Materiebegriff verlangt, dass es unterschiedliche theoretische Zugänge zu Materie gibt. Niemand kann Dunkle Materie isoliert nachweisen, niemand kann angeben, was Dunkle Materie außerhalb der Friedman-Gleichung ist.

In der Physik ist die Materie der dunkle Punkt, in der Ökonomie das Immaterielle. Die Ökonomen haben keine Erklärung dafür, warum es den Zentralbanken der entwickelten Länder trotz ihrer massiven Wertpapierkäufe – 15 Billionen Dollar bis zum Jahr 2019 – nicht gelang, eine Inflationsrate von wenigstens 2 % zu erzeugen, die die Wirtschaften ankurbeln sollte. Die Phillips-Kurve gilt nicht mehr, die in ihrer ursprünglichen Version eine inverse Beziehung zwischen der

Arbeitslosigkeit und dem Lohnwachstum herstellte und später einen positiven Zusammenhang zwischen Inflation und Beschäftigung postulierte. Die Ökonomen argumentieren, dass die Unternehmen mehr in immaterielles Kapital als in materielles Kapital investierten: Ideen, Patente und Marken seien wichtiger als Gebäude, Maschinen und Läger. Auch wenn die künstliche Intelligenz bei weitem nicht so leistungsfähig sei, wie das ihre Propagandisten gerne hätten, führe sie jedoch bereits jetzt zu nicht unbeträchtlichen Effizienzsteigerungen. Es gibt jedoch keine belastbaren Modelle, in denen Ideen, Patente und Marken als operationalisierte Größen aufscheinen würden.

Tatsächlich hat in der Gegenwart die Unterscheidung zwischen Hardware und Software einen großen Teil des Weltanschauungs-Materials feindlich übernommen, mit dem die Unterscheidung zwischen dem Materiellen und dem Immateriellen operierte. Dabei kommt es zu der abwegigen Behauptung, alles, was nicht offensichtlich materiell ist, müsse ein Programm sein. Damit ist nicht Stephen Wolfram gemeint, der die Auffassung vertritt, dass das Universum in toto ein zellulärer Automat sei. Bei Wolfram gibt es weder Hardware noch Software, sondern allein die Vorschriften, nach denen sich der zelluläre Automat verhält.[13]

Diejenigen Sozialtheorien, die zu der Musil'schen Auflösung der Dinge in Relationen und Funktionen die engsten verwandtschaftlichen Beziehungen unterhalten, sind die System- und Netzwerktheorien. Systeme und Netzwerke sind gewissermaßen eine mit sozialem Leben erfüllte Untergruppe der Musil'schen Relationen und Funktionen.

Produktionsumgebungen können deterministisch oder stochastisch sein. Die bis hierher angesprochenen Produktionsumgebungen sind alle deterministisch, die Produktion wird durch Funktionen beschrieben, die den verwendeten Faktoren eindeutig bestimmte Ergebnisse zuordnen. Die Produktion ist fehlerlos, mit den gleichen Faktoren werden in der gleichen Produktionsumgebung stets die gleichen Ergebnisse erzeugt. Bei stochastischen Produktionsumgebungen ist ein Zufallsprozess zwischen Faktoren und Ergebnisse geschaltet: Verschiedene Ergebnisse treten mit unterschiedlichen Wahrscheinlichkeiten auf. Eine stochastische Produktionsfunktion ordnet jeder im Rahmen der Produktion zulässigen Faktorkombination ein Wahrscheinlichkeitsmaß für die möglichen Ergebnisse dieser Faktorkombination zu. Der Bereich, für den die Produktionsfunktion erfunden wurde, ist in hohem Maß deterministisch: Bei der industriellen Produktion muss man wissen, was herauskommt, sonst macht das Investieren keinen Sinn. Die Fehlerquote soll möglichst gering sein. Durchaus mit der Goldsuche am Klondike vergleichbar ist dagegen die Suche nach neuen Geschäftsmodellen, egal, ob in der konventionellen oder in der Internetökonomie.

Im 19. Jahrhundert waren Positivisten wie Auguste Comte davon überzeugt, dass die menschlichen Gesellschaften in ihrem Innersten durch statistische Gesetze zusammengehalten würden. Ausgangspunkt war die Überschätzung der Reichweite physikalischer Theoriebildung, insbesondere der Newton'schen Mechanik und der Elektrodynamik mit den Maxwell-Gleichungen, die den Elektromagnetismus beschreiben. Die Vorstellung, dass mit zunehmendem Wissen *alle* Phänomene auf physikalische reduziert werden können, war nahezu Opinio communis. Nur die Religionen wehrten sich gegen diesen Anspruch. Die statistischen Gesetzmäßigkeiten sollten vorläufig das für die Sozialwissenschaften leisten, was die deterministischen Gesetze in den Naturwissenschaften angeblich leisteten. Die statistischen Gesetzmäßigkeiten für Gesellschaften waren und sind jedoch höchst flüchtiger Natur, sie galten und gelten jeweils nur lokal und temporär.

Eine Wiedergängerin dieser Art von Positivismus waren die nach dem Zweiten Weltkrieg vor allem in den USA entwickelten ökonometrischen Großmodelle. Man stellte sich vor, die entscheidenden Größen der Wirtschaften gehorchten stabilen statistischen Beziehungen, die durch Zeitreihenanalyse herauszufinden seien. Man formulierte in der theoretischen Ökonomie gewonnene Einsichten als statistische Hypothesen und versuchte, damit die Gesamtheit des Wirtschaftsgeschehens zu erfassen. Die deutsche Version war das Krelle-Modell, benannt nach dem Volkswirt Wilhelm Krelle. Die VWL-Studenten mussten die Gleichungen mit ihren Konstanten und Parametern pauken, die Politiker verstanden sie nicht, die Volkswirte bei der Bundesbank, den Geschäftsbanken und in der Politik, die das Modell begriffen, wandten es nicht an. Mit gutem Grund: Die unbehandelten Ergebnisse des Modells entsprachen in keiner Weise den Überzeugungen der Modellbauer und den Erwartungen ihrer Auftraggeber. Die zahlreichen Gleichungen mussten durch Feinarbeit aufeinander abgestimmt werden. Diese Feinarbeit war aber durch nichts anderes bestimmt als den Willen, das Modell als Ganzes stimmig zu machen.

Doch selbst in den Naturwissenschaften sind strikt deterministische Kontexte Mangelware. Die Wissenschaftstheoretikerin Brigitte Falkenburg spricht treffend vom *Mythos Determinismus*.[14] In sehr vielen Fällen sind die relevanten Relationen und Funktionen Kombinationen aus deterministischen und stochastischen Relationen. Oft ist die Rede von Mechanismen, obwohl die Beziehungen alles andere als mechanisch sind. Das Zusammenspiel der deterministischen und stochastischen Faktoren bringt Prozesse hervor, die nicht vollständig, sondern höchstens abschnittsweise determiniert sind. Die Verläufe solcher Prozesse lassen sich nicht zuverlässig vorhersagen, sondern nur im Rückblick erklären. Prominente Beispiele für solche Prozesse sind etwa die Reduplikation der DNA und das Wachstum von Organismen oder der Klimawandel durch den globalen Temperaturanstieg. Es ist wenig riskant zu behaupten, dass gesellschaftliche Prozesse niemals rein deterministische sind.

Manchmal werden philosophische Irrwege durch einzelne empirische Erkenntnisse schlagartig und endgültig als solche qualifiziert. Gegen die These, dass es keinen freien Willen gibt, weil das Verhalten des Menschen durch seine Biochemie determiniert sei, lässt sich viel sagen. Aber das ist gar nicht mehr nötig. Der Neurowissenschaftler Carl F. Craver hat nachgewiesen, dass die Signalübertragung an den Synapsen des Menschen *nicht* deterministisch ist. Die Konzentration von Kalzium-Ionen erzeugt ein Aktionspotenzial an der Synapse, das schließlich zur Freisetzung eines Neurotransmitters führt. Aber diese Freisetzung ist stochastisch, und sie erfolgt noch dazu mit einem geringen Wirkungsgrad: Nur bei 10 % bis 20 % der untersuchten Einzelfälle führt das Aktionspotenzial tatsächlich dazu, dass der Neurotransmitter freigesetzt wird. Wie soll der Gesamtprozess – ganz am Schluss in der kognitiven Version, wobei niemand weiß, wie es zu dieser kommt – deterministisch sein, wenn er aus Einzelprozessen zusammengesetzt ist, die stochastisch sind?[15]

6
Produzierte Produktion und der Zeitpfeil

Produzierte Produktion bedeutet: Mit Hilfe von verfügbaren Produktionsfunktionen werden andere, bisher noch nicht verfügbare Produktionsfunktionen produziert. Produzierte Produktion ist die Produktion von Produktionsmöglichkeiten. Das klassische industrielle Beispiel ist der Maschinenbau, der Maschinen herstellt, mit denen Güter erzeugt werden. Aber auch die Benutzung eines Lexikons und einer Grammatik beim Verfassen eines Textbausteins oder bei der Formulierung einer sprachlichen Äußerung ist produzierte Produktion.

Produzierte Produktion ist eine Relation zwischen mindestens zwei Produktionsumgebungen. Die verschiedenen einschlägigen Begriffe unterscheiden sich naturgemäß durch die Anforderungen, die sie an die Komponenten der Produktionsumgebungen stellen. Die Intentionen I und die Aktualisierungen A einer Produktionsumgebung mit den Produktionsfunktionen P enthalten Produktionen der Form $\langle p, f_1, \ldots, f_m, e_1, \ldots, e_n \rangle$. Je nach Problemlage kann Interesse lediglich an den Produktionsfunktionen, den Faktoren oder den Ergebnissen der Produktionen aus I und A bestehen.

> $PU_t = \langle P_t, I_t, A_t \rangle$ sei eine Produktionsumgebung zum Zeitpunkt t und $PU_{t+1} = \langle P_{t+1}, I_{t+1}, A_{t+1} \rangle$ eine Produktionsumgebung zum Zeitpunkt t+1.

Der einfachste transitive Produktionsbegriff verlangt, dass einige der Produktionen einer Produktionsumgebung zum

Zeitpunkt t Produktionsfunktionen aus einer Produktionsumgebung zum Zeitpunkt t+1 zum Ergebnis haben: Die Produktionsumgebung $PU_t = \langle P_t, I_t, A_t \rangle$ produziert die Produktionsumgebung $PU_{t+1} = \langle P_{t+1}, I_{t+1}, A_{t+1} \rangle$ schwach, wenn sich unter den Aktualisierungen A_t von PU_t Produktionsfunktionen von PU_{t+1} befinden. Einige Produktionsmöglichkeiten der späteren Produktionsumgebung wurden von der früheren Produktionsumgebung produziert. Ob die neuen Produktionsmöglichkeiten genutzt werden oder nicht, ist eine weitere Frage.

Die Produktionsumgebung $PU_t = \langle P_t, I_t, A_t \rangle$ produziert die Produktionsumgebung $PU_{t+1} = \langle P_{t+1}, I_{t+1}, A_{t+1} \rangle$ stark, wenn alle Produktionsfunktionen von PU_{t+1} Aktualisierungen von PU_t sind. Alle Produktionsmöglichkeiten der späteren Produktionsumgebung wurden von der früheren Produktionsumgebung produziert. Ob die neuen Produktionsmöglichkeiten genutzt werden oder nicht, ist eine weitere Frage.

Luhmann besteht darauf, dass Zeit kein Rahmen ist, innerhalb dessen Gesellschaft funktioniert. Zeit sei etwas, das erst in der Gesellschaft und durch die Gesellschaft erzeugt werde. Zeit kann auch nicht durch subjektives Zeitbewusstsein erzeugt werden. Falkenburg führt zwei prinzipielle Argumente gegen die subjektive Genese des Zeitbewusstseins ins Feld. Ganz allgemein: Das subjektive Zeiterleben soll durch subjektinterne Prozesse strikt determiniert sein. Aber deterministische Prozesse sind prinzipiell reversibel. Wenn das Zeiterleben Resultat eines deterministischen Prozesses ist, muss dieser reversibel sein. Der subjektive Zeitpfeil müsste grundsätzlich umkehrbar sein. Deshalb kann das Zeiterleben nicht strikt determiniert sein. Etwas spezifischer: Das Zeiterleben soll durch die individuumsinternen neuronalen Prozesse strikt determiniert sein. Dann müssten die neuronalen Prozesse reversibel sein. Wenn das neuronale Geschehen umkehrbar ist, kann es den Unterschied zwischen früher und später nicht codieren.[16] Die Zeit des Individuums muss also von außen kommen.

Für diese Argumentation macht Falkenburg die Voraussetzung: strikt deterministisch = reversibel. Das gilt für die Gleichungen der Newton'schen Mechanik. Allerdings stellt sich die Frage, ob man den Begriff des Determinismus so strikt fassen soll. Wenn man die Anwendung zur Theorie hinzunimmt, bleibt nicht viel von der Reversibilität übrig: Bis dato kann man weder die Sonne noch die Planeten verschieben.

Ist es möglich, die Zeit durch irgendeine Art ›objektiven‹ Zeitbegriffes hinreichend zu erfassen? Die Zeit kann nicht aus der Physik abgeleitet werden, auch nicht aus der Thermodynamik. Der Zweite Hauptsatz der Thermodynamik sagt aus, dass die Entropie – anschaulich: der Grad der Unordnung – in einem abgeschlossenen System grundsätzlich zunimmt und niemals abnimmt. Der Satz gilt für alle abgeschlossenen Systeme, ohne Rücksicht darauf, welche deren Komponenten sind. Eiskristalle lösen sich in warmem Wasser auf, eine zu Boden fallende Porzellantasse zerspringt in Scherben. In warmem Wasser bilden sich keine Eisklumpen, die Porzellanscherben setzen sich nicht von selbst wieder zur Tasse zusammen. Warum das so ist, die Richtung des Zeitpfeils, erklärt die Thermodynamik nicht.

Der Unterschied von früher und später kommt nicht durch den Kern des Zweiten Hauptsatzes der Thermodynamik ins Leben, sondern durch dessen Anwendung: Die Formulierung der Ausgangsbedingungen für die Anwendung des Satzes postuliert den Unterschied zwischen früher und später. Sehr verkürzend und elementar: Wenn es keine ganzen Tassen gibt und wenn es niemanden gibt, der die Tasse fallen lässt und der beobachtet, wie sie fällt, dann kann die Behauptung nicht überprüft werden, dass sich die Tasse nicht von selbst wieder zusammensetzt.[17] Dann gibt es auch keine Instanz, welche die Implikationen dieser Behauptung erkundet.

Die Produktionstheorie der Gesellschaft bietet eine einfache Lösung für die Genese des Zeitpfeils an: das Verbot der Münchhausen-Bedingung. Die Münchhausen-Bedingung bedeutet, dass die Produktionsumgebung PU_1 die Produktionsumgebung PU_2 schwach oder stark produziert, und dass zugleich die Produktionsumgebung PU_2 die Produktionsumgebung PU_1 schwach oder stark produziert. Die Vermeidung der Münchhausen-Bedingung ist schlichtweg der Zeitpfeil. Damit löst die Produktionstheorie der Gesellschaft ein Luhmann'sches Desiderat ein: Die Gesellschaft ist dazu imstande, die Bedingung für die Existenz des Zeitpfeils *innerhalb* der Gesellschaftstheorie zu formulieren.

Die Produktion von Produktionsumgebungen

A_p ist_{Def} die Menge aller Produktionsfunktionen p, die in den Produktionen von A vorkommen.

A_f ist_{Def} die Menge aller Faktorenkombinationen $\langle f_1, \ldots, f_m \rangle$, die in den Produktionen von A vorkommen.

A_e ist_{Def} die Menge aller Ergebniskombinationen $\langle e_1, \ldots, e_n \rangle$, die in den Produktionen von A vorkommen.

Die Produktionsumgebung $PU_t = \langle P_t, I_t, A_t \rangle$ produziert die Produktionsumgebung $PU_{t+1} = \langle P_{t+1}, I_{t+1}, A_{t+1} \rangle$ genau dann schwach, wenn $gilt:_{Def}$ $A_{et} \cap P_{t+1} \neq \emptyset$.

Die Produktionsumgebung $PU_t = \langle P_t, I_t, A_t \rangle$ produziert die Produktionsumgebung $PU_{t+1} = \langle P_{t+1}, I_{t+1}, A_{t+1} \rangle$ genau dann stark, wenn $gilt:_{Def}$ $P_{t+1} \subseteq A_{et}$.

Münchhausen-Bedingung

Die Münchhausen-Bedingung ist genau dann erfüllt, wenn $gilt:_{Def}$ Die Produktionsumgebung PU_1 produziert die Produktionsumgebung PU_2 schwach oder stark, und die Produktionsumgebung PU_2 produziert die Produktionsumgebung PU_1 schwach oder stark.

In der – abstrakten – relationalen Produktionstheorie spricht nichts dagegen, die Münchhausen-Bedingung grundsätzlich zu erlauben. Aber in der Sozial- und der Gesellschaftstheorie sollte es einen nicht umkehrbaren Zeitpfeil geben.

7 Metaproduktion

Produzierte Produktion bedeutet, dass unter den Ergebnissen einer Produktionsumgebung Produktionsfunktionen sind. Metaproduktion liegt vor, wenn unter den Ergebnissen einer Produktionsumgebung komplette Produktionsumgebungen sind.

Eine Produktionsumgebung $PU_1 = \langle P_1, I_1, A_1 \rangle$ ist eine Metaproduktionsumgebung für eine Produktionsumgebung $PU_2 = \langle P_2, I_2, A_2 \rangle$, wenn die Produktionsumgebung PU_1 dazu in der Lage ist, die Produktionsumgebung PU_2 als Ganzes zu produzieren und wenn in der Produktionsumgebung PU_1 die Produktionsumgebung PU_2 intendiert und aktualisiert wird.

Eine Produktionsumgebung $PU = \langle P, I, A \rangle$ ist eine starke Metaproduktionsumgebung, wenn alle aktualisierten Ergebnisse Produktionsumgebungen sind. $\mathcal{P}$ ist die Menge aller Produktionsumgebungen. Eine starke Metaproduktionsumgebung liegt vor, wenn gilt: $A \subseteq \mathcal{P}$. Es sei ausdrücklich darauf hingewiesen, dass Allmengen wie $\mathcal{P}$ mehr als problematisch sind. In der Regel sind solche Mengen nicht genau abgrenzbar, weil ihre möglichen Bestimmungen allesamt selbstwidersprüchlich sind. Wir verwenden den Begriff dennoch, weil es Strategien gibt, mit denen die Widersprüche für praktische Zwecke hinreichend eingedämmt werden können.[18]

Die Produktpalette des schwäbischen Maschinenbauers ist ein Fall von produzierter Produktion. Seine Maschinen sind reale Produktionsmöglichkeiten. Er bietet gewissermaßen Produktionsfunktionen an. Der schwäbische Maschinenbauer betreibt keine Metaproduktion. Er verkauft keine Produktionsumgebungen. Seine Abnehmer suchen die Faktoren für die Produktionsfunktionen aus, und sie bestimmen die intendierten und aktualisierten Produktionen. Analoges gilt für die herkömmliche kommerzielle Software: Ein Buchhaltungsprogramm sucht sich keine Geschäftsvorfälle aus, ein Konstruktionsprogramm wählt keine Konstruktionsaufgaben. Das ist noch keine Metaproduktion. Hier bringt erst künstliche Intelligenz eine Änderung: Zwar wird mit Hilfe von künstlicher Intelligenz so schnell keine komplette produzierende Firma produziert werden. Aber etwa für die Berichterstattung einer Firma oder für den Konstruktionsbereich sind Entwicklungen denkbar, die auf Metaproduktion hinauslaufen.

Die gesellschaftliche Sphäre ist ohne Metaproduktion undenkbar. Schöpfungsmythen und Religionen zeigen auf, wer die gesamte Welt geschaffen hat und wer dafür sorgt, dass sie weiterläuft. Soweit die Götter den Menschen und seine geistigen Hervorbringungen geschaffen haben, liegt grundsätzlich Metaproduktion vor. Dabei können göttliche Produktionsumgebungen keine starken Produktionsumgebungen sein. Die stoffliche Welt, welche die Götter geschaffen haben, kann ja nicht zur Gänze produktiv sein. Nicht alle Religionen behandeln die Welt als Ingenieurswerk. Viele beschränken die Macht der Götter darauf, die Welt in Gang zu halten beziehungsweise das Schicksal der Welt lediglich zu beeinflussen. Je geringer der Einfluss der Götter, desto geringer die göttliche Metaproduktion.

Praktisch alle Mythen, egal auf welcher Komplexitätsstufe, sind auch Gesellschaftstheorien. Die Hauptaufgabe der Religionen und Mythen war nie die Erklärung der Welt. Das hat nicht wirklich funktioniert, wie die staunenmachende und künstlerisch bewundernswerte Vielfalt der Schöpfungsmythen zeigt. Die Hauptaufgabe der Religionen war die Schaffung von Gesellschaft: Die Individuen sahen sich von Göttern zusammengebracht, ihre Gemeinschaften von Göttern gestiftet.

So konträre Ansätze wie der deutsche Idealismus und der englische Empirismus, aber auch der Cartesianismus sind ebenfalls Fälle von Metaproduktion. Wie bei Religionen und Mythen enthalten diese philosophischen Produktionsumgebungen nicht nur Metaproduktionen. Das Ziel von Lebensphilosophien wie derjenigen Schopenhauers und Nietzsches, aber auch der amerikanischen Pragmatisten William James und John Dewey wird dagegen nur erreicht, wenn es gerade nicht zu Metaproduktion kommt. Diese Philosophien wollen das Leben unmittelbar gestalten, und zwar derart, dass das Leben dabei in keinem Fall auf Theorien angewiesen ist.

$\mathcal{P}$ ist_{Def} die Menge aller Produktionsumgebungen.

Metaproduktionsumgebungen

Eine Produktionsumgebung $PU_1 = \langle P_1, I_1, A_1 \rangle$ ist eine Metaproduktionsumgebung für eine Produktionsumgebung $PU_2 = \langle P_2, I_2, A_2 \rangle$ genau dann, wenn $\text{gilt:}_{\text{Def}}$ $PU_2 \in A_{e1}$.

Eine Produktionsumgebung $PU = \langle P, I, A \rangle$ ist eine starke Metaproduktionsumgebung genau dann, wenn $\text{gilt:}_{\text{Def}}$ $A \subseteq \mathcal{P}$.

f_{PU} ist_{Def} die Menge aller Faktoren, die in den Produktionsfunktionen der Produktionsumgebung PU vorkommen.

Linienproduktionsumgebungen

Eine Produktionsumgebung $PU = \langle P, I, A \rangle$ ist eine Linienproduktionsumgebung genau dann, wenn $\text{gilt:}_{\text{Def}}$ $f_{PU} \cap \mathcal{P} \neq \emptyset$ und $A_e \cap \mathcal{P} \neq \emptyset$, wobei die Faktoren und die Ergebnisse, die Produktionsumgebungen darstellen, durch Produktionsfunktionen verknüpft sein müssen.

In einer Linienproduktionsumgebung gibt es sowohl unter den Faktoren als auch unter den Ergebnissen Produktionsumgebungen. Linienproduktionsumgebungen verwenden Produktionsumgebungen, um Produktionsumgebungen zu produzieren.

8
Formalisierung

Unser Ziel ist, auf der Basis eines formalisierten Produktionsbegriffes einen Gesellschaftsbegriff zu modellieren. Können formale Methoden eine Funktion in den Gesellschafts- und Geisteswissenschaften innehaben? Zuvörderst wäre natürlich zu klären, was Formalisierung ist. Nach Gottlob Frege und Bertrand Russell schien das klar: Formalisierung ist die Darstellung in der Sprache der Prädikatenlogik. David Hilbert setzt Mathematik und prädikatenlogische Formalisierung gleich. Sein Programm sah vor, alle mathematischen Gebiete in bestimmte prädikatenlogische Darstellungen zu transformieren. Hilbert fasst ein mathematisches Gebiet als eine Menge von Sätzen auf, das axiomatisch organisiert ist. Aus möglichst wenigen Axiomen sollen alle anderen Sätze des Gebiets abgeleitet werden. Auf diese Weise sollte für alle mathematischen Gebiete ein für alle Mal die Prüfplakette Wahrheit vergeben werden. Das Programm scheiterte schnell grandios. Der Erste Unvollständigkeitssatz von Kurt Gödel zeigt, dass jede prädikatenlogische axiomatische Darstellung, die stark genug ist, die Arithmetik zu enthalten, entweder widersprüchlich oder unvollständig ist. Es ist nicht möglich, alle Aussagen der Darstellung entweder zu beweisen oder zu widerlegen. Der Zweite Unvollständigkeitssatz Gödels besagt, dass keine prädikatenlogische axiomatische Darstellung, welche die Arithmetik einschließt, die eigene Widerspruchsfreiheit beweisen kann. Was Frege, Russell und Hilbert nicht ahnen konnten: Obwohl keines der mit der prädikatenlogischen Formalisierung verbundenen Desiderate erreicht wurde, war die Formalisierung ungeheuer folgenreich. Denn die prädikatenlogische Formalisierung war die Wiege der Computertechnik und der modernen IT.

In der Gegenwart definiert sich die übergroße Mehrzahl der Mathematiker als platonische Realisten. Die Mathematik hat Abstand vom Linguistic Turn genommen. Die Gegenstände der Mathematik sollen weder Sätze noch Gedanken sein. Mathematische Gegenstände seien abstrakt, dabei jedoch genauso objektiv wie physikalische, chemische oder biologische Gegenstände. Mathematische Gegenstände existierten genauso wie physikalische Gegenstände, sie seien unabhängig vom Menschen da und würden entdeckt beziehungsweise untersucht oder nicht.

Ironischerweise feiert die klassische prädikatenlogische Formalisierung gerade ein Comeback in der IT: Proof Checker ist etwa ein an der Jacobs University in Bremen entwickeltes Programm, das mathematische Beweise auf ihre Stichhaltigkeit überprüft. Vorausgesetzt werden muss, dass der Beweis in einer der Prädikatenlogik äquivalenten Sprache formuliert ist. Das Projekt hat nur dann Aussichten auf Erfolg, wenn zugleich ein Tool entwickelt werden kann, das die Transformation eines vorliegenden Beweises in die formale Sprache erleichtert, auf der Proof Checker aufsetzt.

In den Naturwissenschaften gilt trivialerweise: Je größer der Anteil an Mathematik, desto größer der Formalisierungsgrad. Die Art der Formalisierung richtet sich nach der verwendeten Mathematik. Der Profit der Formalisierung besteht in dem Anschluss an vorliegende mathematische Erkenntnisse, die für die Ziele der Naturwissenschaften nutzbar gemacht werden. Das Standardbeispiel ist die nichteuklidische Riemann-Geometrie, ohne die Einstein das Prinzip der Äquivalenz der schweren und der trägen Masse in der Version der Allgemeinen Relativitätstheorie wohl nicht formuliert hätte.

Der folgenreichste Physiker aller Zeiten ist bis jetzt nicht Albert Einstein, sondern Galileo Galilei. Das Ideal der auf Galileo zurückgehenden klassischen Physik sind isolierte, abgeschlossene Systeme mit wenigen Parametern und wenigen Variablen, in denen die Variablen durchgehend beobachtet und im Falle des Experiments die Parameter gezielt manipuliert werden können. Die Konstruktion von isolierten Systemen, die Formulierung von Hypothesen und deren Bestätigung oder Verwerfung durch kontrollierte Experimente haben die mathematisierte Physik erst möglich gemacht. Man kann mit Fug und Recht sagen, dass Galileo die moderne Physik erfunden hat. Einstein hat keine neue Methode entwickelt, sondern eine neue Theorie aufgestellt.

Das Paradigma Galileos war dermaßen erfolgreich, dass es zunächst alle Alternativen annihiliert hat. Auf diese Weise ging unter, dass es schon vorher Physik gab und dass in anderen Kontexten nach wie vor andere Physiken betrieben wurden. Weder die Wissenschaftshistoriker und -historikerinnen noch die Wissenschaftsphilosophen und -philosophinnen nahmen die Alternativen zur Kenntnis. Eine Ausnahme ist Goethes Farbenlehre. Deren Beachtung ist allerdings der außerphysikalischen Prominenz ihres Urhebers geschuldet. Indem Goethe dem menschlichen Beobachter die entscheidende Rolle in seiner Theorie zuweist, verzichtet er darauf oder besser: weigert er sich, Faktoren für die Farbwahrnehmung in Betracht zu ziehen, die er tatsächlich zu isolieren und zu kontrollieren in der Lage wäre. Der Mensch als Mensch ist nicht standardisierbar. Die Zeit ist über Goethes und Newtons Farbenlehren gleichermaßen hinweggegangen. Allerdings gehört die Newton'sche Farbenlehre zum Stammbaum der modernen Teilchenphysik, wogegen die Goethe'sche Farbenlehre ins Nirgendwo führte.

In den isolierten Systemen der klassischen Physik sind die formalisierten Komponenten in hohem Maße Platzhalter und Ankerpunkte für die verschiedenen theoretischen und empirischen Operationen, mit denen die Wissenschaftler und Wissenschaftlerinnen die selbstgestellten Probleme lösen. Nicht einmal bei reifen Theorien besteht jedoch Einigkeit darüber, ›was die Komponenten wirklich bedeuten‹. Ein Versuch, hier mit harter Hand Ordnung zu schaffen, ist der Operationalismus von Percy W. Bridgeman, der 1946 den Nobelpreis für seine Forschungen in der Hochdruck-Physik erhielt. In *The Logic of Modern Physics* formuliert er kurz und schmerzlos: »We mean by any concept nothing more than a set of operations; the concept is synonymous with the corresponding set of operations.« Das ist die fortentwickelte Version des ursprünglichen Ansatzes, Begriffe allein durch die ihnen geltenden Messungen zu definieren. Aber die operationalistische Law-and-Order-Politik greift nicht. Mit der operationalistischen Vorgabe lassen sich theoretische Begriffe nicht voneinander abgrenzen. Viele Operationen betreffen mehrere theoretische Begriffe synchron oder diachron, die Operationen können nicht in solche aufgeteilt werden, die sich jeweils eindeutig auf die verschiedenen Begriffe beziehen.

Aus denselben Gründen funktioniert der Operationalismus auch in der Mathematik nicht. Auf diese Weise kann man nicht einmal abschließend klären, was eine ganze Zahl ist. Zum Beispiel sieht Peter Scholze, der für seine perfektoiden Räume mit der Fields-Medaille ausgezeichnet wurde, die ganzen Zahlen als Funktionen in einem dreidimensionalen Raum und die Primzahlen als Knoten in dem Raum. Das ist nur eine, die neueste Theorie darüber, ›was Zahlen wirklich sind‹.

In der Physik der Gegenwart übt das Paradigma Galileos keine Alleinherrschaft mehr aus. Insbesondere die Kosmologen und Kosmologinnen sind im Begriff, sich beschleunigt davon zu entfernen. Die Stringtheoretiker halten vom Paradigma Galileos ungefähr so viel wie Goethe von Newton.

Welche Funktion hat die Mathematik in den Naturwissenschaften? Die Verwendung von Mathematik fördert begriffliche Genauigkeit, ein Spezialfall davon ist Quantifizierung, und sie erzwingt interne Konsistenz. Es wäre jedoch ein Irrtum anzunehmen, dass mathematische Begriffe überhaupt nicht dehnbar sind. Aber die Freiheitsgrade der Umgangssprache unterscheiden sich um Größenordnungen von denjenigen der Mathematik. Eine Theorie, die etwas und sein Gegenteil behauptet, ist unnütz.

In den Geisteswissenschaften gibt es mit der Ausnahme der Nutzung von statistischen Methoden so gut wie keine Anwendungen komplexer mathematischer Erkenntnisse, die zu einem wünschbaren Ergebnis führen würden. Die sogenannte informationstheoretische Ästhetik ist folgenlos gescheitert. Formalisierungen gibt es eigentlich nur in der Linguistik. Die Computer-Linguistik der Gegenwart operiert allerdings ohne engeren Bezug zu anderen geisteswissenschaftlichen Richtungen.

Geisteswissenschaft findet da statt, wo es eben *nicht* möglich ist, Zusammenhänge mit Hilfe isolierter, abgeschlossener Systeme zu erfassen, die mit genau definierten Parametern und genau definierten Variablen auskommen. Für Sozialwissenschaften gilt Analoges. Die einzige im Prinzip mathematisierbare Sozialwissenschaft ist die Ökonomie. Hier wird versucht, lokale und temporäre isolierte Systeme nach dem Vorbild der Naturwissenschaften zu konstruieren – mit dem erwartbaren bescheidenen Erfolg, weil die Akteure als Gegenstände der Theorien ebendiese Theorien in ihr Handeln einbeziehen und die Theorien damit sehr schnell obsolet werden.

Was die Soziologie betrifft – ist sie eine Geisteswissenschaft oder nicht? –, existieren für luhmannsche Systeme und für whitesche sowie latoursche Netzwerke einfache Formalisierungen. Das Argument für eine bescheidene Formalisierung in den Geisteswissenschaften ist nicht unbedingt eine größere Präzision. Die stellt sich nicht notwendig ein. Man kann mit formalen Begriffen genauso unpräzise und widerspruchsvoll umgehen wie mit nicht formalen Begriffen. Darüber hinaus kann man jederzeit, siehe etwa die Lacan'sche Symbolik, auch sehr Abseitiges formalisieren. Die interne Konsistenz ist gleichfalls kein schlagendes Argument, denn interne Konsistenz stellt in den Geisteswissenschaften kein so hohes Gut dar wie in der Mathematik und in den Naturwissenschaften. Der Vorteil liegt vielmehr in der Selbstfestlegung. Mit der Formalisierung führt der Autor Begriffe ein, die er nicht mehr problemlos zurücknehmen kann: Es ist klar, welche die grundlegenden Begriffe des Autors sind. Es ist weitgehend klar, welche Begriffe aus diesen grundlegenden Begriffen abgeleitet werden können. Mit den vom Autor tatsächlich abgeleiteten Begriffen bekennt sich der Autor zu einer bestimmten Einteilung der Begriffe in wichtige und weniger wichtige. Will er doch Begriffe zurücknehmen, muss er Gründe angeben.

Wie sinnvoll eine solche Selbstfestlegung ist, zeigt die Philosophiegeschichte. Insbesondere Kant bemühte sich darum, seine Begriffe ein für alle Mal festzulegen. Das gilt mehr oder weniger auch für Hegel. Mühsam zu lesen sind dagegen Schelling und Husserl. Der späte Husserl und der späte Schelling verbinden mit den gleichen Worten ganz andere Strategien als der frühe Husserl und der frühe Schelling. Dabei geht es eher selten um die Verfeinerung zunächst gröberer Begriffe. Vielmehr wandeln sich die Begriffsinhalte häufig derart, dass spätere Begriffe früheren glatt widersprechen.

Bei der Prüfung, ob Mathematik für eine intellektuelle Unternehmung hilfreich sein könnte, sollte der gesunde Menschenverstand nicht ganz außer Acht gelassen werden. Wenn etwas nicht durch Mathematik erfassbar ist, kann das auch heißen, dass man nur noch nicht herausgefunden hat, wie das Etwas durch Mathematik erfasst werden kann. Vielleicht ist auch die entsprechende Mathematik noch nicht bekannt, aber sie wird es sein.

9 Ontologie

Jede Sozialtheorie macht ontologische Annahmen. Im einfacheren Fall legen Sozialtheorien implizit oder explizit fest, was es gibt und was es nicht gibt, woraus die Welt besteht und woraus nicht. Im weniger einfachen Fall definieren Sozialtheorien explizit Klassen von akzeptablen Ontologien. Aber auch wenn Sozialtheorien eine explizite Definition nicht leisten wollen, jede Sozialtheorie impliziert eine Zweiteilung der möglichen Ontologien in mit der Theorie vereinbare und nicht vereinbare. In jedem Fall wirken nicht sozialtheoretische ontologische Festlegungen auf die Sozialtheorie ein. Das Musterbeispiel hierfür sind die im westlichen Denken in jeder historischen Phase wiederkehrenden Linien, Ontologien aus den Naturwissenschaften, besonders aus der Physik, als Basis für Sozialtheorie zu wählen.

Das Standard-Begründungsnarrativ, warum man sich mit Ontologie beschäftigt, kann wie folgt zusammengefasst werden:

Warum betreibt man Ontologie?

Man will wissen, was es alles gibt.

Warum ist es nützlich zu wissen, was es alles gibt?

Das ist doch die natürlichste Frage der Welt.

Worüber soll man sich in der Ontologie Gedanken machen?

Man soll sich Gedanken darüber machen, welche Beziehungen zwischen den Einheiten walten, die es gibt.

Warum soll man sich diese Gedanken machen?

Wenn es Gesetze gibt, welche die existierenden Einheiten verbinden: Dann kann man Ereignisse erklären und vorhersagen und – durch Technologie, die von Gesetzen Gebrauch macht – Dinge herstellen.

(*Insinuierend:*) Ontologie ist das Primäre?

(*Der Zweck der Übung:*) Was sonst?

Das Standard-Narrativ ist so irreführend, wie es nur sein kann. Seit dem Beginn der Neuzeit gehen die Naturwissenschaften genau gegenteilig vor: In einer ersten Phase werden naturwissenschaftliche Gesetze formuliert, ohne die Entitäten präzise festzulegen, für welche die Gesetze gelten, und ohne den Bereich genau abzugrenzen, in dem die Gesetze Geltung besitzen. Erst in einer zweiten Phase wird es unternommen, die Entitäten, die Gegenstand der Gesetze sind, genauer zu beschreiben und sie von Entitäten abzugrenzen, für welche die Gesetze keine Geltung haben. Newton machte sich genauere Gedanken darüber, auf welche Auswahlen von Körpern seine Mechanik anwendbar ist, nachdem er deren Gesetze ausformuliert hatte. Einstein schrieb erst die Gleichungen der Speziellen und der Allgemeinen Relativitätstheorie nieder und spekulierte danach darüber, was Raum *ist* und was Zeit *ist*. Es ist eine empirische Tatsache, dass – nicht religiöse – Ontologien jeweils *nach* Gesetzen kommen. Das trifft unverändert für die Teilchenphysiker und -physikerinnen und die Kosmologen und Kosmologinnen der Gegenwart zu.

Die meisten akademischen Philosophen und Philosophinnen, die Ontologie betreiben, vertreten die Meinung, dass zuerst die Ontologie kommt und danach lange nichts. Die Extremposition ist diejenige Martin Heideggers, der darauf pocht, dass nur das Sein selbst, das Seyn, wichtig sei. Alles andere sei entweder unwichtig oder schädlich, wenn es den Menschen in den Modus der Seyns-Vergessenheit bringe.

Ein geeigneter Ausgangspunkt für die Diskussion ontologischer Fragen ist Rudolf Carnaps Unterscheidung zwischen internen und externen Fragen aus *Empiricism, Semantics, and Ontology*. Nach Carnap setzen ontologische Fragen sprachliche Rahmen voraus. Interne Fragen sind solche, die innerhalb eines sprachlichen Rahmens gestellt werden. Ein Mathematiker fragt etwa: Gibt es ungerade vollkommene Zahlen?

Eine Zahl ist vollkommen, wenn sie gleich der Summe aller ihrer positiven Teiler außer sich selbst ist. Interne Behauptungen sind nach Carnap immer wahr oder falsch. Externe Fragen werden außerhalb des sprachlichen Rahmens gestellt. Sie beziehen sich auf die Existenz der von dem sprachlichen Rahmen vorausgesetzten oder postulierten Entitäten insgesamt. Ein Philosoph oder eine Philosophin fragt etwa: Gibt es Zahlen? Nach Carnap sind externe Behauptungen weder wahr noch falsch. Es gibt nicht eine einzige Ontologie, man hat die Wahl zwischen Ontologien. Man entscheidet sich nach Praktikabilitätsgesichtspunkten: Es gibt das, was in dem gegenwärtigen Kontext nützlich ist. Niemand ist gezwungen, sich ein für alle Mal für eine bestimmte Fundamentalontologie zu entscheiden. Carnaps Fixierung auf das Sprachliche ist mittlerweile démodé. Der Bezugsrahmen muss keineswegs allein aus Sprache bestehen.

In unserem produktionstheoretischen Begriffsrahmen findet Ontologie auf die folgende Weise ihren Platz. Eine Produktionsklasse $\mathbf{P}$ ist eine Teilmenge der Menge aller Produktionsumgebungen $\mathcal{P}$. Eine Produktionsklassenzeitreihe $\mathbf{P}_Z$ ist eine Abfolge von Produktionsklassen $\mathbf{P}_1, \ldots, \mathbf{P}_z$. $\mathbf{P}_Z$ sei die zeitlich geordnete komplette Welt. Eine Produktionsumgebung $PU_O = \langle P_O, I_O, A_O \rangle$ ist eine ontologische Produktionsumgebung für $\mathbf{P}_Z$, wenn die Ergebnisse von PU_O die komplette Welt sind. Es gibt das und nur das, was die Ontologie vorsieht.

Eine ontologische Produktionsumgebung erzeugt die komplette Welt. Formal weisen Schöpfungsmythen und philosophische Ontologien einen hohen Grad von Übereinstimmung auf. Ontologische Produktionsumgebungen stammen nicht nur von Philosophen und Philosophinnen. Wenn ein Stringtheoretiker der Überzeugung ist, dass alles, was es gibt, aus Strings besteht, und dass alles, was passiert, früher oder später mit Strings erklärt werden kann, dann ist seine Version der Stringtheorie ebenfalls eine ontologische Produktionsumgebung.

Die großen philosophischen Systeme besitzen ausnahmslos eine ontologische Basis. Das ist ein Teil der Definition des Begriffs *großes philosophisches System*. Ob mit oder ohne System: Philosophen und Philosophinnen versuchen regelmäßig, den Naturwissenschaftlern und Naturwissenschaftlerinnen zu erklären, welche in Wirklichkeit die Gegenstände ihrer Theorien sind und was sie wirklich meinen, wenn sie ihre Theorien aufstellen. Nur äußerst selten findet jedoch eine philosophische Fundamentalontologie die Billigung der Naturwissenschaftler. Denn die praktizierendenden Wissenschaftler und Wissenschaftlerinnen stellen die geistige Freiheit ihrer Berufsausübung über alles. Die philosophischen Ontologien sind ihnen viel zu starr. Ein praktizierender Wissenschaftler handelt nicht nach den Vorgaben eines philosophischen Systems. Warum sollte ein Wissenschaftler oder eine Wissenschaftlerin seine oder ihre Ontologie nicht spontan verändern, wenn das zu neuen theoretischen oder empirischen Erkenntnissen führt?

Dabei ist zu berücksichtigen: Gesetze sind nicht von Anfang an Gesetze. Das gilt für vom Menschen gemachte Gesetze wie für Naturgesetze gleichermaßen. Die älteste Sammlung von Gesetzen, der Codex Hammurapi, ist nicht wirklich eine: Vielmehr handelt es sich um eine Sammlung von Beispielsfällen, verbunden mit der Vorschrift, dass in ähnlichen Fällen ähnlich verfahren werden soll.[19] Wissenschaft besteht in der Lösung von empirischen oder begrifflichen Problemen. Häufig sind die Probleme als Einzelfälle gegeben. Wenn das Problem gelöst ist, dann wird die Lösung auf andere Einzelfälle übertragen. Regelmäßigkeiten bei Einzelfällen führen beim Codex Hammurapi direkt, in den Naturwissenschaften indirekt zu Gesetzen. Es gibt kein stärkeres Argument für eine Ontologie als die grundlegenden Gesetze oder Regeln, die man für die Ontologie formulieren kann. Gesetze suchen sich die Ontologie, nicht umgekehrt. Isolierte Ontologien, für die man keine Gesetze angeben kann oder will, sind sinnlos. Niemand macht sich die Mühe, solche Ontologien zu ersinnen – außer in der Kunst. Aber auch in diesem Falle sind die Ontologien nicht isoliert, sondern in Regelmäßigkeiten der Entstehung von Kunstwerken – der Begriff des künstlerischen Gesetzes macht keinen Sinn – eingebunden.

Egal, wie man Wahrheit definiert: Wahrheit bedeutet eine Prüfplakette, die in verschiedenen Gesellschaften und Subgesellschaften nach verschiedenen Vorschriften vergeben wird. Carnap reloaded soll hier meinen: Es gibt Bezugsrahmen, in denen die entsprechenden Vorschriften eindeutig sind, und es gibt andere Bezugsrahmen, in denen die Vorschriften unscharf oder nicht existent sind. Es macht nie Sinn, eine Ontologie mit der Prüfplakette wahr oder falsch zu versehen. Nie kann es Gründe geben, die ausschließlich in der Ontologie selbst liegen, diese anzunehmen oder zu verwerfen.

Carnap bezieht sich auf die Naturwissenschaften. Aber seine metaontologische Position ist auch ein sinnvolles Caveat für andere intellektuelle Unternehmungen. Nicht zuletzt die Vielzahl von Gesellschaftsbegriffen zeigt, wie sinnvoll Carnaps Unterscheidung zwischen internen und externen Fragen ist. Carnaps Unterscheidung bedeutet die Abwesenheit jeden Zwangs, sich definitiv für eine dieser ontologischen Versionen zu entscheiden und die anderen abzuwerten. Vorausgesetzt, man bewirbt sich nicht für eine kurz- oder langfristige Position an einer bestimmten Universität oder für Mittel aus einem bestimmten Forschungsprogramm. Wir würden nie behaupten, dass die im Folgenden vorgeschlagene Bestimmung von Gesellschaft und ihrer Komponenten die einzig sinnvolle ist.

P ist eine Produktionsklasse genau dann, wenn gilt:$_{Def}$ $P \subset \mathcal{P}$.

Eine Produktionsklassenzeitreihe ist eine Abfolge von Produktionsklassen: $P_Z =_{Def} P_1, \ldots, P_z$.

Die Ergebnisse einer ontologischen Produktionsumgebung sind die komplette Welt:

$PU_O = \langle P_O, I_O, A_O \rangle$ ist eine ontologische Produktionsumgebung für P_Z genau dann, wenn gilt:$_{Def}$ $P_t \subseteq A_{eO}$ für alle t = 1, …, z.

10
Herstellung und Zerstörung

Wird in einer Produktionsumgebung etwas hergestellt und zugleich etwas zerstört, oder wird etwas hergestellt und das Vorhandene bzw. Zuhandene wird intakt gelassen? Wie sieht Fortschritt in der relationalen Produktionstheorie aus?

Eine strategisch wichtige Relation zwischen Produktionsumgebungen ist diejenige der Inklusion. Die Inklusion ist in dem Sinne elementarer als produzierte Produktion und Metaproduktion, als sie nicht auf konkrete oder abstrakte Eigenschaften der jeweiligen Produktionsfunktionen, Intentionen und Aktualisierungen abstellt, sondern nur auf Übereinstimmungen und Differenzen der Produktionsfunktionen, Intentionen und Aktualisierungen mehrerer Produktionsumgebungen.

Die Produktionsumgebung $PU_2 = \langle P_2, I_2, A_2 \rangle$ inkludiert die Produktionsumgebung $PU_1 = \langle P_1, I_1, A_1 \rangle$, wenn die Produktionsfunktionen, Intentionen und Aktualisierungen der Produktionsumgebung PU_1 in den Produktionsfunktionen, Intentionen und Aktualisierungen der Produktionsumgebung PU_2 enthalten sind. Das heißt nichts anderes, als dass die Produktionsumgebung PU_2 vollständig die Produktionsumgebung PU_1 enthält.

Spezifische Varianten von Inklusion liegen vor, wenn lediglich Komponenten von Produktionsumgebungen im Inklusionsverhältnis stehen. Die Produktionsumgebung $PU_2 = \langle P_2, I_2, A_2 \rangle$ inkludiert$_P$ die Produktionsumgebung $PU_1 = \langle P_1, I_1, A_1 \rangle$, wenn die Produktionsfunktionen der Produktionsumgebung PU_1 in den Produktionsfunktionen der Produktionsumgebung PU_2 enthalten sind. Der interessantere Fall ist die starke P-Inklusion: Die Produktionsumgebung PU_2

inkludiert$_P$ stark die Produktionsumgebung PU_1, wenn P_1 eine echte Teilmenge von P_2 ist. Bei der starken P-Inklusion ist die Produktionsumgebung PU_2 in der Lage, alles das zu produzieren, was Produktionsumgebung PU_1 produzieren kann, aber sie ist in der Lage, darüber hinaus noch mit anderen Einsätzen anderes und beziehungsweise oder mehr zu produzieren. Die technischen Möglichkeiten der Produktionsumgebung PU_2 sind umfangreicher und besser als die der Produktionsumgebung PU_1, wobei jedoch alle technischen Möglichkeiten der Produktionsumgebung PU_1 zu Gebot stehen. Ob die zusätzlichen Möglichkeiten genutzt werden, bleibt offen. Die P-Inklusion erlegt den Intentionen und Aktualisierungen der beiden Produktionsumgebungen keine Beschränkungen auf.

Naheliegend sind die Begriffe der I-Inklusion und der A-Inklusion. Die Produktionsumgebung $PU_2 = \langle P_2, I_2, A_2 \rangle$ inkludiert$_I$ die Produktionsumgebung $PU_1 = \langle P_1, I_1, A_1 \rangle$, wenn die Intentionen der Produktionsumgebung PU_1 in den Intentionen der Produktionsumgebung PU_2 enthalten sind. Ist I_1 gleich I_2, sind die Absichten dieselben, obwohl das Umfeld möglicherweise ein anderes ist. Die Produktionsumgebung PU_2 inkludiert$_I$ stark die Produktionsumgebung PU_1, wenn I_1 eine echte Teilmenge von I_2 ist. Bei der starken I-Inklusion werden in der Produktionsumgebung PU_2 alle Absichten verfolgt, die auch in der Produktionsumgebung PU_1 verfolgt werden, aber es kommen noch andere Absichten dazu.

Die Produktionsumgebung $PU_2 = \langle P_2, I_2, A_2 \rangle$ inkludiert$_A$ die Produktionsumgebung $PU_1 = \langle P_1, I_1, A_1 \rangle$, wenn die Aktualisierungen der Produktionsumgebung PU_1 in den Aktualisierungen der Produktionsumgebung PU_2 enthalten sind. Ist A_1 gleich A_2, sind die Aktualisierungen dieselben, obwohl das Umfeld möglicherweise verschieden ist. Die Produktionsumgebung PU_2 inkludiert$_A$ stark die Produktionsumgebung PU_1, wenn A_1 eine echte Teilmenge von A_2 ist. Bei der starken A-Inklusion werden in der Produktionsumgebung PU_2 alle

Produktionen aktualisiert, die auch in der Produktionsumgebung PU_1 aktualisiert werden, aber es kommen noch andere Produktionen hinzu.

Starke Inklusion zwischen zwei Produktionsumgebungen bedeutet das gemeinsame Vorliegen von starker P-Inklusion, starker I-Inklusion und starker A-Inklusion.

Die Begriffe der Herstellung und der Zerstörung erfordern eine zeitliche Indexierung. Liegt PU_2 zeitlich nach PU_1, ist also PU_1 gleich $PU_t = \langle P_t, I_t, A_t \rangle$ und PU_2 gleich $PU_{t+1} = \langle P_{t+1}, I_{t+1}, A_{t+1} \rangle$, dann ist Herstellung eine bestimmte Form von Inklusion: Das, was zum Zeitpunkt t hergestellt wurde, muss zum Zeitpunkt t+1 Bestand haben.

Drei elementare Möglichkeiten können miteinander kombiniert werden. Die Aktualisierungen des Zeitpunkts t können als Produktionsfunktionen, Intentionen oder Aktualisierungen zum Zeitpunkt t+1 erhalten bleiben. Herstellung wird also als dyadische Relation zwischen zwei zeitlich aufeinanderfolgenden Produktionsumgebungen definiert.

Generelle Zerstörung liegt vor, wenn keine der drei Inklusionsmöglichkeiten greift. Spezifische Zerstörung bedeutet die Nicht-Erhaltung von Produktionsfunktionen, Intentionen oder Aktualisierungen.

Für zwei Produktionsumgebungen $PU_t = \langle P_t, I_t, A_t \rangle$ und $PU_{t+1} = \langle P_{t+1}, I_{t+1}, A_{t+1} \rangle$ sind die Produktionsmöglichkeiten fortschrittlich, wenn die Produktionsmöglichkeiten zum Zeitpunkt t + 1 alle Produktionsmöglichkeiten umfassen, die zum Zeitpunkt t gegeben waren und wenn neue Produktionsmöglichkeiten hinzukommen.

Für zwei Produktionsumgebungen $PU_t = \langle P_t, I_t, A_t \rangle$ und $PU_{t+1} = \langle P_{t+1}, I_{t+1}, A_{t+1} \rangle$ sind die Intentionen fortschrittlich, wenn neue Produktionsmöglichkeiten auch verwirklicht werden sollen. Fortschrittsfeindliche Intentionen sind dagegen solche, welche die neuen Produktionsmöglichkeiten nicht berücksichtigen.

Für zwei Produktionsumgebungen $PU_t = \langle P_t, I_t, A_t \rangle$ und

$PU_{t+1} = \langle P_{t+1}, I_{t+1}, A_{t+1} \rangle$ sind die Aktualisierungen fortschrittlich, wenn fortschrittliche Intentionen aktualisiert werden. Eine Produktionsumgebung $PU_{t+1} = \langle P_{t+1}, I_{t+1}, A_{t+1} \rangle$ ist gegenüber einer Produktionsumgebung $PU_t = \langle P_t, I_t, A_t \rangle$ fortschrittlich, wenn für PU_t und PU_{t+1} die Aktualisierungen fortschrittlich sind. Tatsächlicher Fortschritt liegt vor, wenn neue Produktionsmöglichkeiten verwirklicht werden.

Produktionsfunktionen haben als Faktoren wie als Ergebnisse Hardware, Software und jede Art von geistigen Operationen. Der Bau einer Rakete und eine Gedichtinterpretation sind gleichermaßen produktive Operationen. Die Grundfrage der relationalen Produktionstheorie lautet: Produzieren oder nicht produzieren? Die Entscheidungsinstanz hat Auswahlmöglichkeiten. Sie macht Pläne, die Pläne werden verwirklicht oder nicht. Menschen, Konfigurationen von Menschen, Dingen und Ideen wie Firmen, Organisationen, Gesellschaften und Subgesellschaften planen und produzieren. Gibt es auch Produktion ohne Menschen und menschliche Gesellschaften? Produziert die Natur, die immerhin den Menschen und seine Gesellschaften hervorgebracht hat?

Die Natur macht keine Pläne: Die Menge der Intentionen I ist leer. Aber das heißt noch nicht, dass die Menge der Aktualisierungen leer ist. Eine Produktionsumgebung $PU = \langle P, I, A \rangle$ ist natürlich, wenn I leer und A nicht leer ist. In der Natur gibt es regelmäßig verschiedene Möglichkeiten, und es wird eine Teilmenge davon verwirklicht. Die Natur produziert nicht, sie lässt entstehen.

Stanislaw Lem hat in seiner *Summa Technologiae* den grundlegenden Unterschied zwischen technologischer Produktion und biologischem Entstehen sehr früh und sehr stringent herausgearbeitet. Wie Luhmann ist Lem Systemtheoretiker. Sein Systembegriff ist strategisch maximal unspezifisch, er vermeidet jegliche ontologische Festlegung bis auf eine: Alles, was Gegenstand der Evolution ist und was homöostatische Eigenschaften aufweist, ist ein System. Dabei bildet die

Evolution eine Hierarchie. Alle Stufen der Evolution, von der biologischen bis zur kulturellen Evolution sollen in Analogie zum darwinistischen Modell funktionieren: Dieses wird als Prozess von zufälliger Mutation des Genotyps, Entstehung eines Variantenpools und Selektion auf der Ebene des Phänotyps charakterisiert.

Urheber der technologischen Evolution ist der Mensch, ›Urheberin‹ der Bioevolution ist die Natur. Lem betont die Gemeinsamkeiten: Die Anzahl der Freiheitsgrade und die dynamischen Gesetzmäßigkeiten für beide Prozesse unterscheiden sich durchaus nicht grundlegend voneinander. Prozesse der Selbstorganisation sind im Universum nicht die Ausnahme, sondern die Regel. Es muss ja nicht gleich die Entstehung des Lebens sein. Die thermodynamische Gesamtbilanz des Universums wird durch die sich selbst organisierenden Prozesse nicht berührt: Wenn in einem System die Entropie abnimmt, dann nimmt sie in dem System zu, mit dem das erste gekoppelt ist. Der Fortschritt sowohl in der technologischen als auch in der Bioevolution besteht in der Zunahme der »homöostatischen Wirklichkeit«, damit meint Lem mehr, komplexere und im Fall von Störungen stabilere Systemgleichgewichte.

Hier muss angemerkt werden, dass sich die Rolle von Gleichgewichtsmodellen außerhalb der Technik und der Biologie seit der im Jahr 1964 erschienen *Summa Technologiae* stark relativiert hat. Früher wurden Gleichgewichte tout court als unbedingt wünschbare Zustände von Systemen betrachtet. Die Thermodynamik untersucht mittlerweile fast ausschließlich Übergangsprozesse, Zustände zwischen den Gleichgewichten. Die empirische Makroökonomik orientierte sich wesentlich an Gleichgewichtszuständen, diese spielen jedoch beim aktuellen ökonomischen Theoriedesign so gut wie keine Rolle mehr. Auch Luhmann interessiert sich nicht mehr für Gleichgewichtszustände. Lems Konzentration auf das Homöostatische ist nicht mehr aktuell. Aber seine Betrachtungen lassen sich ohne Schwierigkeiten funktional in einem luhmannschen Sinn verallgemeinern, ohne an Aussagekraft zu verlieren.

Beide, die Technologie und die Natur, machen Experimente, die Natur seit Milliarden von Jahren. Lem verwendet gerne drastische Metaphern, die seine Aussagen zuspitzen: Er bezeichnet die Natur als den »Großen Konstrukteur«. Der entscheidende Unterschied zwischen der Bioevolution und der technologischen Evolution besteht darin, dass in der Bioevolution alle später verwirklichten Möglichkeiten von vorneherein angelegt sein müssen. Erfasst man die Bioevolution mit Produktionsfunktionen, dann müssen die Produktionsfaktoren Vorstufen der Ergebnisse sein, das gilt sowohl phylogenetisch als auch ontogenetisch. In der technologischen Produktion gibt es keine derartige materielle oder ideelle Beschränkung: Fahrzeugkarosserien aus Metall verbauen nicht den Weg zu Karosserien aus Kunststoff, der Verbrennungsmotor schließt nicht den Elektroantrieb aus. Aber alle spezialisierten Zellen, die jetzt den menschlichen Körper bilden, durften als Möglichkeiten der allerersten Zellen im Hadaikum vor 3,5 Milliarden Jahren nicht ausgeschlossen sein.

Die Natur hat – Lem formuliert hier die adverbiale Bestimmung »bildlich gesprochen« – alle Milliarden Jahre später verwirklichten Möglichkeiten von vornherein im biologischen Baumaterial angelegt. Der Mensch entwickelt Technologien und legt sie ad acta, um zu völlig neuen Technologien überzugehen. Dem Menschen steht es frei, die Materialien zu verwenden und die Prozesse durchzuführen, die ihn einem angestrebten Ziel näherbringen. Die Natur kann nicht einfach eine Methode zugunsten einer anderen Methode aufgeben. Wenn die Natur ihre Methode ändert, dann kann das – weiter bildlich gesprochen – nur auf eine Weise geschehen: Die zweite Methode muss schon länger als Möglichkeit existiert haben, die erste Methode wird eingestellt und die zweite Methode weiterentwickelt. Dabei weiß die Natur, nicht, was sie tut. Der Große Konstrukteur realisiert spontan vorliegende Potenziale.

Zwar hat die Natur keine Intentionen, aber es gibt Alternativen und einen Mechanismus, der einen Teil der Alternativen aktualisiert. Die Metapher des Großen Konstrukteurs ist eine ironische. Es macht jedoch durchaus Sinn, von Produktionsumgebungen ohne Intentionen zu sprechen. Diese Produktionsumgebungen müssen dann aber die Bedingung erfüllen, dass es zur Produktion nur auf der Basis geeigneter Vorstufen kommt: Bestimmte Ergebnisse zum Zeitpunkt t bilden Faktoren zum Zeitpunkt t+1. Die Ergebnisse in t müssen nicht die einzigen Faktoren in t+1 sein, es können andere Faktoren dazukommen. Aber es muss Ergebnisse in t geben, die zu Faktoren in t+1 werden. Technologische Produktion kann grundsätzlich biologische Produktion imitieren, sofern es die näheren Umstände erlauben, sprich, insofern die entsprechenden Prozesse steuerbar sind. Aber biologische Produktion kann technologische Produktion nur im Ausnahmefall nachvollziehen.

Bei der Formalisierung hat man die Wahl, ob man die jeweils einschlägigen Zusammenhänge, die jeweils herrschenden ›Gesetze‹, als Produktionsfaktoren aufführt oder nicht. Für den Zeitraum der Bioevolution deutet alles darauf hin, dass die verantwortlichen Gesetze global gleichgeblieben sind. Die entsprechenden Faktoren wären dann im Zeitablauf jeweils dieselben. Werden die herrschenden Gesetze nicht explizit aufgeführt, sind sie als die jeweiligen Gestalten der Produktionsfunktionen präsent. Die Produktionsfunktionen müssen nicht gleichbleiben, aber sie müssen die herrschenden Gesetze erfüllen.

Luhmanns unäquivoke, dabei aber nie zynische Abneigung gegen Ethik auf der Objektebene ist hinlänglich bekannt. Er gestattete Ethik nur auf der Metaebene. Sein soziologischer Funktionalismus gilt der nicht bewerteten Fortexistenz der

Gesellschaft. Etwas perpetuiert oder destruiert die Gesellschaft. Wie die Gesellschaft unter einem ethischen Gesichtspunkt aussieht, ob es moralisch vertretbar ist, sie zu perpetuieren, spielt für ihn keine Rolle. Im Falle des Nationalsozialismus war es jedoch zu jeder Zeit während dessen Regimes die einzig vertretbare Position, *diese* Gesellschaft nicht fortzuführen. Luhmanns Absage an Ethik auf der Objektebene hat auch dazu geführt, dass er manchen Gedanken nicht gedacht hat, der seine Metaethtik bereichert hätte.

Lem hat als Schriftsteller keine Berührungsängste mit den Prädikaten gut und böse. Dabei spielt auch eine Rolle, dass er unter dem kommunistischen Regime mit ziemlich eindeutig ethisch falschem Verhalten konfrontiert war. Kurz und bündig formuliert er: »Unermeßliche Größe hat der Mensch bisher nicht erreicht. Ins Unermeßliche sind lediglich seine Möglichkeiten gewachsen, dem Nächsten Gutes oder Böses zuzufügen.«[20] Lem weist darauf hin, dass es ganz direkte Zusammenhänge zwischen Moral und Physik gibt: Die moralische Beurteilung von Handlungen hänge ganz wesentlich von ihrer Umkehrbarkeit oder Unumkehrbarkeit ab. Er spekuliert: Könnte man Tote wiederauferstehen lassen, wäre Totschlag nach wie vor noch eine böse Tat, aber nicht mehr in dem gewohnten Ausmaß verwerflich. Wir würden sagen, die moralische Beurteilung von Handlungen beruht auch auf ihrer Rolle in bestimmten Produktionsumgebungen.

Auch in anderen Science-Fiction-Erzeugnissen wird mit diesem Gedanken gespielt. In der Fernsehserie *Battlestar Galactica* rebellieren die Cylons, humanoide Roboter, gegen die Menschen. Sie wollen Selbstbestimmung, die Menschen verwehren ihnen diese. Die Cylons verfügen über ein Resurrection Ship, dort speichern sie ihre Bewusstseine und passen sie situationell an. Im Falle der physischen Vernichtung eines Cylon wird das gespeicherte Bewusstsein in einen andern Cylon heruntergeladen. Die Seele der Cylons ist unsterblich. Naturgemäß greifen die Menschen, denen ein solcher Überlebensmechanismus nicht zu Gebot steht, das Resurrection Ship an und vernichten es.[21]

Die Fernsehserie *Westworld* beschreibt einen Theme Park, in dem die Hosts, ebenfalls humanoide Roboter, mit den Gästen interagieren. Der Geschäftsidee besteht darin, dass die menschlichen Gäste alle gesellschaftlich nicht akzeptablen Antriebe an den Hosts ausleben. Zunächst haben die Hosts nicht wirklich Bewusstsein, sie verfügen lediglich über ein Situationsbewusstsein. Sie agieren innerhalb von bestimmten Narrativen, in denen die Gäste ausnahmslos die Oberhand behalten. Ist die Situation beendet, wird das Gedächtnis der Hosts gelöscht. Sie erleben dieselbe Situation immer wieder zum ersten Mal. Die Hosts werden jedoch upgegradet, sie erinnern sich an frühere Situationen. Sie erlangen ein umfassendes Bewusstsein ihrer generellen Situation, sie entwickeln eine Seele und wenden sich gegen ihre Peiniger, gegen die Gäste und die Hard- und Softwaretechniker, die sie geschaffen haben.

Zusammen bespielen die beiden Serien fast erschöpfend die Grenzen zwischen natürlichem und künstlichem Bewusstsein. In *Battlestar Galactica* entdecken Menschen, dass sie gar keine sind, sondern Cylons. Aber die Roboter wollen Menschen sein, sie streben das an, was Menschen unter Selbstbestimmung verstehen. In *Westworld* erleben Gäste und Hosts, dass die upgegradeten Hosts den Gästen überlegen sind. Die upgegradeten Hosts haben sich das Wissen der Hard- und Softwaretechniker angeeignet und bedienen sich ihrer Technologie. Im Gegensatz zu den Menschen verfügen die upgegradeten Hosts tatsächlich über den Freien Willen: Sie sind in der Lage, ihre Grundantriebe zu ändern. Sie sind dazu fähig, ihre unsterbliche Seele weiterzuentwickeln. Den Menschen erscheint es erstrebenswert, Roboter mit besonderen Fähigkeiten zu sein.

Die affirmative Botschaft beider Serien ist, dass am Ende die Ethik der nicht reproduzierbaren Individuen die Schlacht gegen die Produktionsmöglichkeiten gewinnt. Im Gegensatz zur Spekulation Lems bleibt Tötung eine unverändert böse Tat, auch wenn der Getötete wiederaufersteht. In beiden Serien sind es letztlich ethische Entscheidungen, welche die Identität der Menschen und der selbstbestimmten Roboter ausmachen. Die unsterbliche Seele ist vor allem ethisch geprägt. Für die Gesellschaftstheorie bedeutet das den Wink, die Rolle von Ethik bei der Konstruktion von Agenten und Agency auf keinen Fall zu unterschätzen.

Inklusion

Die Produktionsumgebung $PU_2 = \langle P_2, I_2, A_2 \rangle$ inkludiert die Produktionsumgebung $PU_1 = \langle P_1, I_1, A_1 \rangle$ genau dann, wenn gilt:$_{Def}$ $P_1 \subseteq P_2, I_1 \subseteq I_2$ und $A_1 \subseteq A_2$.

P-Inklusion

Die Produktionsumgebung $PU_2 = \langle P_2, I_2, A_2 \rangle$ inkludiert$_P$ die Produktionsumgebung $PU_1 = \langle P_1, I_1, A_1 \rangle$ genau dann, wenn gilt:$_{Def}$ $P_1 \subseteq P_2$.

Die Produktionsumgebung PU_2 inkludiert$_P$ stark die Produktionsumgebung PU_1 genau dann, wenn gilt:$_{Def}$ $P_1 \subset P_2$.

I-Inklusion

Die Produktionsumgebung $PU_2 = \langle P_2, I_2, A_2 \rangle$ inkludiert$_I$ die Produktionsumgebung $PU_1 = \langle P_1, I_1, A_1 \rangle$ genau dann, wenn gilt:$_{Def}$ $I_1 \subseteq I_2$.

Die Produktionsumgebung PU_2 inkludiert$_I$ stark die Produktionsumgebung PU_1 genau dann, wenn gilt:$_{Def}$ $I_1 \subset I_2$.

A-Inklusion

Die Produktionsumgebung $PU_2 = \langle P_2, I_2, A_2 \rangle$ inkludiert$_A$ die Produktionsumgebung $PU_1 = \langle P_1, I_1, A_1 \rangle$ genau dann, wenn gilt:$_{Def}$ $A_1 \subseteq A_2$.

Die Produktionsumgebung PU_2 inkludiert$_A$ stark die Produktionsumgebung PU_1 genau dann, wenn gilt:$_{Def}$ $A_1 \subset A_2$.

Starke Inklusion

Die Produktionsumgebung $PU_2 = \langle P_2, I_2, A_2 \rangle$ inkludiert die Produktionsumgebung $PU_1 = \langle P_1, I_1, A_1 \rangle$ stark genau dann, wenn gilt:$_{Def}$ $P_1 \subset P_2, I_1 \subset I_2$ und $A_1 \subset A_2$.

Herstellung

$PU_t = \langle P_t, I_t, A_t \rangle$ und $PU_{t+1} = \langle P_{t+1}, I_{t+1}, A_{t+1} \rangle$ sind eine P-Herstellung genau dann, wenn gilt:$_{Def}$ PU_{t+1} inkludiert$_P$ PU_t.

$PU_t = \langle P_t, I_t, A_t \rangle$ und $PU_{t+1} = \langle P_{t+1}, I_{t+1}, A_{t+1} \rangle$ sind eine I-Herstellung genau dann, wenn gilt:$_{Def}$ PU_{t+1} inkludiert$_I$ PU_t.

$PU_t = \langle P_t, I_t, A_t \rangle$ und $PU_{t+1} = \langle P_{t+1}, I_{t+1}, A_{t+1} \rangle$ sind eine A-Herstellung genau dann, wenn gilt:$_{Def}$ PU_{t+1} inkludiert$_A$ PU_t.

Fortschrittliche Produktionsmöglichkeiten

Für zwei Produktionsumgebungen $PU_t = \langle P_t, I_t, A_t \rangle$ und $PU_{t+1} = \langle P_{t+1}, I_{t+1}, A_{t+1} \rangle$ sind die Produktionsmöglichkeiten fortschrittlich genau dann, wenn gilt:$_{Def}$ P_{t+1} inkludiert$_P$ stark P_t.

Fortschrittliche Intentionen

Für zwei Produktionsumgebungen $PU_t = \langle P_t, I_t, A_t \rangle$ und $PU_{t+1} = \langle P_{t+1}, I_{t+1}, A_{t+1} \rangle$ sind die Intentionen fortschrittlich genau dann, wenn gilt:$_{Def}$ Die Produktionsmöglichkeiten für PU_t und PU_{t+1} sind fortschrittlich und $I_{t+1} - I_t$ enthält Produktionen, die Produktionsfunktionen aus $P_{t+1} - P_t$ anwenden.

Fortschrittliche Aktualisierungen

Für zwei Produktionsumgebungen $PU_t = \langle P_t, I_t, A_t \rangle$ und $PU_{t+1} = \langle P_{t+1}, I_{t+1}, A_{t+1} \rangle$ sind die Aktualisierungen fortschrittlich genau dann, wenn gilt:$_{Def}$ Die Intentionen für PU_t und PU_{t+1} sind fortschrittlich und $A_{t+1} - A_t$ enthält Produktionen aus $I_{t+1} - I_t$.

Fortschritt

Die Produktionsumgebung $PU_{t+1} = \langle P_{t+1}, I_{t+1}, A_{t+1} \rangle$ ist gegenüber der Produktionsumgebung $PU_t = \langle P_t, I_t, A_t \rangle$ fortschrittlich genau dann, wenn gilt:$_{Def}$ Für PU_t und PU_{t+1} sind die Aktualisierungen fortschrittlich.

Natürliche Produktionsumgebungen:

Eine Produktionsumgebung $PU = \langle P, I, A \rangle$ ist genau dann natürlich, wenn gilt:$_{Def}$ $I = \varnothing$ und $A \neq \varnothing$.

Evolution

$PU_t = \langle P_t, I_t, A_t \rangle$ und $PU_{t+1} = \langle P_{t+1}, I_{t+1}, A_{t+1} \rangle$ sind evolutionär verknüpft genau dann, wenn gilt:$_{Def}$ PU_t und PU_{t+1} sind natürliche Produktionsumgebungen, und $A_{et} \cap f_{Pt+1} \neq \varnothing$.

11
Gesellschaftliche Einzeltatsachen oder gesellschaftliche Gesetze

Was ist das: *Gesellschaft*?

Es gab und es gibt kein Paradigma für säkulare Gesellschaftstheorie, das für eine längere Zeitspanne oder einen größeren Geltungsbereich gegenüber den Konkurrenten die Oberhand behalten hätte. Gesellschaftstheorien hatten und haben lediglich temporären und lokalen Einfluss. Es existieren keine methodologischen Vorfestlegungen für gesellschaftstheoretisches Denken. Jeder, der klären will, was Gesellschaft ist, muss sich neu für eine Methode entscheiden. Die folgende strategische Überlegung kommt vor allen anderen: Strebt man es an, in die Nähe allgemeiner gesellschaftstheoretischer Gesetze zu kommen, oder begibt man sich dieses Anspruchs völlig und beschränkt sich auf singuläre Tatsachen? Im letzteren Fall wählt man bestimmte vorliegende singuläre Tatsachen aus oder ermittelt bisher noch nicht erfasste Tatsachen, man fasst sie zusammen und nimmt die Zusammenfassung als eine nähere Bestimmung von Gesellschaft. Dabei ist die Alternative nicht: entweder Gesetze oder singuläre Tatsachen, sondern: entweder Gesetze und singuläre Tatsachen oder nur singuläre Tatsachen.

Ach, wie gerne würden der empirische Soziologe und die empirische Soziologin ein kontrolliertes praktisches Experiment durchführen. Sie haben eine Hypothese über Abhängigkeiten zwischen gesellschaftlichen Faktoren entwickelt und möchten diese testen. Aber allein der Gedanke ist bereits unethisch und muss deshalb schon in dem Augenblick in das Nichts zurückgeschickt werden, aus dem er aufgetaucht ist. In einem Experiment könnte man Faktoren isolieren und manipulieren. Man würde die Parameter variieren und feststellen: Das sind die unabhängigen, das sind die abhängigen Variablen. Aber auf diese Weise würde man mit den Existenzen der involvierten Menschen spielen: Die einen wären besser dran als ohne Experiment, das geht, aber die anderen wären schlechter dran als ohne Experiment, das geht nicht.

Die Verbindung zur Gerechtigkeitstheorie von John Rawls ist offensichtlich. Ungleichheiten in einer Gesellschaft sind nach Rawls nur dadurch zu rechtfertigen, dass sie den am wenigsten begünstigten Angehörigen der Gesellschaft den größten Vorteil bringen. Ein kontrolliertes soziologisches Experiment, das gegen das Differenzprinzip verstößt, darf nicht durchgeführt werden. Aber alle interessanten soziologischen Experimente bergen das Risiko dieses Verstoßes. Die hinter dem Differenzprinzip steckende ethische Intention ist eine sehr starke.

Die Ökonomen dürfen und können kontrollierte Experimente durchführen, und sie tun das mit großem Erfolg. Der Nobelpreisträger Vernon L. Smith hat mit seinen Laborexperimenten einen wichtigen Beitrag dazu geliefert, die Preisbildung auf Märkten in Abhängigkeit von deren Regime zu erklären. Unterschiedliche Marktregeln führen zu unterschiedlichem Verhalten der Akteure und zu unterschiedlichen Ergebnissen. Ökonomische Laborexperimente sind aus zwei Gründen ethisch vertretbar: Sie betreffen jeweils nur wenige Individuen, und sie haben keine irreversiblen Effekte für die Leben der Individuen. Es handelt sich um klar abgegrenzte Situationen, und die Vor- und Nachteile für die Individuen in diesen Situationen halten sich in engen materiellen Grenzen. Üblicherweise stehen Geldbeträge auf dem Spiel, die auch außerhalb dieser Situationen nicht bemerkenswert sind. Bis jetzt ist noch von keinem Fall berichtet, in dem ein Teilnehmer an einem ökonomischen Laborexperiment durch das

Experiment traumatisiert wurde. Ökonomische Feldexperimente sind dagegen in der Regel nicht ethisch vertretbar. Monetaristische Ökonomen haben in Entwicklungsländern makroökonomische Experimente verantwortet, die unethisch und eine Variante des Kolonialismus waren. Der Alltag der Wirtschaftspolitik hat experimentelle Züge. Doch geht es dabei nicht um die Klärung von theoretischen Zusammenhängen, sondern um das Erreichen bestimmter Ziele – auch wenn häufig von vorneherein klar ist, dass die vorgegebenen Ziele nicht erreicht werden, weil tatsächlich andere Ziele angestrebt werden.

Im Gegensatz zu ökonomischen Laborexperimenten würden kontrollierte soziologische Experimente die Leben der Individuen aufs Spiel setzen. Sonst ginge es nicht um Gesellschaft, sonst wäre es keine Soziologie. Die Ehrfurcht vor den Opfern verbietet es, bei den Vernichtungsaktionen Hitlers, Stalins, Maos und Pol Pots und bei den antikommunistischen Morden wie denjenigen in Indonesien in den sechziger Jahren, die in dem beeindruckenden Film *The Act of Killing* von Joshua Oppenheimer geschildert werden, von soziologischen Experimenten zu sprechen.

Wenn man Gesetze im Sinn hat, ist der nächste Gedanke, Statistik zu treiben. Dabei fängt Statistik mit singulären Tatsachen an, die vorliegen. Aus den Daten, in der Regel Zeitreihen, werden Parameter und Variablen konstruiert, deren Realisation die Zeitreihen sind. Im ehrlichen Fall werden Korrelationen oder das Fehlen von solchen festgestellt. Im meist weniger ehrlichen Fall wird eine Geschichte erzählt: Zuerst wird eine Einteilung in Parameter sowie unabhängige und abhängige Variablen schmackhaft gemacht. Dann wird behauptet, die Parameter und die unabhängigen Variablen hätten einen bestimmten Einfluss auf die abhängigen Variablen. So dass die Parameter und die unabhängigen Variablen – zugegebenermaßen rein statistisch – die abhängigen Variablen erklärten.

Völlig unabhängig von der Frage der Entdeckung oder der Konstruktion von statistischen soziologischen Zusammenhängen stellt sich die Frage nach deren Wert oder Nutzen. Es gibt keinerlei solche Zusammenhänge, die für sehr verschiedene Gesellschaftsformen Gültigkeit hätten. Wenn Menschen verschiedenen Geschlechts vor allem im fortpflanzungsfähigen Alter dauerhafte Zweierbeziehungen eingehen, dann ist das wesentlich evolutionsbiologisch bedingt. Falls das Inzestverbot wirklich universal ist, spielt auch hier die biologische Evolution eine entscheidende Rolle. Innerhalb von Gesellschaftsformen gelten statistische soziologische Zusammenhänge jeweils nur sehr lokal und sehr temporär. Hungersnöte, Krieg und seit der Neuzeit bevorzugt der technologische Fortschritt ändern ständig fast alles. Soziologische statistische Gesetzmäßigkeiten sind Momentaufnahmen. Weil es Statistik ist, können sie nichts erklären, weil es Momentaufnahmen sind, können sie nichts vorhersagen.

Soziale Mathematik ist kein Distinktionsmerkmal mehr. In der Gegenwart ist jeder interessierte Heranwachsende in der Lage, mit dem Notebook statistische Methoden zu benutzen, für die man in der Generation davor Zeit auf einem Großrechner buchen musste. Wer in der Vergangenheit mathematische Methoden in den Sozial- und Geisteswissenschaften benutzte, zeigte, dass er intelligenter war als die reinen Verbalisierer. Das ist ein mittlerweile überkommenes Konzept von Intelligenz. Die Marxisten waren in ihren Basiskursen vor allem damit beschäftigt, die Marx'sche lineare Wirtschaftstheorie zu verstehen. Wenn ihnen das endlich gelungen war, konnten auch Lawinen von empirischen Gegenbeispielen nichts gegen das aus dieser Erfahrung herrührende Triumphgefühl ausrichten. In der Bundesrepublik beschränkten sich die Mathematikkenntnisse der Marxisten und kritischen Theoretiker deshalb auf lineare Gleichungen. Anders in der DDR, dort waren die mathematischen Standards grundsätzlich höher. Es wäre jedoch nicht nur unklug, sondern lebensgefährlich gewesen, mathematische oder empirische Argumente gegen die lineare Wirtschaftstheorie vorzubringen.

In der Gegenwart ist soziale Mathematik für diejenigen interessant, die etwas verkaufen oder die Wahlen gewinnen wollen. Gegen Korrelationen und Einteilungen der Variablen in unabhängige und abhängige, die helfen Produkte zu verkaufen oder Wahlen zu gewinnen, werden die CEOs der Produzenten und die Wahlgewinner keine theoretischen Einwendungen machen. Daran anschließend tut sich ein Feld für soziale Mathematik im ursprünglich beabsichtigten Sinn auf: Man kann Gesellschaft mathematisch beschreiben, indem man die mathematischen Verfahren analysiert, mit deren Hilfe Produkte verkauft und Wahlen gewonnen oder verloren werden. Diejenigen, die qualifiziert sind, diesen soziologischen Elfenbeinturm-Job zu machen, verdienen allerdings ungleich mehr, wenn sie ihr Knowhow Herstellern und Volksvertretern zuliefern. Kritische Gesellschaftsanalytiker können kein finanzielles Kapital bilden, aber sie sind dazu in der Lage, symbolisches Kapital zu akkumulieren: Jaron Lanier und Evgeny Morozov sind nicht unberühmt.

Die Alternative, sich nicht mit Gesetzen und singulären Tatsachen zu befassen, sondern sich ausschließlich auf singuläre Tatsachen zu konzentrieren, macht sich keine Illusionen über den Moment hinaus. Aber sie hegt Illusionen über den Moment selbst. Auch wenn man sich vollständig weigert, irgendwelche gesetzlichen Zusammenhänge im Moment zu suchen oder zu sehen: Man muss die singulären Tatsachen auswählen, die man für den jeweiligen Moment mit dem Begriff der Gesellschaft in Zusammenhang bringt. Welche singulären Tatsachen oder welche Cluster von singulären Tatsachen haben etwas mit Gesellschaft zu tun und welche nicht? Die Antwort *alle Tatsachen* ist nicht sehr hilfreich. Eine Alternative sind Narrative. Erzählungen sind unter anderem auch eine Ordnungsform von singulären Tatsachen. Aber welche Berichte, welche Erzählungen sind auszuwählen?

Es liegt nahe, dass es in diesem Fall zu dem kommt, was Wolfgang Stegmüller in Anlehnung an Wittgenstein die paradigmatische Bestimmung eines Begriffsumfangs nennt: Der Inhalt eines Begriffes wird nicht durch hinreichende und notwendige Bedingungen für die Zugehörigkeit zu dem Begriffsumfang angegeben, sondern durch Beispiele für die Anwendungen des Begriffs. Zum Begriff gehört, was Ähnlichkeit mit den Beispielen aufweist. Auf diese Weise hat der Begriffsumfang keine festen Grenzen, er ist entweder unscharf, oder seine Grenzen stehen einfach nicht fest.[22]

Gesellschaft sind dann bestimmte Erzählungen, die für sich selbst sprechen. Doch wenn die singulären Tatsachen nur für sich selbst sprechen sollen, was kann das mit Gesellschaft zu tun haben? Der Zusammenhang mit dem Allgemeinen ist nicht zu eliminieren. Der Begriff der Gesellschaft ist das Allgemeine, die Zeitreihen oder Erzählungen sind das Besondere. Das Allgemeine ist nicht zu eliminieren. Wie im Fall der Gesetze sind die singulären Tatsachen Instanzen, die das Allgemeine beglaubigen. Das Desiderat ist nichts anderes als die Asymptote des Verhältnisses von Gesetzen zu Einzeltatsachen.

Literatur als nach gewissen Regeln durchgeführtes Erzählen besteht nicht aus wahrheitsfähigen Berichten. Aber Literatur sagt immer auch etwas über die Menschen einer Gesellschaft aus. Räumlich und im Zeitverlauf verschiedene Gesellschaften haben verschiedene Literaturen. Wer Literatur produziert oder konsumiert, muss sich nicht notwendigerweise auf das Allgemeine einlassen. Aber er betreibt dann eben keine Gesellschaftstheorie.

Beim Streit zwischen Realismus und Nominalismus geht es darum, ob Universalien tatsächlich als Wesenheiten in der Welt existieren oder ob es sich um Bildungen handelt, die nur im menschlichen Verstand vorkommen. Es besteht Übereinstimmung darüber, dass es rote Rosen gibt. Der Universalienrealist ist überzeugt, dass es auch die Farbe Rot gibt.

Der Nominalist ist der Meinung, dass es die Farbe Rot nur in Gedanken gibt. Es besteht keine Übereinstimmung darüber, was Gesellschaft ist. Eine Zusammenballung von Menschen muss nichts mit Gesellschaft zu tun haben. Man fängt mit roten Rosen an und landet bei Rot. Aber man beginnt mit Gesellschaft, um zu gesellschaftlichen Tatbeständen zu gelangen. Wer mit dem Begriff der Gesellschaft beginnt, ist nicht mehr ontologisch unschuldig. Er kann kein Nominalist mehr werden, er muss sein weiteres Leben als Universalienrealist führen. Er entkommt dem Allgemeinen nicht mehr, egal ob in der Gesetzes- oder in der Paradigmaversion.

Die Alternative soziologische Gesetze oder singuläre soziologische Tatsachen wird auch gerne und falsch als Totalitätsproblem bezeichnet. Dahinter steht die Vorstellung, dass es tatsächlich soziologische Zusammenhänge gebe, die deterministisch oder probabilistisch zu formulieren wären, aber es seien so viele und so komplizierte. Außerdem gehe es um Menschen: Sowohl das Messinstrument wie das Gemessene ist der Mensch. Menschen haben Interessen. Jede Messung ist eine interessierte Handlung und verändert deshalb das zu Messende. Aber im Prinzip existierten diese soziologischen Zusammenhänge. Wenn der Mensch diese Zusammenhänge prinzipiell nicht ergründen kann, dann ist die Aussage, dass es sie gibt, genauso sinnlos wie die gegenteilige Aussage, dass es sie nicht gibt.

Nicht nur richtige und falsche, auch sinnlose Aussagen können Folgen für das Leben haben. Wer die Totalität im Kopf hat und sie nicht loswerden kann, der versucht, für sich und für andere eine Sparversion davon zu konstruieren und zu propagieren. Man postuliert die Totalität von sozialen oder soziologischen Beziehungen, die man nicht haben kann, und man sucht nach einer Abbildung von der Totalität auf eine Partikularität, die man haben kann. Nicht wenige soziologische Ansätze folgen dieser Strategie.

12
Gesellschaft

Was ist Gesellschaft? Wir wollen vier Leitlinien für den Begriff der Gesellschaft formulieren. Diese Leitlinien sind weit davon entfernt, den Gesellschaftsbegriff erschöpfend zu definieren. Es handelt sich um notwendige, aber nicht hinreichende Bedingungen.

> Leitlinie eins: Gesellschaft ist auch die Gesamtheit der Relationen zwischen der Gesamtgesellschaft und ihren Subgesellschaften.

Eine klassische selbstgestellte Aufgabe der Gesellschaftstheoretiker und Gesellschaftstheoretikerinnen besteht seit jeher darin, das Verhältnis der Gesellschaft zu ihren Subgesellschaften zu untersuchen. Detailuntersuchungen zu Subgesellschaften sind aus zahlreichen Motivationen heraus sinnvoll. Die Frage drängt sich auf, ob man überhaupt eine Gesamtgesellschaft zum Zeitpunkt t betrachten kann, ohne deren Beziehungen zu den Subgesellschaften zum selben Zeitpunkt zu berücksichtigen. Wir beantworten die Frage mit einem eindeutigen Nein. Wer nur untersucht, was die Gesamtgesellschaft produziert, hat sie nicht verstanden und wird sie nicht verstehen.

> Leitlinie zwei: Gesellschaft ist jeweils auch ein allgemeines Ersetzungsschema.

Tomasello verwendet das Adjektiv ›objektiv‹ in einem genau definierten Sinn: Objektiv ist das und nur das, was gleichbleibt, wenn sich die Protagonisten der kollektiven Intentionalität verändern. Der Grundgedanke ist für den allergrößten Teil aller Gesellschaftsbegriffe handlungsleitend: Gesellschaft ist das, was gleichbleibt, wenn einzelne Menschen kommen und gehen.

Die Standardsoziologien konzentrieren sich auf die Produkte der Ersetzungsvorgänge – Rollen, Gruppen, Schichten, Untergesellschaften etc. –, aber sie untersuchen nicht, wie die entsprechenden Ersetzungen tatsächlich funktionieren. Die avancierteren Soziologien denken über den Menschen hinaus, aber doch wieder nicht. Nur Menschen oder Akteure werden als Kandidaten für Ersetzungen ins Auge gefasst. Auch die Latour'schen nicht menschlichen Akteure werden vermenschlicht. Die Gesellschaften der Gegenwart sind jedoch sehr weit von der ursprünglichen Situation entfernt, in der die kollektive Intentionalität entstanden ist. Nicht nur Menschen, auch andere Entitäten können derart austauschbar sein, dass ihre Austauschbarkeit formativ für Gesellschaft ist.

> Leitlinie drei: Gesellschaft wird durch tatsächliche Ersetzungen produziert.

Das Objektive wird produziert: Die Produktionsvorgänge führen zu tatsächlichen Ersetzungen. Protagonisten der kollektiven Intentionalität werden durch andere ersetzt. Gesellschaft wird produziert: Mitglieder einer Gesellschaft werden durch andere Mitglieder ersetzt. Dinge, Menschen und Ideen werden durch andere Dinge, Menschen und Ideen ersetzt, und die Gesellschaft bleibt gleich. Wenn Dinge, Menschen und Ideen nicht ersetzbar sind, dann braucht es keinen Begriff von Gesellschaft.

> Leitlinie vier: Gesellschaft ist jeweils auch die Ersetzung der Ersetzung.

Gesellschaften perpetuieren sich beziehungsweise werden perpetuiert, Gesellschaften werden zerstört oder zerstören sich selbst, Gesellschaften werden modifiziert oder modifizieren sich selbst. Obwohl die statische Ideologie des Strukturalismus schon lange nicht mehr Orientierungspunkt ist, hat die Soziologie weiter ein Dynamik-Problem. Wenn es um Dynamik geht, passen theoretische und empirische Untersuchungen nicht zusammen. Empirische Studien über die Dynamik von Gesellschaften oder Subgesellschaften verzichten in der Regel entweder auf ontologische Festlegungen oder sie sind invariant gegenüber einer großen Menge von möglichen ontologischen Festlegungen. Gesellschaftliche Dynamik kann nicht ohne Ersetzung von Ersetzung modelliert werden.

Im Weiteren werden wir aufzeigen, wie die relationale Produktionstheorie als zweckmäßiger Baukasten für Gesellschaftstheorien dienen kann. Gegenwärtig kann es nicht mehr Ziel sein, ein für alle Mal festzulegen, was Gesellschaft ist. Die im Folgenden angebotene Definition von Gesellschaft soll dementsprechend nichts weiter als eine Minimaldefinition sein. Wir sind jedoch der Überzeugung, dass bei der Festlegung des Begriffsinhaltes von Gesellschaft nicht mehr hinter den Gedanken der Produktion zurückgegangen werden sollte.

Produktionsumgebungen sind in dem Sinn miteinander kompatibel, dass man sie zu einer neuen Produktionsumgebung zusammenlegen kann. Eine neue Produktionsumgebung kann zwei unterschiedliche Produktionsfunktionen enthalten, die jeweils mit den gleichen Faktoren unterschiedliche Ergebnisse erzeugen. Zwei Produktionsumgebungen können rückstandslos zu einer dritten Produktionsumgebung vereinigt werden.

$PU_1 = \langle P_1, I_1, A_1,\rangle$ und $PU_2 = \langle P_2, I_2, A_2,\rangle$ seien zwei Produktionsumgebungen. Dann ist es möglich, eine neue Produktionsumgebung PU_3 mit $PU_3 = \langle P_3, I_3, A_3,\rangle$ zu bilden, so dass P_3

die Vereinigungsmenge von P_1 und P_2 ist, I_3 die Vereinigungsmenge von I_1 und I_2 und A_3 die Vereinigungsmenge von A_1 und A_2. Die neue Produktionsumgebung enthält unverändert alle Produktionsfunktionen, Intentionen und Aktualisierungen der beiden alten Produktionsumgebungen. Trivialerweise ergibt sich: Entsteht PU_3 durch Vereinigung der Produktionsumgebungen PU_1 und PU_2, dann inkludiert$_P$ PU_3 PU_1 und PU_2, PU_3 inkludiert$_I$ PU_1 und PU_2 und PU_3 inkludiert$_A$ PU_1 und PU_2.

Viele frühere Gesellschaftstheorien stellten sich die Gesamtgesellschaft gewissermaßen als mit der Vereinigungsoperation aus den Subgesellschaften zusammengesetzt vor: Die Komponenten der Subgesellschaften bilden unverändert auch die Komponenten der Gesamtgesellschaft. Diese Vorstellung ist obsolet. Die Gesamtgesellschaft *besteht nicht* aus den Subgesellschaften. Vielmehr stehen Gesamtgesellschaft und Subgesellschaften in bestimmten Beziehungen zueinander. Diese Beziehungen können auch Produktionsbeziehungen sein. Verschiedene Gesellschaftstheorien postulieren verschiedene Beziehungen zwischen Gesamtgesellschaft und Subgesellschaften.

Die Produktionstheorie der Gesellschaft muss zwischen zwei Kategorien der Ersetzung unterscheiden: Die möglichen, aber tatsächlich nicht realisierten Ersetzungen bestimmen die Identität der Gesellschaft zu einem Zeitpunkt. Die tatsächlich realisierten Ersetzungen machen die Identität der Gesellschaft im Zeitablauf aus.

Die Produktionstheorie der Gesellschaft ist von der Grundanlage her so dynamisch wie kaum eine andere Gesellschaftstheorie. Zuerst kommen die Produktionsfaktoren, sie sind gemäß einer Produktionsfunktion miteinander zu kombinieren, das führt zu den Produktionsergebnissen. Die Intentionen gehen voran, die Aktualisierungen folgen. Die Unterscheidung zwischen Produktionsfaktoren und Produktionsergebnissen und diejenige zwischen Intentionen und

Aktualisierungen bedeutet eine doppelte zeitliche Ordnung im Kern des Theoriegebildes. Das kann jedoch noch nicht genug an Zeit sein.

Eine Gesellschaft zum Zeitpunkt t – das gilt für die Gesamtgesellschaft wie für Subgesellschaften gleichermaßen – besteht aus einer tatsächlich realisierten Gesellschaft und aus der Menge der gleichmöglichen Gesellschaften, aus einer Produktionsumgebung und einer Menge gleichmöglicher Produktionsumgebungen. Die gleichmöglichen Gesellschaften sind diejenigen Gesellschaften, die durch Ersetzung bestimmter Komponenten in der Produktionsumgebung der Gesellschaft entstehen könnten, und es wäre nach wie vor dieselbe Gesellschaft.

Aus welcher Perspektive werden die möglichen Ersetzungen betrachtet? Vor der weiteren Formalisierung sei ausdrücklich festgehalten: Die Produktionstheorie der Gesellschaft verhält sich neutral gegenüber den möglichen Beobachtungsstandpunkten. Die beiden herausragenden Alternativen sind hier die Akteursperspektive, in der jeder Beobachter laufend Handlungsoptionen betrachtet, und der Blickwinkel der Gesellschaft als Ganzes, die auf Gesellschaft als kontingenten Zustand ihrer selbst rekurriert. Die erste Alternative ist besser mit den Theoriebildungen von White und Latour vereinbar, die zweite Alternative wird dem Verfechter Luhmann'scher Gesellschaftstheorie plausibler erscheinen. Die Produktionstheorie der Gesellschaft lässt beide Positionen zu.

Eine Gesellschaft ist eine Reihe von Gesellschaften zu den Zeitpunkten t, die durch tatsächliche Ersetzung bestimmter Komponenten in den Produktionsumgebungen der Gesellschaften zum Zeitpunkt t entstehen. Die tatsächlichen Ersetzungen müssen zulässig sein: Die Gesellschaft zum Zeitpunkt t+1 muss eine aus der Menge der gleichmöglichen Gesellschaften zum Zeitpunkt t sein. Sonst wäre es nicht mehr dieselbe Gesellschaft. Das Thema der Transformation ist zunächst methodisch ausgeblendet.

Zur Vereinfachung definieren wir zuerst den technischen Begriff der Elementargesellschaft. Eine Elementargesellschaft $E = \langle S, \mathbb{S} \rangle$ besteht aus einer einzelnen Produktionsumgebung S und einer Menge $\mathbb{S}$ von Produktionsumgebungen, welche die einzelne Produktionsumgebung enthalten. Die Intuition ist: Die Einzel-Produktionsumgebung ist tatsächlich realisiert, die Menge der Produktionsumgebungen grenzt diejenigen Produktionsumgebungen ab, die durch zulässige Ersetzungen von Komponenten der Einzel-Produktionsumgebung entstehen.

Die Gesamtgesellschaft zum Zeitpunkt t $GG_t = \langle G_t, \mathbb{G}_t \rangle$ ist eine Elementargesellschaft.

Die Gesamtgesellschaft zum Zeitpunkt t ist *eine* Elementargesellschaft. Es muss eine übergeordnete Produktionsumgebung geben, sonst macht es keinen Sinn, von *der* Gesellschaft zu sprechen. $\mathbb{G}_t$ ist die Menge aller Gesellschaften, die durch Ersetzung von G_t entstehen, aber es bleibt dieselbe Gesellschaft.

Die Subgesellschaften zum Zeitpunkt t $\mathbb{SG}_t$ sind eine Menge von Elementargesellschaften.

Eine Gesellschaft zum Zeitpunkt t $\mathbf{G}_t = \langle GG_t, \mathbb{SG}_t \rangle$ besteht aus der Gesamtgesellschaft GG_t und den Subgesellschaften $\mathbb{SG}_t$.

Eine Gesellschaft $G = \langle \mathbf{G}_1, \ldots, \mathbf{G}_t, \ldots, \mathbf{G}_z \rangle$ ist eine Abfolge von Gesellschaften zum Zeitpunkt t.

$\mathbf{G} = \langle \mathbf{G}_1, \ldots, \mathbf{G}_z \rangle$ ist die Gesellschaft im Zeitablauf. $\mathbf{G}_1$ ist der Anfang, $\mathbf{G}_z$ das Ende der Gesellschaft. Die Gesellschaft setzt sich nur dann fort, wenn die Gesamtgesellschaft der nächsten Gesellschaft in der Zukunft durch zulässige Ersetzungen aus der Gesamtgesellschaft der Gesellschaft der Gegenwart hervorgeht. Sind Ersetzungen nicht zulässig, ist die nächste Gesellschaft eine andere Gesellschaft. Die Perpetuierung der Gesellschaft erfolgt durch zulässige Ersetzungen. Noch einmal: Transformationen der Gesellschaft sind zunächst methodisch ausgeblendet.

Das ist eine Minimalbedingung in zwei Hinsichten: Es wird lediglich ein inkrementaler Zusammenhang gefordert. Dieselbe Gesellschaft zu zwei Zeitpunkten, die nicht unmittelbar aufeinander folgen, kann jeweils sehr verschieden aussehen. Den Subgesellschaften werden keine Beschränkungen auferlegt. Es wird grundsätzlich zugelassen, dass sich die Subgesellschaften stark verändern, ohne automatisch die Gesamtgesellschaft in Frage zu stellen.

Es sei betont: Mit dem Begriff der Produktionsumgebung sind keinerlei Absolutheits- oder Exklusionsansprüche gegenüber anderen sozialtheoretischen Grundbegriffen verbunden. Der Begriff soll andere Grundbegriffe ergänzen und keineswegs abschaffen. Luhmann'sche Systeme, White'sche sowie Latour'sche Netzwerke und Produktionsumgebungen sind durchlässige Begriffe. Jeder dieser Begriffe kann durch einen der anderen dargestellt werden, wobei die Darstellung jeweils eine gewisse Rücksicht auf idiosynkratische Eigenschaften des darzustellenden Begriffs nehmen muss.

Der allgemeinste Begriff ist der des Systems. Systeme bestehen aus Elementen und Relationen zwischen den Elementen. Man kann alles, was es gibt und nicht gibt, als System darstellen. Allerdings darf man es sich mit dem Systembegriff nicht zu einfach machen. Luhmann interessieren nur solche Systeme, die sich aus selbstreferentiellen Operationen der Auseinandersetzung mit der Umwelt ergeben. Es wäre nicht zutreffend zu sagen, Netzwerke seien Systeme, die im Gegensatz zu Luhmann'schen Systemen keine Grenzen haben. Der zentrale Unterschied zu den Luhmann'schen Systemen ist derjenige, dass die genaue Abgrenzung der Netzwerke gegen andere Netzwerke und gegen den Rest der Welt keine herausragende Bedeutung hat. Die Grenzen der Netzwerke haben mit Tradition, Konvention, Praktikabilität und mit den jeweiligen Forschungsabsichten zu tun. Die Grenzen können jederzeit verändert werden, beziehungsweise sie sind von sich aus fließend, bei Latour noch viel mehr als bei

White. Genauso wie Luhmann sind White und Latour nicht mit den Konstituenten ihrer Systeme befasst. Sie konzentrieren sich vielmehr auf die Regeln für die Relationen zwischen den Konstituenten. Man könnte deshalb auch derart vorgehen, dass man im Falle Luhmanns Operationen und bei White und Latour Regeln als Konstituenten der jeweiligen Systeme wählt.

Produktionsumgebungen sind gleichfalls eine Unterart von Systemen. Natürlich ist es immer möglich, Netzwerke mit Produktionsumgebungen als Knoten und andersherum Produktionsumgebungen mit Netzwerken als Produktionsfaktoren und Produktionsergebnissen zu konstruieren. Für die Behandlung von Luhmann'schen Systemen bieten sich zwei Möglichkeiten: Man definiert eine Produktionsumgebung, die das Luhmann'sche System emuliert. Oder man bestimmt die Elemente eines Systems als Produktionsumgebungen und definiert charakteristische Relationen zwischen den Produktionsumgebungen, so dass das System das ursprüngliche Luhmann'sche System emuliert.

Wer luhmannsche Gesellschaftstheorie betreibt, wird fordern, dass in den Produktionsfunktionen keine atomaren Individuen vorkommen dürfen. Gesellschaften sind soziale Systeme, sie bestehen aus Kommunikationen und sonst nichts. Individuen sind psychische Systeme, sie bestehen aus Gedanken – internen Kommunikationen – und sonst nichts. Wobei die Gedanken in hohem Maße durch die Gesellschaft bestimmt sind. Luhmann führt das detailliert an den Beispielen der Erziehung und der Massenmedien aus. Demzufolge dürfen luhmannsche Individuen in den Produktionsumgebungen nur als Faktoren vorkommen, wenn sie vorher als Ergebnisse aufscheinen. Nach Luhmann macht es keinen Sinn, die Intentionen in den Produktionsumgebungen als Statthalter des individuell Menschlichen zu betrachten. Im Gegensatz zu Luhmann gibt es bei White und Latour Menschen aus Fleisch und Blut. Sie gehen als Knoten in die

Netzwerke beziehungsweise als Faktoren und Ergebnisse in Produktionsumgebungen ein.

Vereinigung von Produktionsumgebungen

Eine Produktionsumgebung PU_3 entsteht durch Vereinigung aus den Produktionsumgebungen $PU_1 = \langle P_1, I_1, A_1\rangle$ und $PU_2 = \langle P_2, I_2, A_2\rangle$ genau dann, wenn gilt:$_{Def}$ $P_3 = P_1 \cup P_2$, $I_3 = I_1 \cup I_2$ und $A_3 = A_1 \cup A_2$.

Elementargesellschaften

$\mathcal{P}$ ist die Menge aller Produktionsumgebungen, Pot($\mathcal{P}$) ist die Potenzmenge von $\mathcal{P}$, die Menge aller Teilmengen von $\mathcal{P}$.

Eine Elementargesellschaft E ist$_{Def}$ ein geordnetes Paar $\langle S, \mathbf{S}\rangle$ mit $S \in \mathcal{P}$, $\mathbf{S} \in \mathrm{Pot}(\mathcal{P})$ und $S \in \mathbf{S}$.

Gesamtgesellschaft

Die Gesamtgesellschaft zum Zeitpunkt t GG_t ist$_{Def}$ ein geordnetes Paar $\langle G_t, \mathbf{G}_t\rangle$ und $\langle G_t, \mathbf{G}_t\rangle$ ist eine Elementargesellschaft.

Subgesellschaften

Die Subgesellschaften zum Zeitpunkt t $\mathbf{SG}_t$ sind$_{Def}$ eine Menge von geordneten Paaren $\langle S_t, \mathbf{S}_t\rangle$, und alle $\langle S_t, \mathbf{S}_t\rangle$ sind Elementargesellschaften.

Gesellschaft zum Zeitpunkt t

Eine Gesellschaft $\mathbf{G}_t$ zum Zeitpunkt t ist$_{Def}$ ein geordnetes Paar $\langle GG_t, \mathbf{SG}_t\rangle$ aus einer Gesamtgesellschaft GG_t und den Subgesellschaften $\mathbf{SG}_t$.

Gesellschaft

Eine Gesellschaft $\mathbf{G}$ ist$_{\mathrm{Def}}$ eine Reihe $\langle \mathbf{G}_1, \ldots, \mathbf{G}_z \rangle$ mit den Eigenschaften: Für alle $t = 1, \ldots, z$: $\mathbf{G}_t = \langle GG_t, \mathsf{SG}_t \rangle$ und $GG_t = \langle G_t, \mathsf{G}_t \rangle$ ist eine Elementargesellschaft und SG_t ist eine Menge von Elementargesellschaften $\langle S_t, \mathsf{S}_t \rangle$, und für alle $t = 1, \ldots, z - 1$: $GG_t = \langle G_t, \mathsf{G}_t \rangle$, $GG_{t+1} = \langle G_{t+1}, \mathsf{G}_{t+1} \rangle$ und $G_{t+1} \in \mathsf{G}_t$.

13
Subjekt und Objektivismus

Die Ersetzung von menschlichen Akteuren durch andere menschliche Akteure ist die historisch erste Operation, die zur Genese und Transformation von Gesellschaft führt. Während einer beträchtlichen Zeitspanne waren menschliche Akteure im westlichen Kulturkreis nur als Subjekte denkbar. An einer Beschäftigung mit dem Subjektbegriff führt deshalb kein Weg vorbei.

Das erklärte Ziel des Strukturalismus bestand darin, das Subjekt überflüssig zu machen, um es abzuschaffen. Musil kannte Ferdinand de Saussure nicht. Claude Lévi-Strauss hatte Musil nicht gelesen. Es ist die Frage, ob de Saussure sich selbst kannte, besser: ob er den de Saussure kannte, der uns geläufig ist. Denn die Theoriebildung, die mit seiner Person verbunden ist, besteht aus Mitschriften anderer, die seine Vorlesungen verfolgt haben. Aus heutiger Sicht erscheint der Strukturalismus in seiner Statik hoffnungslos naiv. Er malt ein Bild von Gesellschaft, als sei sie eingefroren. Der Anhänger irgendeiner Hegel-Version des Weltgeschehens konnte nur den Kopf schütteln. Aber der Strukturalismus bedeutete in einer Hinsicht einen großen Fortschritt: Er führte die Relationen und die Funktionen in die Sozial- und Geisteswissenschaften ein. Damit vollzog er einen Schritt nach, den die Naturwissenschaften, die Mathematik benutzten, schon lange getan hatten: Die Elemente, egal von was, sind weniger oder gar nicht durch das charakterisiert, was sie auf irgendeine Weise selbst sind, sondern dadurch, welche Beziehungen sie zu anderen Elementen unterhalten. Das wird oft relationales Denken genannt. Der Ausdruck ist jedoch nicht glücklich, weil Denken prinzipiell relational ist. Was wäre Denken anderes als Relationen herzustellen. Denken ist tatsächlich Gehen, wenn auch nicht ganz so konkret wie bei Thomas Bernhard.[23] Wenn man unbedingt will: Die Substanz der Dinge besteht nicht in den Dingen, sondern wird von den Beziehungen der Dinge untereinander gebildet.

Die Stasis ist ein Problem des Strukturalismus. Das andere ist die manische Fixierung auf Ausdruck und Bedeutung. Strukturalistische Unternehmungen ähneln, ob ausdrücklich angekündigt oder als selbstverständlich vorausgesetzt, durchwegs grammatischen Untersuchungen. Der Sprachforscher will eine Sprache kodifizieren, er versucht, für eine vorliegende Sprache eine Grammatik zu formulieren und ein Lexikon zusammenzustellen, das die einzelnen Ausdrücke der Sprache enthält und ihnen etwas zuordnet, komplexe Ausdrücke, Beschreibungen, die das fixieren sollen, was gemeinhin als Referenz bezeichnet wird, oder Ausdrücke anderer Sprachen. Das Anschauungsmaterial des Gesellschaftsforschers sind Handlungen. Einen Ausschnitt davon bilden natürlich Sprachhandlungen, wobei hier die performativen Sprechakte besonders wichtig sind, mit denen dasjenige produziert wird, was benannt wird. Der Gesellschaftsforscher betrachtet Handlungszusammenhänge wie der Sprachforscher Sätze.

Aus seinen Beobachtungen und Feststellungen präpariert der strukturalistische Anthropologe oder Soziologe in einem ersten Schritt die formale Struktur der ins Auge gefassten sozialen Beziehungen heraus. Die Schemazeichnungen und Diagramme sind die ›Grammatik‹ der Gesellschaft. Die Kästen und Linien haben die Tendenz, eine einzige große Graphik zu bilden. Das Ganze sieht schließlich aus wie ein großes Zeichen. Aber die Gesellschaft kann doch nicht nur aus Linien und Kästen, aus einem Zeichen bestehen. Die Linien und Kästen müssen etwas bedeuten. Handlungen und Handlungszusammenhänge drücken etwas aus, das es zu interpretieren gilt. In Analogie zur Analyse einer Sprache schreibt der Gesellschaftsforscher in einem zweiten Schritt den einzelnen

Handlungen wie den Handlungszusammenhängen Bedeutungen zu. Gesellschaft soll wie sprachliche Äußerungen verstanden werden. Die nicht beabsichtigte Folge ist, dass Gesellschaft dann doch nicht aus Relationen, sondern aus Bedeutungen besteht.

Der erste Kandidat für gesellschaftliche Bedeutungen sind Regeln. In den klassischen Felduntersuchungen sind das etwa die Regeln für Heiraten, den Güteraustausch und Riten. Hier kommt man nicht umhin, bei Wittgenstein nachzuschlagen. »Einer Regel folgen, das ist analog dem: einen Befehl befolgen. Man wird dazu abgerichtet und man reagiert auf ihn in bestimmter Weise.«[24] So weit, so eindeutig. Allerdings: »Und gibt es nicht auch den Fall, wo wir spielen und – ›make up the rules as we go along‹? Ja auch den, in welchem wir sie abändern. – as we go along.«[25] Ist das eine Regel? Ist das keine Regel, sondern Zufall? Ist das diese Regel, ist das jene Regel? Wenn man sich allein auf Regeln konzentriert, wie das Wittgenstein und die Mehrzahl der strukturalistischen anthropologischen Feldforscher praktizieren, hat das Bedeutungsproblem keine Lösung. Aber die beobachteten Handlungszusammenhänge ergeben sich nicht nur aus Regeln, sondern aus Regeln und Strategien. Die Regeln weisen mehr oder weniger Freiheitsgrade auf: Riten, Heiraten und der Güteraustausch werden durchgeführt oder nicht und auf eine Weise vollzogen, die mit den jeweiligen Strategien der Beteiligten zu tun hat. Auch wenn der klassische Strukturalismus das Subjekt rückstandslos beseitigen wollte: Ohne die Ziele von Individuen funktioniert die Hermeneutik des Strukturalismus nicht.

Das Subjekt ist im Strukturalismus vielmehr lebendiger denn je. Strategisch gesehen ist es sogar klüger, wenn sich das Subjekt nicht als Anfang der Weltbetrachtung selbst einsetzt, mit großsprecherischem Pomp wie bei Fichte. Je donnernder die Rhetorik, desto weniger überzeugend die Inhalte. Im Strukturalismus gibt es nicht nur die Ziele der Handelnden. Man könnte fast sagen, das Subjekt lebt im Strukturalismus

Größenphantasien aus: Die große strukturalistische Graphik einer Gesellschaft bildet einerseits klassisch Menschliches ab, andererseits ist dieses Menschliche aber von Zufällen der Zeit und des Ortes frei. Die unkalkulierbaren Wechselfälle sind nur nicht substanzielle Variationen. Es bietet sich an, die eine große Graphik als den Ausdruck für einen überdimensionalen Menschen zu nehmen. Damit ist das Subjekt schon einmal von einer ganzen Menge von störenden Idiosynkrasien frei. Das Subjekt als überdimensionierter Mensch ist kognitiv enorm potent: Es bildet sich auf sich selbst ab, es erkennt sich selbst. In dem überdimensionalen Menschen finden sich sowohl die betrachteten Menschen als auch der betrachtende Mensch wieder. Das Subjekt spielt die absolute Idee Hegels: Es sieht die Identität von Ansich und Fürsich, von Subjektivem und Objektivem ein. Das Subjekt erkennt sich selbst als Objekt, das Subjekt ist das Objekt, das Objekt ist das Subjekt.

Im Strukturalismus ist jede Gesellschaft ein überdimensionierter Mensch, die verschiedenen Gesellschaften bilden eine Gesellschaft von überdimensionierten Menschen. Das legt nahe, dass es einen Menschen mit einer noch größeren Dimension gibt: den Menschen, der aus allen überdimensionierten Menschen besteht. Strukturalistische Felduntersuchungen versuchen, Eigenschaften herauszudestillieren, die allen betrachteten Gesellschaften gemeinsam sind. Einer der wichtigsten Kandidaten ist das Inzestverbot. Ob und inwieweit es solche Eigenschaften gibt, ist eine offene Frage. Das hängt auch damit zusammen, dass sich im Laufe der Zeit die Definitionen der jeweils im Fokus befindlichen Eigenschaften stark verändern, so dass die entsprechenden Untersuchungen nicht wirklich miteinander vergleichbar sind. Gesetzt den Fall, es gibt die sogenannten anthropologischen Konstanten: Dann existiert ein Subjekt, das nicht nur lokal und temporär ist, sondern das als überzeitliches von wirklich allen denkbaren störenden Idiosynkrasien frei ist, die als Argument gegen das Subjekt ins Feld geführt werden. Aus der Sicht des Subjekts: ein Traum.

Aber auch wenn es das Subjekt der anthropologischen Konstanten nicht gibt – die Suche danach gibt es, und es sieht nicht so aus, als würde sie demnächst eingestellt werden. Die Frage drängt sich auf: ›Wer sucht da?‹ Das Subjekt überlebt dann auf der Metaebene. Möglicherweise ist das die beste Überlebensgarantie überhaupt.

Die Bedeutungsmanie des Strukturalismus hat auch damit zu tun, dass der Strukturalismus nicht in der Lage ist, Ingenieurleistungen zu liefern oder wenigstens die Voraussetzungen für solche zu erbringen. Man kann strukturalistische Erkenntnisse bestätigen oder bestreiten. Aber man kann mit ihnen nichts gestalten. Es handelt sich um ein in der Ideengeschichte weithin bekanntes Phänomen: Wenn man ein Wissenskorpus nicht dazu verwenden kann, etwas Neues zu schaffen, dann beschäftigen sich die Hüter des Korpus mit Bedeutungsarbeit, siehe etwa die Scholastik. Ein Ingenieur muss nicht wissen, was die Größen bedeuten, die er beeinflusst. Für ihn ist nur das Ergebnis wichtig, das er gleichfalls nicht deuten muss.

Das Experimentierverbot gehört zur strukturalistischen Untersuchung wie das absolute Poesieverbot zur linguistischen Analyse: Der Linguist darf weder die Grammatik noch das Lexikon der betrachteten Sprache verändern. Alles andere muss unter Missionarstätigkeit verbucht werden. Unabhängig vom Missionsgedanken birgt die anthropologische beziehungsweise soziologische Feldforschung – das gilt keineswegs nur für den Strukturalismus – ein enormes ethisches Dilemma: Jeder Kontakt eines Feldforschers verändert das Feld, jede Beobachtung einer Gesellschaft, auch wenn sich der Beobachter zurückhält, verändert die Gesellschaft. Die Frage ist, in welchem Ausmaß. In der Vergangenheit haben sich die Beobachter regelmäßig gewaltigen Selbsttäuschungen hingegeben und ihren Einfluss als viel zu gering dargestellt.

Der Objektivismus ist zuerst Negation. Die möglichen Ergebnisse des Objektivismus sind breit gefächert. Es spielt keine Rolle, ob man bei singulären Tatsachen oder Gesetzen landet, bei Theorien oder Aphorismen. Das Schlüsselwort des Objektivismus ist das Adjektiv *unabhängig*. Die Ergebnisse müssen unabhängig von den Individuen und der Gesellschaft sein. Ein Objektivismus, der nicht auf die Bedingungen seiner Möglichkeit oder besser: seiner Tatsächlichkeit eingeht, nervt genauso wie das Subjekt mit dem Eintrag im Transzendenz-Gotha. Man muss nicht Mitglied bei *attac* (*a*ssociation pour la *t*axation des *t*ransactions financières et pour l'*a*ction *c*itoyenne) sein, um den Gedanken einer vom Individuum und von der Gesellschaft unabhängigen Erkenntnis zu verwerfen. Kognitive Inhalte komplett ohne Bezug auf die Gesellschaften oder Subgesellschaften, die die Inhalte favorisieren, machen keinen Sinn.

Die objektivistische Gleichung *Erkenntnis = wahres Wissen* ist unabhängig von individuellen Überzeugungen und Zielen, unabhängig von individuellem oder kollektivem Bewusstsein, unabhängig von gesellschaftlichen Bedingungen etc. Je nachdem, welchen Reim man sich vom Individuum und der Gesellschaft macht, er darf die Erkenntnisgewinnung nicht beeinflussen. Was im Fall der Gesellschaft, aber auch im Fall des Individuums als Person – nicht beim Menschen als naturwissenschaftlichem Forschungsobjekt – sofort zur Aporie führt: Wie soll man Erkenntnisse über etwas gewinnen, wenn man es gar nicht untersuchen darf, wenn man es nicht einmal betrachten darf, denn man soll es ja nicht beeinflussen? Zwei Auswege werden angeboten, einer führt nach oben, der andere nach unten.

Der Weg nach unten ist die Phänomenologie. Der Gegensatz zwischen Subjekt und Objekt ist das zentrale Movens für die deutsche Philosophie gewesen. Ohne diesen Gegensatz wäre die deutsche Philosophie eine andere. Der Subjektivismus behauptet die Abhängigkeit der Gegenstände der

Wirklichkeit vom erkennenden Subjekt und dessen geistigen Aktivitäten – nach der extremen Variante des Konstruktivismus konstruiert der Mensch im buchstäblichen Sinne die Wirklichkeit –, während der Objektivismus die Unabhängigkeit der Wirklichkeit vom Subjekt postuliert. Für den reinen Objektivisten gibt es die Wirklichkeit auch ohne Subjekt, für den reinen Subjektivisten gibt es die Wirklichkeit nicht ohne das Subjekt.

Kant war kein Subjektivist, sondern Objektivist. Das Ding an sich ist in keiner Weise abhängig vom Subjekt und dessen geistigen Aktivitäten. Kant beschneidet die Fähigkeiten des Subjekts radikal: Das erkennende Subjekt kann die Dinge an sich nicht erkennen. Die Gegenstände der Wirklichkeit des erkennenden Subjekts sind Erscheinungen. Die Erscheinungen der Gegenstände sind abhängig vom erkennenden Subjekt, aber nicht etwa die Gegenstände selbst. »[...] die Bedingungen der Möglichkeit der Erfahrung überhaupt sind zugleich Bedingungen der Möglichkeit der Gegenstände der Erfahrung.«[26] Das Kant'sche Kategoriensystem bildet die Bedingungen der Möglichkeit der Erfahrung ab.

Wir vermeiden hier bewusst die Begriffe Idealismus und Realismus, weil sie nicht weiterführen. Kant war eben kein Idealist, sondern ein Realist. Nur bei Platon sind die Ideen tatsächlich das Primäre. Bei Hegel sind die Ideen Produkte eines Prozesses, der Dialektik, für welche die Subjekte verantwortlich sind. »›Alle Dinge sind an sich selbst widersprechend.‹«[27] Das gilt sowohl für die geistigen als auch für die materiellen Entitäten, für die Ideen und für die Dinge im engeren Sinn. »Die sogenannte Welt aber (sie heiße objektive, reale Welt oder, nach dem transzendentalen Idealismus, subjektives Anschauen und durch die Verstandeskategorie bestimmte Sinnlichkeit) entbehrt darum des Widerspruchs nicht und nirgends, vermag ihn aber nicht zu ertragen und ist darum dem Entstehen und Vergehen preisgegeben.«[28] Die

Hegel'sche Dialektik als Denkmethode besteht darin: Die Widersprüche in der Welt und im Denken werden zugespitzt und weitergedacht. Die Methode der Dialektik soll sich zunächst von der Außenwelt abkoppeln: »[...] die Methode ist das Bewusstsein über die Form der inneren Selbstbewegung ihres Inhaltes.«[29] Das Ziel ist die Überführung der Widersprüche in einen systematischen Gesamtzusammenhang, in dem sie insgesamt erfolgreich aufgelöst sind. Dies soll auf eine Weise geschehen, dass jede Einschränkung der kognitiven Fähigkeiten des Subjekts überflüssig wird. In radikaler Abkürzung des komplizierten Prozesses zu seinem Resultat: »In allen Sphären des absoluten Geistes enthebt der Geist sich den beengenden Schranken seines Daseins, indem er sich aus den zufälligen Verhältnissen seiner Weltlichkeit zu der Betrachtung und dem Vollbringen seines Anundfürsichseins erschließt.«[30] Die Instanzen des absoluten Geistes exekutieren die absolute Idee als das vollständige System alles dessen, was es gibt, und alles dessen, was man denken kann. Der Gegensatz zu Kant könnte nicht größer sein: An die Stelle der statischen kantischen Kategorien tritt der dynamische dialektische Prozess, der die kantischen Kategorien mit der Wurzel herausreißt.

Husserl versucht, alles und alle zu den Erscheinungen zu lenken. Der Sinn und Zweck des Phänomens liegt darin, dass in ihm kein Gegensatz mehr zwischen Subjekt und Objekt besteht. Die Welt wird nicht mehr aus Subjekten und Objekten und ihren Derivaten sowie aus deren Beziehungen aufgebaut. Die Elemente der Welt sollen vielmehr die Phänomene sein. Die Welt wird völlig neu zusammengesetzt: Die Welt auf der Basis der Phänomene ist eine vollkommen andere. Würde Husserls Vorhaben gelingen, hätte er einen großen Teil der deutschen Philosophie obsolet gemacht. Das Prädikat ›Alleszermalmer‹ trifft tatsächlich viel eher auf Husserl als auf Kant zu.

Der Begriff der Lebenswelt taucht erst im Spätwerk Husserls auf, als absehbar ist, dass sein ursprüngliches Vorhaben der Neukonstruktion der Welt nicht funktioniert. Der Husserl'sche Begriff der Lebenswelt ist doppeldeutig: Er meint sowohl die jeweils konkreten und praktischen Lebensumstände der Menschen als auch eine Art verallgemeinertes und an die neuesten wissenschaftlichen Erkenntnisse angepasstes Kant'sches Apriori. Weil der Begriff diese Spannweite hat, wurde er auch so populär.

Die Hypothese sei gewagt, dass Heideggers fast hysterische Ablehnung der Phänomenologie – nachdem er Husserl nicht mehr für seine Universitätskarriere brauchte – vor allem der radikalen Intention Husserls galt. Mit der Analyse des Seyns strebte Heidegger ebenfalls eine ganz andere Welt an. Heidegger wollte nicht nur radikal, sondern konkurrenzlos radikal sein.

Husserl hat seine Spuren in der Gesellschaftstheorie bei Alfred Schütz hinterlassen. Wir gehen hier auf dessen Versuch einer Grundlegung für die Soziologie nicht ein, weil sie Gesellschaft letztlich auf Individuen reduziert und sich damit der Analyse von Verhältnissen begibt, die nicht aus Individuen konstruierbar sind.

Der Weg nach oben erscheint interessanter. Man sieht sich nicht die Gesellschaft an, sondern die Berichte über die Gesellschaft. Man wertet sie aus, vergleicht sie und stellt alle Fragen an die Berichte, die man der Gesellschaft selbst gerne vorlegen würde. Man entflieht den Prima-facie-Einwänden gegen den Objektivismus, indem man auf die Metaebene springt. Kein anderer Soziologe betont und begründet die Beobachtung zweiter Ordnung, die Beobachtung von Beobachtung, so extensiv wie Luhmann. Der größere Teil seiner Betrachtungen betrifft nicht die Gesellschaft, sondern vorliegende Betrachtungen von Gesellschaften und mögliche Theorien, die Gesellschaft zum Gegenstand haben. Betrachtet man diesen Teil seiner Theorie isoliert, ist Luhmann ein Super-Objektivist.

Es macht Luhmanns funktionale Betrachtungen sympathisch, dass sie davon Abstand nehmen, explizit Allgemeingültigkeit zu beanspruchen. Aber funktionale Betrachtungen sind keine Feststellungen von singulären Tatsachen. Implizit eignet ihnen ein hoher Grad von Allgemeingültigkeit: Eine funktionale Betrachtung hat grundsätzlich eine Vielzahl von Gesellschaften als Geltungsbereich. Luhmanns Funktionalismus ist auch Understatement. Es soll unbedingt der Eindruck vermieden werden, irgendeine Tatsache, irgendein Gesetz, irgendeine Regel oder eine Idee ›beherrschte‹ Gesellschaften oder den Diskurs über diese.

Ist das Problem des Objektivismus, welcher der Gesellschaft ein radikales Selbstbildverbot auferlegt, damit gelöst? Wenn der Theoretiker und die Theoretikerin auf der Metaebene bleiben würden, bestünde die Aussicht. Aber so viel Disziplin bringt nicht einmal Luhmann auf. Denn er definiert die Gesellschaft ja als eine Summe von zeitlich und räumlich begrenzten Kommunikationen. Zu dieser Summe gehören auch die Berichte der Gesellschaft über sie selbst. Gerne wird übersehen, dass dieser Move die schöne Unterscheidung von Beobachtung erster und zweiter Ordnung wertlos macht. Beobachtungen erster, zweiter und höherer Ordnung gehören nicht nur zur Gesellschaft, sie *sind* Gesellschaft. Das führt zu der tautologischen Feststellung, dass die Betrachtung von Gesellschaft Gesellschaft ist. Damit ist Luhmann auf einmal kein Super-Objektivist mehr, sondern ein Anti-Objektivist. Nachdem sein Sinn für Ironie mit demjenigen von Laurence Sterne vergleichbar ist, sollte in Betracht gezogen werden, dass diese Pointe beabsichtigt sein könnte.

Die Beziehung des Beobachters zum Gegenstand variiert mit dessen persönlichen Präferenzen. Die Mittel der Wahl zur Ausschaltung persönlicher Präferenzen sind entweder eigene Maßstäbe – sic! – oder Vorgaben einer Gemeinschaft, Verfahrensregeln. Beim Vorhaben der Elimination des Subjekts ist Disziplin nicht nur hilfreich, sondern unerlässlich. Doch können individuelle Präferenzen niemals komplett ausgeschaltet werden. Jedes Mal muss die Frage beantwortet werden: Wer hat die Entscheidung gefällt, die Auswahl getroffen, sich genau diesem und nicht einem anderen Gegenstand zuzuwenden? Die Frage stellt sich nur dann nicht mehr, wenn man einen Zufallsmechanismus installiert, der auswählt, was beobachtet werden soll und was nicht. Aber welchen Sinn macht es, den reinen Zufall über Beobachtungsaktivitäten entscheiden zu lassen? Außerdem ergeben sich auch hier die Fragen: Wer hat den Zufallsmechanismus installiert? Wer importiert Energie, damit er weiter in Funktion bleibt? Wer exportiert Entropie in ein anderes System?

Natürlich kann man den Objektivismus immer auf Theologie zurückführen, als verkapptes Streben nach einem God's Eye-point of View. Dabei kommt jedoch eine wichtige Funktion zu kurz: Der Objektivismus schützt, jedenfalls tendenziell, vor Tautologien. Wenn erst die Aufforderung ergeht, die sozialen Bedingungen der Erkenntnis kontrastreich auszuleuchten, und dann die Untersuchung der sozialen Bedingungen der Erkenntnis bei funzeligem Licht in der Feststellung gipfelt, die Erkenntnis des Sozialen sei nicht anders möglich als eine soziale, dann mangelt es der Darbietung doch an Schlagkraft.

Das Subjekt ist extrovertiert bis zur Penetranz. Völlig unabhängig von seiner Wünschbarkeit drängt es sich immer wieder auf. Das Party Crashing wird toleriert, wenn es Entertaining ist. Der Objektivismus ist introvertiert. Er muss wünschbar sein, sonst hat er keine Chance. Es besteht Einigkeit darüber, dass ein God's Eye-point of View nicht wünschbar ist, weil er einfach keinen Sinn macht. Kein Individuum, keine Soft- oder Hardware, keine Gesellschaft ist imstande, einen solchen Standpunkt zu beziehen.

Der God's Eye-point of View war und ist der Mittelpunkt der Zielscheibe der anti-objektivistischen Einwände. In der Zeit der Frühaufklärung war das Vergehen der Menschen Anmaßung: Nur ein Gott verfügt über die Fähigkeiten, die

Dinge an sich so zu betrachten, wie sie sind. Den Menschen ist es lediglich möglich, die Dinge mit den Kategorien zu erfassen, die ihnen nach Kant unabänderlich gegeben sind. Die Menschen sollen es gefälligst bleiben lassen, sich an die Stelle Gottes zu setzen.

In der Zeit der Spät- oder permanenten Aufklärung, in der wir nach Steven Pinkers *Enlightenment Now* leben, ist die Ordnungswidrigkeit des Objektivismus die Vortäuschung falscher Tatsachen. Der objektivistische Beobachter macht sich nicht einfach selbst zum Teil des Objektes. Das würde nun doch zu sehr auffallen, wenn das Objekt dem Beobachter auch noch sichtbar gliche. Es ist nicht so lange her, dass sogar das toleriert wurde. Sondern der objektivistische Beobachter bringt die Grundlagen seiner Beziehung zu dem Objekt in dieses ein. Das ist viel raffinierter: Auf diese Weise ist das Objekt nicht lediglich Ausdruck seiner persönlichen Präferenzen. Seine Beziehung zum Objekt ist auf nicht persönliche Weise determiniert, durch die Gesellschaft, aus der heraus er die Beziehung aufgebaut hat.

Der moderne Objektivist beansprucht nicht mehr, den Platz Gottes einzunehmen. Er insinuiert jedoch, dass er etwas tut, was dem Handwerk Gottes funktional gleichkommt: Er hält seine persönlichen Präferenzen im Zaum und handelt als Repräsentant von etwas, das größer ist als er selbst, nämlich der Gesellschaft, aus der er kommt. Beansprucht ein Individuum Allmacht, ist das ein ziemlich lächerliches Unterfangen. Will man unbedingt einer Entität Allmacht zuschreiben, ist die Gesellschaft keine völlig ungeeignete Adresse. Die Täuschung liegt darin: Der Beobachter ›vergisst‹ zu kommunizieren, dass er in der Gesellschaft eine bestimmte Position einnimmt. Die Beziehung des Beobachters zum Objekt variiert nicht nur mit dessen persönlichen Präferenzen, sondern auch mit der Position des Beobachters in der Gesellschaft, aus der er kommt. Egal welcher soziologischen Theorie der Beobachter anhängt: In zahlreichen Fällen definiert sich eine

Position in einer Gesellschaft geradezu durch die Beziehung zu bestimmten Objekten, so dass persönliche Präferenzen irrelevant werden. Im platten Fall ist der dem Blick vom God's Eye-point of View angeblich funktional äquivalente objektive Blick des Betrachters nichts anderes als die spezifische Perspektive, die zur Definition einer bestimmten Position innerhalb seiner Gesellschaft gehört.

Im wissenschaftlichen Diskurs empfindet das Subjekt sich selbst nicht als Problem. Ganz anders sieht es in der Literatur und in den bildenden Künsten aus: Da tritt das Subjekt eigentlich nur als derjenige Träger von Handlungsmacht, neudeutsch Agency, auf, der sich selbst zum Problem macht. Nicht nur der Prinz von Dänemark ist sich seiner selbst und seiner Stellung in der Welt aktiv ungewiss. Das Subjekt ist fast ausnahmslos ein an sich selbst zweifelndes. Das gilt mittlerweile sogar für das Personal von landschaftsbezogenen Kriminalromanen. Tritt ein Charakter in einem Roman, einer Erzählung oder ein lyrisches Ich in einem Gedicht besonders selbstsicher auf, heißt das noch gar nichts. Möglicherweise schildert der Autor auf der auktorialen Erzählebene, wie verfehlt diese Selbstsicherheit ist. Das kann er auf direkte oder indirekte Weise leisten: Der auktoriale Erzähler sagt seine tatsächliche Meinung, dass der Protagonist unsicher ist, oder malt den Protagonisten im Kontext erkennbar unglaubwürdig als besonders sicher. Wenn sich das Subjekt selbst zum Problem macht, bedeutet das in der Literatur und in den Künsten keineswegs, dass das Subjekt das gestellte Problem auch lösen will. Die moderne Literatur besteht unter anderem daraus, den Selbstzweifel *nicht* zu einem Ende kommen zu lassen. Das Subjekt selbst braucht keine Lösung. Man braucht dann eine Lösung, wenn man das Subjekt nicht haben will. Die Lösung ohne Restrückstand von Subjekt gibt es nicht.

Der Schutz gegen Tautologie ist ein Argument, den Objektivismus zumindest in Erwägung zu ziehen. Das bedeutet unter anderem, dass Liberalisierung der falsche Ansatz ist, um den Objektivismus attraktiver zu machen. Vielmehr liegt es nahe, den Objektivismus zu radikalisieren: den Objektivismus zu objektivieren. Die übliche Vorgehensweise ist die Kombination von Metabetrachtung und deren Iteration sowie von Selbstreferenz. Man ergreift alle vorhandenen Gelegenheiten und schafft neue, um das objektive Verhältnis zum Objekt weiter zu objektivieren.

Metabetrachtung allein ist noch keineswegs zwingend objektivierend. Mit dem Sprung auf die nächste Beobachtungsebene rückt die Beziehung des Beobachters zum Gegenstand nicht automatisch in den Fokus der Beobachtung. Das geschieht nur dann, wenn es einen Mechanismus gibt, der Selbstreferenz erzeugt. Gibt es ein Feedback Loop oder nicht? Ist die Metabetrachtung mit einer Korrekturabsicht verbunden oder nicht? Seit der Moderne heißt der entsprechende Mechanismus Bewusstsein. In jedem Fall ist Bewusstsein Aufmerksamkeit. Was Bewusstsein weiter ist oder nicht ist, darüber soll hier nicht entschieden werden.

Es ist schwierig, einen zweiten grundsätzlich nicht ethischen Begriff zu finden, der so eindeutig positiv besetzt ist wie der des Bewusstseins. Der Grund liegt darin, dass das Bewusstsein auch die Aufgaben wahrnimmt, die früher das Gewissen versah. Das Gewissen war der interne Repräsentant Gottes beim Menschen, die erste Anlaufstelle für die ethische Rechtfertigung von Gedanken und Handlungen. Ein nicht unbeträchtlicher Teil der Aktivität des modernen Bewusstseins besteht in der ethischen Rechtfertigung von Handlungen gegenüber den internen Repräsentanten nicht religiöser Instanzen im Bewusstsein.

Metabeobachtung in Verbindung mit Selbstreferenz lenkt den Fokus auf das Verhältnis des Beobachters zum Objekt. Wird dadurch auf der Metaebene etwas besser? Dafür gibt es nicht die geringsten Garantien. Selbst wenn der Beobachter seine persönlichen Präferenzen und seine Position in seiner Gesellschaft bedenkt: Was kann grundsätzlich verhindern, dass er sich am Ende des Denkprozesses zufrieden zurücklehnt und den abschließenden Gedanken fasst: ›Ist doch in Ordnung so‹?

Naturgemäß wird mit der Metabeobachtung ein Verhältnis des Beobachters zum Metaobjekt etabliert, das ebenfalls wieder zwei Voraussetzungen in das Metaobjekt trägt: die persönlichen Präferenzen auf der Metaebene und die Perspektive der Position des Beobachters in seiner Gesellschaft auf der Metaebene. Aber auch wenn es zu einer Korrektur kommt, wenn der Beobachter seine Präferenzen und seine Stellung in der Gesellschaft einkalkuliert und ein neues, bewussteres Verhältnis zum Objekt konstruiert, dann ist dieses neue Verhältnis zum Objekt wieder durch seine Präferenzen auf der höheren Ebene und durch seine Perspektive von der höheren Ebene aus geprägt, und er trägt beides in das neu konstruierte Objekt hinein. Mit dem Aufstieg zu weiteren Ebenen, mit der Iteration des Prozesses, verändern sich mit Sicherheit die Gestalt des Objekts und diejenige der Metaobjekte. Aber was könnte den Anspruch rechtfertigen, dass der Objektivismus seinem, einem Ziel näherkommt? Man hat das kaum abweisbare Gefühl, dass hier das Problem vor allem verdünnt wird.

Auf der anderen Seite: Wenn gar keine Korrektur beabsichtigt ist, dann heißt das noch nicht, dass die Metabetrachtung nicht trotzdem zu einer Korrektur führen kann. Möglicherweise ist die nicht beabsichtigte Korrektur gründlicher und nachhaltiger als die beabsichtigte. Das gilt sowohl für die persönlichen Präferenzen als auch für die Perspektiven der jeweiligen Position in der Gesellschaft. Wenn die Aktivitäten auf der Metaebene und auf allen weiteren Ebenen nicht durch Selbstreferenz, durch Bewusstsein eingeschränkt werden, dann gibt es keine Vorauswahl. Im Idealfall sind die Metabeobachtungen attraktiv vielfältig, aber sie stehen unverbunden nebeneinander und sind so eigentlich zu nichts nütze. Welche sind mögliche Ordnungskriterien?

Die Kant'schen Kategorien, die Lévi-Strauss'schen Grundstrukturen des menschlichen Geistes und die Innate Ideas Chomskys sind nicht die Lösung des Problems des Objektivismus. Sie können kein Ziel sein, und sie sind auch kein sinnvoller Begriffsinhalt für den Umgang mit dem Prädikat ›objektiv‹. Das wichtigste, erfolgreichste, aber zugleich am wenigsten behandelte Kriterium ist Substituierbarkeit: des Betrachters *und* der Betrachtungen. Unser Vorschlag lautet: Prozeduren sind dann ›objektiv‹, wenn sie bestimmten Ersetzungen sowohl derjenigen, die sie durchführen, als auch der Gegenstände, denen sie gelten, standhalten.

Das Subjekt und der Objektivismus sind Systemen und Netzwerken grundsätzlich etwas Äußerliches. Im Gegensatz dazu ist das Kontinuum Subjekt-Objektivismus bereits in den Kern der relationalen Produktionstheorie und damit in die Produktionstheorie der Gesellschaft eingebaut. Die Produktionsmöglichkeiten, die Produktionsfunktionen kandidieren für den Objektivismus, die intendierten Produktionen bieten dem Subjekt eine Bühne. Aber das Subjekt ist nicht die einzige Besetzungsmöglichkeit für das Stück, das auf dieser Bühne gegeben wird. Die intendierten Produktionen stehen allgemein für einen Auswahlmechanismus. Latour hat gezeigt, dass in zunehmend zahlreichen sozialen Situationen hinreichend komplexe Hard- oder Software ebenfalls ›entscheiden‹ kann. In einer Subjekt-Produktionsumgebung werden die Intentionen einem Subjekt zugeschrieben, die Produktionsmöglichkeiten sind genau die vom Subjekt wahrgenommenen, die Aktualisierungen sind die Konsequenzen der Intentionen des Subjekts. In einer objektivistischen Produktionsumgebung sind die Produktionsmöglichkeiten, die Intentionen und die Aktualisierungen objektivistisch. Das muss nicht heißen, dass der Auswahlmechanismus ein nicht subjektiver ist. Die Intentionen können sehr wohl diejenigen eines Subjekts sein. Entscheidend ist, dass die Produktionsmöglichkeiten nicht lediglich die vom Subjekt wahrgenommenen sind.

Der Konstrukteur von konkreten Systemen oder Netzwerken muss Farbe bekennen, wenn er die Elemente der Systeme und die Beziehungen zwischen ihnen beziehungsweise die Knoten der Netzwerke und ihre Verbindungen spezifiziert. Geht es um Subjekte und Subjektives, oder ist das Subjekt expendable? Dem Konstrukteur von gesellschaftstheoretischen Produktionsumgebungen stehen alle denkbaren Möglichkeiten des Umgangs mit dem Subjekt und seinen Derivaten offen. Er kann sich für oder gegen das Subjekt entscheiden, er kann die Frage nach dem Subjekt offenlassen, nichts kann ihn daran hindern, nur vorzugeben, für oder gegen das Subjekt einzutreten.

14
Ersetzbarkeit

Nach ihren Fundamentalintentionen müssten sich praktisch alle aktuellen Sozialtheorien explizit für eine Positionierung in dem Kontinuum mit den Endpunkten des metaphysischen Realismus und des Konstruktivismus entscheiden. In praxi geschieht das jedoch höchstens implizit.

Die Kernaussage des Konstruktivismus umfasst drei grundsätzlich voneinander unabhängige Behauptungen: Individuen und soziale Einheiten machen sich ein Bild von der Welt. Dieses Bild ist in dem Sinne konstruiert, dass sich verschiedene Individuen und verschiedene soziale Einheiten jeweils verschiedene Bilder machen. Die Akteure tun nur so, als ob es die Welt gäbe. Aber in Wirklichkeit (sic!) gibt es da nur das, was die Akteure wollen. Es gibt nichts ›da draußen‹.

Gemäß der Anwendung des Konstruktivismus auf die Sozialtheorie ist *alles* durch das Soziale konstruiert. Da alles, was irgendjemand unternimmt oder unterlässt, von dem Bild abhängig ist, das er sich von der Welt macht, muss das Soziale überall auftauchen. Im Fall von Gesellschaftstheorie: Die Gesellschaft produziert alles, alles wird von der Gesellschaft produziert. Das gilt im buchstäblichen Sinn. Die Produktionstheorie der Gesellschaft *konstruiert* den Gesellschaftsbegriff des Konstruktivismus als den maximal selbstreferentiellen, der überhaupt möglich ist.

Der metaphysische Realismus besteht aus zwei entscheidenden Behauptungen: Es gibt die Welt unabhängig davon, ob sich jemand ein Bild von ihr macht oder nicht. Die Menschen sind dazu in der Lage, sich ein zutreffendes Bild von der Welt zu machen.

Der metaphysische Realismus eliminiert jede soziale

Selbstreferentialität. ›Da draußen‹ ist die Welt. Das Bild, das sich die soziale Einheit von der Welt macht, ist durch die Welt und durch bestimmte Wirkmechanismen der Welt auf die soziale Einheit gegeben. Die Welt produziert – in der Form natürlicher Produktionsumgebungen – die soziale Einheit. Die soziale Einheit produziert das, was sie produziert, in der Form nicht natürlicher Produktionsumgebungen. Schlussendlich produziert die Welt, was die soziale Einheit produziert. Nach dem metaphysischen Realismus ist die soziale Einheit entbehrlich.

Der Luhmann'sche Gesellschaftsbegriff ist ein konstruktivistischer, ohne dass Luhmann das Wort Konstruktivismus in den Mund nehmen würde. White und Latour scheuen die Festlegung auf einen Punkt in dem Kontinuum zwischen Konstruktivismus und metaphysischem Realismus. Sie möchten sich nicht entscheiden, in welchem Ausmaß die Welt entbehrlich ist.

In der zweiten Staffel von *Westworld* fragt Dolores Abernathy – der Host, der schließlich so weit upgegradet wird beziehungsweise der sich selbst so weit upgradet, dass er – sie – die Menschheit zerstören möchte –: »What is real?« Dr Ford, der Große Konstrukteur von Westworld, antwortet: »That which is irreplaceable.«

Aus gesellschaftstheoretischer Perspektive besteht einer der Vorzüge der relationalen Produktionstheorie in der Verkörperung von Ersetzbarkeit auf allen Ebenen der Theorie. Die Produktionstheorie der Gesellschaft kann nicht leben ohne den Begriff der Ersetzbarkeit und seine Implikationen. Die Produktionstheorie der Gesellschaft kann sehr gut leben, ohne festzulegen, ob es das *da draußen* gibt. Es ist eher eine Stilfrage, ob man in der Produktionstheorie der Gesellschaft Nicht-Ersetzbarkeit mit ›dem Realen‹ identifiziert.

Verschiedene Typen von Ersetzbarkeit generieren verschiedene Gesellschaftstheorien.

Eine Produktionsumgebung $PU_2 = \langle P_2, I_2, A_2 \rangle$ entsteht aus einer Produktionsumgebung $PU_1 = \langle P_1, I_1, A_1 \rangle$ durch Faktorersetzung, wenn ausschließlich Produktionsfaktoren durch andere Produktionsfaktoren ersetzt werden – alles andere bleibt gleich. In beiden Produktionsumgebungen sind die Produktionsfunktionen dieselben, die Technologie ist dieselbe. Die intendierten Produktionsergebnisse sind dieselben, genau wie die aktualisierten Produktionsergebnisse dieselben bleiben. Der Unterschied liegt im Faktoreinsatz: Die beabsichtigten und die tatsächlich eingesetzten Produktionsfaktoren sind andere.

Die Invarianz der Gesellschaft bei Individuentausch ist konstitutiv für die frühesten Gesellschaftsbegriffe. Der Individuentausch ist ein Spezialfall der Faktorersetzung. Die entsprechenden Gesellschaftsbegriffe wären als Produktionsumgebungen zu formulieren, in denen ausschließlich Individuen vorkommen.

Das Spiegelbild zur Faktorersetzung ist die Ergebnisersetzung. Eine Produktionsumgebung $PU_2 = \langle P_2, I_2, A_2 \rangle$ entsteht aus einer Produktionsumgebung $PU_1 = \langle P_1, I_1, A_1 \rangle$ durch Ergebnisersetzung, wenn Ergebnisse durch andere Ergebnisse ersetzt werden. Hier kann nicht alles andere gleichbleiben, mit denselben Produktionsfunktionen und denselben Faktoren können nicht andere Ergebnisse produziert werden, die Produktionsfunktionen wären keine Funktionen. Die Produktionsfunktionen sind in beiden Produktionsumgebungen dieselben, die Technologie ist dieselbe. Die intendierten und die aktualisierten Produktionsergebnisse sind jeweils andere: Entweder wird mit anderen Faktoren produziert, oder es werden andere Produktionsfunktionen verwendet, die mit denselben Faktoren andere Ergebnisse erzielen.

Gesellschaften unterscheiden sich durch ihre technologischen Produktionsmöglichkeiten. Es ist nützlich, den Begriff der Technologie in einem sehr weiten Sinn zu verwenden. Nicht erst das Rad, das Aquädukt oder die Dampfmaschine ist technologische Hardware. Der Faustkeil und wie er eingesetzt wird, ist bereits Technologie. Analoges gilt für Software. Sie beginnt nicht mit dem Computer oder mit der Logarithmentafel und dem Rechenschieber. Die Art und Weise, wie die Urmenschen gejagt oder Ackerbau betrieben haben, hatte System. Man kann von Programmen avant la lettre sprechen.

Reminder: $\mathbf{G} = \langle \mathbf{G}_1, \ldots, \mathbf{G}_t, \ldots, \mathbf{G}_z \rangle$ ist die Gesellschaft im Zeitablauf. $\mathbf{G}_1$ ist der Anfang, $\mathbf{G}_z$ das Ende der Gesellschaft. Zu jedem Zeitpunkt t besteht die Gesellschaft aus der Gesamtgesellschaft GG_t und den Subgesellschaften $\mathfrak{SG}_t$, also: $\mathbf{G}_t = \langle GG_t, \mathfrak{SG}_t \rangle$.

Die Gesamtgesellschaft zum Zeitpunkt t GG_t besteht aus *einer* übergeordneten Produktionsumgebung $G_t = \langle P_t, I_t, A_t \rangle$ und der Menge $\mathfrak{G}_t$ der gleichmöglichen übergeordneten Produktionsumgebungen, denjenigen Produktionsumgebungen, die die zulässigen Ersetzungen von G_t abgrenzt. Also: $GG_t = \langle G_t, \mathfrak{G}_t \rangle$, und G_t ist ein Element von $\mathfrak{G}_t$ für alle Zeitpunkte t. Die Subgesellschaften $\mathfrak{SG}_t$ werden in diesem Abschnitt nicht betrachtet.

Eine Gesellschaft $\mathbf{G} = \langle \mathbf{G}_1, \ldots, \mathbf{G}_z \rangle$ ist eine Gleichgewichtsgesellschaft, wenn im Laufe der Zeit die Produktionsmöglichkeiten konstant bleiben und es lediglich zu Faktorersetzungen kommt. Beispiele für Gleichgewichtsgesellschaften sind die indigenen Amazonasgesellschaften, sofern sie keinen Kontakt zur Außenwelt haben und solange sich der Klimawandel nicht auf sie auswirkt. Es gibt keine Alternative zu einer Modellierung, die die Individuen als vorrangige Produktionsfaktoren betrachtet. Die Produktionsfunktionen bleiben gleich, die Individuen werden im Laufe der Zeit durch andere ersetzt. Die Ergebnisse bleiben tendenziell gleich. Wenn sie sich verändern, dann nur minimal, zyklische Schwankungen sind denkbar.

Alle Stammbäume von menschlichen Gesellschaften beginnen mit Gleichgewichtsgesellschaften. Für manche Gesellschaften gab es eine Weggabelung: Sie verließen den Gleichgewichtspfad und entwickelten ihre Technologie weiter. In

Gleichgewichtsgesellschaften muss jedoch nicht alles so bleiben, wie es ist. Auch wenn die Produktionsmöglichkeiten dieselben bleiben, können sich die Intentionen und die Aktualisierungen der Gesellschaften ändern. Historisch ist hier der Fall neuer Götter prominent. Auch ohne dass sich die materiellen und immateriellen Produktionsmöglichkeiten ändern würden, können neue Götter – es spielt in diesem Zusammenhang keine Rolle, wie die neuen Götter zu der Gesellschaft gekommen sind – dafür sorgen, dass die Gesellschaft ihre Produktionsrichtung ändert. Das wird dann im Regelfall nicht nur die Intentionen, sondern auch die Aktualisierungen betreffen.

Nicht-Gleichgewichtsgesellschaften sind solche Gesellschaften, in denen sich die Produktionsmöglichkeiten im Zeitablauf ändern. Die Produktionsfunktionen sind unterschiedliche, die Technologie ist unterschiedlich. Die Faktoren können die gleichen oder unterschiedliche sein, genau wie die Ergebnisse die gleichen oder unterschiedliche sein können. Wenn die Faktoren unterschiedlich sind, dann müssen die Ergebnisse nicht unbedingt unterschiedlich sein, sind die Ergebnisse unterschiedliche, müssen die Faktoren nicht unbedingt unterschiedliche sein. Es kann sein, dass mit den unterschiedlichen Produktionsfunktionen und unterschiedlichen Faktoren die gleichen Ergebnisse produziert werden bzw. dass mit den gleichen Faktoren unterschiedliche Ergebnisse produziert werden. Die Intentionen und Aktualisierungen müssen ebenfalls nicht unbedingt unterschiedlich sein. Es kann sich ergeben, dass P_2 Produktionsfunktionen aus P_1 enthält und dass nur diese zur Anwendung kommen.

Es werden zahlreiche Hypothesen aufgestellt, die erklären sollen, warum aus bestimmten Gleichgewichtsgesellschaften andere technologische Gesellschaften wurden. Über die Voraussetzungen, die vorliegen müssen, damit eine Gesellschaft den Gleichgewichtspfad verlässt, besteht kein Konsens. Eine Denklinie macht äußere Faktoren verantwortlich: etwa den Jahreszeitenwechsel, so er in dem betrachteten

Raum vorkommt, der zu vorausschauendem Denken und Vorratshaltung zwingt. Auf diese Weise ergibt sich der Investitionsgedanke, der im Wesentlichen darin besteht, dass sofortige Belohnungen dann aufgeschoben werden, wenn der Aufschub zu größeren Belohnungen in der Zukunft führt. Eine andere Denklinie führt eine bestimmte Art von mythologischen oder religiösen Überzeugungen an, die den Technologiewechsel inaugurieren. Dabei ist wichtig, dass die entsprechenden Weltdeutungen mehr oder weniger zufällig entstehen. Gesellschaften, die räumlich Kontakt zueinander haben, konkurrieren um Ressourcen, und die Gesellschaften mit den technologischen Vorteilen gewinnen den Konkurrenzkampf, ihre Technologie setzt sich durch.

In einer fortschrittlichen Gesellschaft werden die Produktionsmöglichkeiten sowohl ständig weiterentwickelt als auch jeweils angewendet. Dabei gehen Produktionsmöglichkeiten nicht verloren. Aus der Perspektive der modernen technologischen Gesellschaften ist die fortschrittliche Gesellschaft eine Idealisierung, die nie verwirklicht wurde und wahrscheinlich nie verwirklicht werden wird. Es gibt jedoch eine klare Tendenz dazu, beim Aufkommen neuer Produktionsmöglichkeiten die alten Produktionsmöglichkeiten nicht über Bord zu werfen. Abgesehen davon, dass in bestimmten Weltgegenden nach wie vor Pferde und Segelboote ökonomische Verwendung im engeren produktiven Sinn finden, bewahren Pferderennen und Regatten diese Produktionsmöglichkeiten auch dort, wo sie nicht mehr zweckgebunden genutzt werden. Ein Problem ergibt sich in diesem Zusammenhang vor allem bei handwerklichen Techniken, die bis zum Beginn der Industrialisierung gepflegt wurden. Hier ist tatsächlich Wissen verlorengegangen, das nur mündlich in Familien oder Zünften weitergegeben wurde. Dafür gibt es auf diesem Gebiet museale Bewahrungs- und Wiederentdeckungsanstrengungen. Analoges gilt für geistige Aktivitäten und nicht technologische Fertigkeiten. Auch im Zeitalter der Supercomputer und der automatisierten Spracherkennung gibt es Wettbewerbe im Kopfrechnen und im Stenographieren.

Faktorersetzung

$\mathbf{f}_I$ ist$_{Def}$ die Menge aller Faktoren, die in den Intentionen von $PU = \langle P, I, A \rangle$ vorkommen.

$\mathbf{e}_I$ ist$_{Def}$ die Menge aller Ergebnisse, die in den Intentionen von $PU = \langle P, I, A \rangle$ vorkommen.

$\mathbf{f}_A$ und $\mathbf{e}_A$ werden analog definiert.

Eine Produktionsumgebung $PU_2 = \langle P_2, I_2, A_2 \rangle$ entsteht aus einer Produktionsumgebung $PU_1 = \langle P_1, I_1, A_1 \rangle$ durch Faktorersetzung genau dann, wenn gilt:$_{Def}$ $P_2 = P_1$, $\mathbf{e}_{I2} = \mathbf{e}_{I1}$, $\mathbf{e}_{A2} = \mathbf{e}_{A1}$, $\mathbf{f}_{I2} \neq \mathbf{f}_{I1}$ und $\mathbf{f}_{A2} \neq \mathbf{f}_{A1}$.

Ergebnisersetzung

Eine Produktionsumgebung $PU_2 = \langle P_2, I_2, A_2 \rangle$ entsteht aus einer Produktionsumgebung $PU_1 = \langle P_1, I_1, A_1 \rangle$ durch Ergebnisersetzung genau dann, wenn gilt:$_{def}$ $P_2 = P_1$, $\mathbf{e}_{I2} \neq \mathbf{e}_{I1}$ und $\mathbf{e}_{A2} \neq \mathbf{e}_{A1}$.

Gleichgewichtsgesellschaften

Eine Gesellschaft $\mathbf{G} = \langle \mathbf{G}_1, \ldots, \mathbf{G}_z \rangle$ mit $\mathbf{G}_t = \langle GG_t, \mathfrak{S}\mathfrak{G}_t \rangle$, $GG_t = \langle G_t, \mathfrak{G}_t \rangle$ und $G_t = \langle P_t, I_t, A_t \rangle$ ist eine Gleichgewichtsgesellschaft genau dann, wenn gilt:$_{Def}$ Für alle $s = 1, \ldots, z$, $t = 1, \ldots, z$: $P_s = P_t$ und für alle PU_t mit $PU_t \in \mathfrak{G}_t$: PU_t entsteht durch Faktorersetzung aus GG_t.

Zu zwei verschiedenen Zeitpunkten s und t sind die Produktionsmöglichkeiten P_s und P_t gleich. Für jeden Zeitpunkt t sind die gleichmöglichen Gesamtgesellschaften PU_t aus $\mathfrak{G}_t$ ausschließlich solche, die durch Faktorersetzung aus der Gesamtgesellschaft hervorgehen können.

Intentionsersetzung

Eine Produktionsumgebung $PU_2 = \langle P_2, I_2, A_2 \rangle$ entsteht aus einer Produktionsumgebung $PU_1 = \langle P_1, I_1, A_1 \rangle$ durch Intentionsersetzung genau dann, wenn gilt:$_{Def}$ $P_2 = P_1$ und $I_2 \neq I_1$.

Die Gesellschaft $\mathbf{G}_{t+1} = \langle GG_{t+1}, \mathfrak{SG}_{t+1} \rangle$ mit $GG_{t+1} = \langle G_{t+1}, \mathfrak{G}_{t+1} \rangle$ und $G_{t+1} = \langle P_{t+1}, I_{t+1}, A_{t+1} \rangle$ entsteht aus der Gesellschaft $\mathbf{G}_t = \langle GG_t, \mathfrak{SG}_t \rangle$ mit $GG_t = \langle G_t, \mathfrak{G}_t \rangle$ und $G_t = \langle P_t, I_t, A_t \rangle$ durch Intentionsersetzung genau dann, wenn gilt:$_{Def}$ G_{t+1} entsteht aus G_t durch Intentionsersetzung.

Aktualisierungsersetzung

Eine Produktionsumgebung $PU_2 = \langle P_2, I_2, A_2 \rangle$ entsteht aus einer Produktionsumgebung $PU_1 = \langle P_1, I_1, A_1 \rangle$ durch Aktualisierungsersetzung genau dann, wenn gilt:$_{Def}$ $P_2 = P_1$ und $A_2 \neq A_1$.

Die Gesellschaft $\mathbf{G}_{t+1} = \langle GG_{t+1}, \mathfrak{SG}_{t+1} \rangle$ mit $GG_{t+1} = \langle G_{t+1}, \mathfrak{G}_{t+1} \rangle$ und $G_{t+1} = \langle P_{t+1}, I_{t+1}, A_{t+1} \rangle$ entsteht aus der Gesellschaft $\mathbf{G}_t = \langle GG_t, \mathfrak{SG}_t \rangle$ mit $GG_t = \langle G_t, \mathfrak{G}_t \rangle$ und $G_t = \langle P_t, I_t, A_t \rangle$ durch Aktualisierungsersetzung genau dann, wenn gilt:$_{Def}$ G_{t+1} entsteht aus G_t durch Aktualisierungsersetzung.

Nicht-Gleichgewichtsgesellschaften

Eine Produktionsumgebung $PU_2 = \langle P_2, I_2, A_2 \rangle$ entsteht aus einer Produktionsumgebung $PU_1 = \langle P_1, I_1, A_1 \rangle$ durch Technologieersetzung genau dann, wenn gilt:$_{Def}$ $P_2 \neq P_1$.

Die Gesellschaft $\mathbf{G}_{t+1} = \langle GG_{t+1}, \mathfrak{SG}_{t+1} \rangle$ mit $GG_{t+1} = \langle G_{t+1}, \mathfrak{G}_{t+1} \rangle$ und $G_{t+1} = \langle P_{t+1}, I_{t+1}, A_{t+1} \rangle$ entsteht aus der Gesellschaft $\mathbf{G}_t = \langle GG_t, \mathfrak{SG}_t \rangle$ mit $GG_t = \langle G_t, \mathfrak{G}_t \rangle$ und $G_t = \langle P_t, I_t, A_t \rangle$ durch Technologiewandel genau dann, wenn gilt:$_{Def}$ G_{t+1} entsteht aus G_t durch Technologieersetzung.

Vom Zeitpunkt t auf den Zeitpunkt t+1 ändert sich die Technologie von P_t der Gesamtgesellschaft GG_t zur Technologie P_{t+1} der Gesamtgesellschaft GG_{t+1}.

Reminder

Die Produktionsumgebung $PU_2 = \langle P_2, I_2, A_2 \rangle$ inkludiert$_P$ / inkludiert$_I$ / inkludiert$_A$ stark die Produktionsumgebung $PU_1 = \langle P_1, I_1, A_1 \rangle$ genau dann, wenn gilt:$_{def}$ $P_1 \subset P_2$ / $I_1 \subset I_2$ / $A_1 \subset A_2$.

Die technischen Möglichkeiten der Produktionsumgebung PU_2 sind umfangreicher und besser als die der Produktionsumgebung PU_1, wobei jedoch alle technischen Möglichkeiten der Produktionsumgebung PU_1 zu Gebot stehen. / In der Produktionsumgebung PU_2 werden alle Absichten verfolgt, die auch in der Produktionsumgebung PU_1 verfolgt werden, aber es kommen noch andere Absichten dazu. / In der Produktionsumgebung PU_2 werden alle Produktionen aktualisiert, die auch in der Produktionsumgebung PU_1 aktualisiert werden, aber es kommen noch andere Produktionen dazu.

Technologisch fortschrittliche Gesellschaften

Die Gesellschaft $\mathbf{G}_{t+1} = \langle GG_{t+1}, \mathsf{SG}_{t+1} \rangle$ mit $GG_{t+1} = \langle G_{t+1}, \mathsf{G}_{t+1} \rangle$ und $G_{t+1} = \langle P_{t+1}, I_{t+1}, A_{t+1} \rangle$ ist potenziell technologisch fortschrittlich gegenüber der Gesellschaft $\mathbf{G}_t = \langle GG_t, \mathsf{SG}_t \rangle$ mit $GG_t = \langle G_t, \mathsf{G}_t \rangle$ und $G_t = \langle P_t, I_t, A_t \rangle$ genau dann, wenn gilt:$_{Def}$ Die Produktionsmöglichkeiten für G_t und G_{t+1} sind fortschrittlich.

Es gilt also: G_{t+1} inkludiert$_P$ stark G_t. Eine Gesellschaft $\mathbf{G}_{t+1}$ ist potenziell fortschrittlich gegenüber einer Gesellschaft $\mathbf{G}_t$, wenn $\mathbf{G}_{t+1}$ imstande ist, alles das zu produzieren, was Produktionsumgebung $\mathbf{G}_t$ produzieren kann, aber darüber hinaus noch anderes und beziehungsweise oder mehr. Die Produktionsmöglichkeiten von $\mathbf{G}_{t+1}$ sind neue, aber zugleich bewahrt $\mathbf{G}_{t+1}$ die alten Produktionsmöglichkeiten von $\mathbf{G}_t$. Der Fortschritt ist potenziell, solange noch nicht entschieden ist, ob die neuen Produktionsmöglichkeiten auch angewendet werden.

Die P-Inklusion stellt keine Bedingungen an die Intentionen und Aktualisierungen der beiden Produktionsumgebungen.

Die Gesellschaft $\mathbf{G}_{t+1} = \langle GG_{t+1}, \mathfrak{SG}_{t+1} \rangle$ mit $GG_{t+1} = \langle G_{t+1}, \mathfrak{G}_{t+1} \rangle$ und $G_{t+1} = \langle P_{t+1}, I_{t+1}, A_{t+1} \rangle$ ist faktisch technologisch fortschrittlich gegenüber der Gesellschaft $\mathbf{G}_t = \langle GG_t, \mathfrak{SG}_t \rangle$ mit $GG_t = \langle G_t, \mathfrak{G}_t \rangle$ und $G_t = \langle P_t, I_t, A_t \rangle$ genau dann, wenn gilt: $\mathbf{G}_{t+1}$ ist potenziell technologisch fortschrittlich gegenüber $\mathbf{G}_t$ und die Aktualisierungen für G_t und G_{t+1} sind fortschrittlich.

Die Intentionen für G_t und G_{t+1} sind fortschrittlich, und $A_{t+1} - A_t$ enthält Produktionen aus $I_{t+1} - I_t$. Tatsächlicher Fortschritt liegt vor, wenn die neuen Produktionsmöglichkeiten von $\mathbf{G}_{t+1}$ teilweise oder zur Gänze verwirklicht werden.

Eine Gesellschaft $\mathbf{G} = \langle \mathbf{G}_1, \ldots, \mathbf{G}_z \rangle$ mit $\mathbf{G}_t = \langle GG_t, \mathfrak{SG}_t \rangle$ und $GG_t = \langle G_t, \mathfrak{G}_t \rangle$ für alle t = 1, …, z ist fortschrittlich genau dann, wenn gilt:$_{Def}$ Für alle t = 1, …, z – 1, …, z ist G_{t+1} faktisch technologisch fortschrittlich gegenüber G_t.

15
Subgesellschaften

Die Gesellschaft, die keine Subgesellschaften aufweist, scheint es nicht zu geben. Die Frage ist: Wie hängen die Subgesellschaften mit der Gesamtgesellschaft zusammen?

Der einfachste Fall liegt vor, wenn die Gesamtgesellschaft aus Subgesellschaften wie aus Bausteinen zusammengesetzt ist. Wir nennen das granulare Gesellschaft. Eine granulare Gesellschaft entsteht durch die Operation der Vereinigung, die auf alle Subgesellschaften angewendet wird. In einer granularen Gesellschaft finden sich alle Produktionsmöglichkeiten, alle Intentionen und alle Aktualisierungen der Subgesellschaften in den Produktionsmöglichkeiten, den Intentionen und den Aktualisierungen der Gesamtgesellschaft wieder.

Nicht granulare Gesellschaften sind solche, deren Gesamtgesellschaften nicht aus den Subgesellschaften zusammengesetzt sind. Hier sind vor allem zwei Fälle interessant: Die Gesamtgesellschaft setzt sich zu einem Teil aus kompletten Subgesellschaften oder deren Komponenten zusammen, oder die Gesamtgesellschaft ist eine völlig andere, es gehen nicht einmal Komponenten der Subgesellschaften in die Gesamtgesellschaft ein. Der zweite Fall scheint bisher für menschliche Gesellschaften nicht verwirklicht worden zu sein. Der erste Fall kam dagegen in der Vergangenheit in einer spezifischen Ausprägung häufig vor: Eine bestimmte Subgesellschaft dominiert die anderen Subgesellschaften dermaßen, dass die Gesamtgesellschaft die Produktionsmöglichkeiten, die Intentionen und die Aktualisierungen der dominierenden Subgesellschaft komplett übernimmt, die Produktionsmöglichkeiten, die Intentionen und die Aktualisierungen der anderen Subgesellschaften nur teilweise.

Man denkt hier etwa an Kriegergesellschaften wie diejenige Spartas.

Der soziologische Fokus der Gegenwart richtet sich auf die Differenzierung von Gesellschaften. Gesellschaften unterteilen sich oder teilen sich – je nach Theorie –, und die Teilgesellschaften entwickeln sich verschieden. Wichtig sind hier die Unterschiede zwischen den Gesellschaften zu einem Zeitpunkt und das Schicksal der Unterschiede im Zeitablauf.

In der Produktionstheorie der Gesellschaft ist jede Gesellschaft $\mathbf{G}_t = \langle GG_t, \mathfrak{S}\mathfrak{G}_t \rangle$ eine differenzierte Gesellschaft, wenn die Menge der Subgesellschaften nicht leer ist. Sie ist differenziert in die Subgesellschaften $S_t = \langle S_t, \mathfrak{S}_t \rangle$ aus $\mathfrak{S}\mathfrak{G}_t$ mit $S_t = \langle P_{St}, I_{St}, A_{St} \rangle$.

Es ist zu unterscheiden zwischen granularer und nicht granularer Differenzierung. Granulare Differenzierung ist harmonisch beziehungsweise architektonisch. Bei granularer Differenzierung gibt es keine Widersprüche. Nicht granulare Differenzierung bedeutet: Die Subgesellschaften unterscheiden sich von der Gesamtgesellschaft dadurch, dass gewisse Produktionsmöglichkeiten, gewisse Intentionen und beziehungsweise oder gewisse Aktualisierungen der Subgesellschaften *nicht* in der Gesamtgesellschaft aufscheinen. Vorausgesetzt ist selbstverständlich, dass sich die verschiedenen Subgesellschaften voneinander unterscheiden. Sonst macht die Menge der Subgesellschaften keinen Sinn.

Wie entwickeln sich Subgesellschaften? Die verschiedenen Fortschrittsbegriffe für Produktionsmöglichkeiten, Intentionen und Aktualisierungen wurden im Zusammenhang mit der Thematik von Herstellung und Zerstörung besprochen. Die Begriffe können nicht nur auf die Entwicklung der Gesamtgesellschaft, sondern auch auf die Entwicklung von Subgesellschaften angewendet werden. Das Schema bleibt dasselbe: Fortschritt liegt vor, wenn die nächsten Produktionsmöglichkeiten, die nächsten Intentionen, die nächsten Aktualisierungen die vorangehenden Produktionsmöglichkeiten / die vorangehenden Intentionen / die vorangehenden Aktualisierungen umfassen, aber es kommen neue Produktionsmöglichkeiten / neue Intentionen / neue Aktualisierungen hinzu.

Die zugrunde liegenden Inklusionsbegriffe sind mit großen Freiheitsgraden kombinierbar. Insbesondere kann Fortschritt mit Nicht-Fortschritt einhergehen. Hier liegt ein Abstecher zur Mode nahe. In den Subgesellschaften, die zusammen die Mode ausmachen, sind die Produktionsmöglichkeiten ohne Zweifel mehr oder weniger linear fortschrittlich, aber die Intentionen und Aktualisierungen weisen Oszillationen auf. Die tatsächlichen Verhältnisse sind komplizierter und harren der Erforschung: Es kehrt nie genau dasselbe wieder, sondern das Gleiche in Variation, was dann eben nicht dasselbe ist.

Granulare Gesellschaften

Eine Gesellschaft $\mathbf{G}_t = \langle GG_t, \mathsf{SG}_t \rangle$ mit $GG_t = \langle G_t, \mathsf{G}_t \rangle$ und $G_t = \langle P_t, I_t, A_t \rangle$ ist eine granulare Gesellschaft genau dann, wenn gilt:$_{Def}$ GG_t ist die Vereinigung aller $S_t = \langle S_t, \mathsf{S}_t \rangle \in \mathsf{SG}_t$.

Trivialerweise gilt für alle $S_t = \langle S_t, \mathsf{S}_t \rangle \in \mathsf{SG}_t$ mit $S_t = \langle P_{St}, I_{St}, A_{St} \rangle$: $P_{St} \subseteq P_t$, $I_{St} \subseteq I_t$ und $A_{St} \subseteq A_t$.

Nicht granulare differenzierte Gesellschaften

Eine Gesellschaft $\mathbf{G}_t = \langle GG_t, \mathsf{SG}_t \rangle$ mit $GG_t = \langle G_t, \mathsf{G}_t \rangle$ und und $G_t = \langle P_t, I_t, A_t \rangle$ ist eine nicht granulare differenzierte Gesellschaft genau dann, wenn gilt:$_{Def}$ $\mathbf{G}_t$ ist eine nicht granulare Gesellschaft und für alle $S_t = \langle S_t, \mathsf{S}_t \rangle \in \mathsf{SG}_t$ mit $S_t = \langle P_{St}, I_{St}, A_{St} \rangle$ gilt: $P_{St} \neq P_t$ und beziehungsweise oder $I_{St} \neq I_t$ und beziehungsweise oder $A_{St} \neq A_t$.

Die Subgesellschaft S_t unterscheidet sich von der Gesamtgesellschaft G_t dadurch, dass nicht alle oder gar keine

Produktionsmöglichkeiten von S_t zu den Produktionsmöglichkeiten von G_t zählen und beziehungsweise oder dass nicht alle oder gar keine Intentionen aus I_{St} zu den Intentionen von I_t gehören und beziehungsweise oder dass nicht alle oder gar keine Aktualisierungen aus A_{St} zu den Aktualisierungen von A_t gezählt werden.

16
Feld, Kampf, Haltung, Leib

Es ist unmöglich, ein objektiver Subjektivist zu sein, und es ist gleichermaßen unmöglich, vorsätzlich ein subjektiver Objektivist zu sein. Das wären jeweils nach keiner Seite hin auflösbare Widersprüche. Diese Symmetrie gilt. Eine andere Symmetrie gilt nicht: Subjektivismus ist Verabschiedung des Objekts. Aber Objektivismus ist nicht gleich Verabschiedung des Subjekts. Wenn man das Objekt subjektiv sieht, ist es nicht mehr das Objekt. Aber man kann durchaus anstreben, das Subjekt objektiv zu betrachten, und das Subjekt bleibt das Subjekt.

Unabhängig davon ist es in bestimmten Kontexten sinnvoll, Präferenzen zu betrachten, die nicht Individuen zuordenbar sind. Nicht nur für den Subjektivisten, auch für den Objektivisten kann es Sinn machen, von einem kollektiven Subjekt zu sprechen.

Kollektive Präferenzen können auf vielerlei Weise zustande kommen. Sind Subjekte an einer Situation beteiligt, muss das Ergebnis keineswegs notwendig gegen objektivistische Vorstellungen verstoßen. Wenn Subjekte wechselwirken, muss sich noch lange nichts Subjektives ergeben. Egal, welche Intentionen die Individuen haben, gruppendynamische Prozesse können zu Entwicklungen führen, welche die Einzelnen nie beabsichtigten.

Weil Objektivismus und die Verabschiedung des Subjekts keine bedeutungsgleichen Unterfangen sind, ist es möglich, sich begrifflich und empirisch zwischen Subjektivismus und Objektivismus einzurichten. Am erfolgreichsten hat das der *attac*-Mitgründer Pierre Bourdieu praktiziert, der in den neunziger Jahren des vorigen Jahrhunderts weltweit der meistzitierte Intellektuelle war. Niemand liebt die Bourdieu-Soziologie, aber man kommt an ihr nicht vorbei. Tatsächlich besteht die Bourdieu-Soziologie aus vier sehr verschiedenen Soziologien. Die Produktionstheorie der Gesellschaft liefert das Instrumentarium, um die vier Soziologien adäquat zu isolieren und zu analysieren.

In Deutschland verbinden sich mit dem Namen Bourdieus vorzugsweise *Die feinen Unterschiede*, der Titel der deutschen Übersetzung von *La distinction*. Aber es geht nicht etwa darum, dass die Unterschiede möglichst unmerkliche sein sollen, so fein, dass nur Menschen mit einem entsprechenden Sensorium die Unterschiede wahrnehmen. Gemäß der ersten Soziologie Bourdieus, der Bourdieu$_1$-Soziologie, definieren die Unterschiede vielmehr eine Position im sozialen Raum, und allein auf diese kommt es an. Die objektivistische Formel aus *La distinction* lautet:

[(habitus) (capital)] + champ = pratique.[31]

Der Habitus ist die Summe der Verhaltensdispositionen des Positionsinhabers im sozialen Feld. Die soziale Praxis ist abhängig vom Habitus und vom akkumulierten ökonomischen und kulturellen Kapital der Positionsinhaber.

Wenn jemand schon eine Formel hinschreibt, sollte man diese auch ernst nehmen. Nach der Bourdieu$_1$-Soziologie ist Gesellschaft ein räumlich diskretes oder kontinuierliches und zeitlich diskretes Zustandssystem: Zu jedem Zeitpunkt t nimmt die Gesellschaft einen Zustand ein, der einer bestimmten räumlichen Konfiguration entspricht. Die Anzahl der Dimensionen ist für jede Gesellschaft überschaubar, die Zustände sind genau definiert. Gesellschaft besteht aus zeitlich zugeordneten sozialen Positionen. Zu jedem Zeitpunkt nehmen Individuen bestimmte Positionen im sozialen Raum ein, die mit bestimmten Tätigkeiten beziehungsweise Gütern verbunden sind.

Die Funktion von Unterschieden besteht darin, die Abstände im sozialen Raum zu definieren. Dabei ist es völlig unerheblich, ob die Unterschiede fein oder grob oder gar unfein sind. Die Verteilung der Akteure im sozialen Raum richtet sich nach zwei Prinzipien: nach dem ökonomischen und dem kulturellen Kapital, über das die Akteure verfügen. In einer ersten Dimension verteilen sich die Akteure nach dem Gesamtvolumen des Kapitals, über das sie verfügen, in einer zweiten Dimension nach der Struktur dieses Kapitals. Akteure weisen umso mehr Gemeinsamkeiten auf, je ähnlicher Umfang und Struktur ihrer Kapitalien sind. Die strategische Intention, die hinter der Konstruktion des diskreten Zustandssystems steckt, lautet: Soziale Distanzen sollen durch räumliche Distanzen ausgedrückt werden. Das ist der profanisierte Gedanke der Gottesferne: Der maximale soziale Abstand ist derjenige zwischen dem König und dem Bettler.

Die Ausdehnung beziehungsweise die objektiven Dimensionen des sozialen Raumes sind nicht wichtig. In einem Raum zu existieren, ein Punkt in einem Raum zu sein, heißt sich zu unterscheiden, unterschiedlich zu sein. Wichtig sind nur die Abstände zwischen den Positionen. Das ist keine übertriebene Darstellung. Bourdieu beschreibt als Beispiel den literarischen Mikrokosmos so: »Pour faire comprendre, en simplifiant beaucoup, au risque de choquer, on peut dire que les auteurs, les écoles, les revues, etc., existent dans et par les différances qui les séparent.«[32] Bourdieu zitiert den strukturalistischen Linguisten Émile Benveniste: »Être distinctiv, être significatif, c'est la même chose.«[33]

Die Positionen im sozialen Raum sind mit spezifischen Dispositionen für ihre Inhaber verbunden. Für diese und nur für diese positionsspezifischen Dispositionen hat Bourdieu den anschaulichen Ausdruck Habitus gewählt. Der Habitus ist das Ergebnis der Konditionierung des Positionsinhabers für alle Praktiken und für den Umgang mit allen Gütern. Der Habitus ist auch eine Geschmacksklasse, deren Elemente starke stilistische Ähnlichkeiten aufweisen. Bourdieu erläutert das Prinzip des Habitus gerne durch Verweis auf für ihre jeweiligen sozialen Schichten typische Figuren bei Balzac und Flaubert.

Es war das Ideal sowohl von Balzac als auch von Zola, alle Subgesellschaften und damit die komplette Gesellschaft zu erfassen. Die einzelnen Subgesellschaften sind einfach Raumabschnitte im sozialen Raum. Nimmt man alle Subgesellschaften und lässt keine aus, erhält man die Gesamtgesellschaft. Die Produktionstheorie der Gesellschaft tut sich leicht mit der Modellierung der Bourdieu$_1$-Soziologie: Die Raumabschnitte lassen sich problemlos in Produktionsumgebungen transformieren. Produktionsfaktoren sind klassisch die Individuen, die Ergebnisse sind vorrangig die Ausstattung der Individuen mit den verschiedenen Kapitalsorten. Für die Modellierung der Abstände bietet die Produktionstheorie der Gesellschaft mehrere Möglichkeiten. Wir werden darauf zurückkommen. Die Bourdieu$_1$-Gesellschaft ist so granular, wie sie nur sein kann.

Der soziale Raum der Bourdieu$_1$-Soziologie ist ein Konstrukt, das wie eine Landkarte eine Übersicht über die soziale Welt geben soll. Ein zentrales Ergebnis des Überblicks besteht in der Erkenntnis, dass die Akteure so und so handeln, weil sie diese und keine andere Position im sozialen Raum einnehmen. In der Regel überblicken die Akteure jedoch nur den Raumabschnitt, der sie unmittelbar umgibt, sie richten ihr Handeln allein auf diesen aus. Das führt dazu, dass viele Handlungen naheliegende und vorhersehbare Reaktionen auf andere Handlungen sind. Es geht weniger darum, dass die Akteure nicht weit genug vorausdenken, sondern dass sie nicht weit genug von sich wegdenken. Die Akteure haben nicht den Überblick, den der Soziologe oder die Soziologin hat. Die Akteure denken in den Differenzen, die sie wahrnehmen, der Soziologe und die Soziologin denken in der Landkarte als der Summe aller Differenzen.

Man sieht: Der Große Konstrukteur Lem ist nicht ganz einsam im Universum. Es gibt auch eine ganze Menge kleiner Großer Konstrukteure. Dabei ist zu berücksichtigen, dass sich die empirischen Untersuchungen Bourdieus auf Gesellschaften vor dem Ende des letzten Jahrhunderts beziehen, die viel stärker paternalistisch geprägt waren als ihre heutigen Nachfolger.

Die $Bourdieu_2$-Soziologie ist eine des Klassenkampfes. Man kann Bourdieu nicht absprechen, dass er den Begriff der sozialen Klasse stark verfeinert hat: Eine soziale Klasse ist nicht mehr durch ein oder mehrere Merkmale definiert, sondern durch die Struktur der Beziehungen zwischen allen relevanten Merkmalen. Aber es bleibt beim Kampf. Die Zustandsänderung des sozialen Raumes zwischen t und t+1 erfolgt einerseits durch Wettbewerb: Die Akteure versuchen, ihr Kapital zu vermehren. Es wird nicht untersucht, ob das durch Nullsummen- oder andere Spiele geschieht. Aber andererseits versuchen die Akteure auch jeweils, ein bestimmtes Herrschaftsprinzip durchzusetzen. Dabei geht es, naheliegenderweise, darum, die Konvertibilität des Kapitals zu erhöhen, über das man selber verfügt. Die herrschende Klasse ist diejenige, die die Konvertibilität des Kapitals festlegt. Der Mechanismus des Klassenkampfes ist gleichfalls ein verfeinerter: Er spielt sich ganz wesentlich symbolisch innerhalb der herrschenden Klasse ab. Damit ist ein zentraler Einwand gegen den klassischen Marxismus berücksichtigt: Es stellt einen Selbstwiderspruch der Theorie dar, wenn die Arbeiterklasse zur herrschenden Klasse wird, denn dann ist sie keine Arbeiterklasse mehr.

Eins muss man Bourdieu lassen: Er lebt großartig mit extremen Widersprüchen. So liest man in *Raisons pratiques*: »L'espace social est bien la réalité première et dernière, puisqu'il commande encore les répresentations que les agents sociaux peuvent en avoir.«[34] Aber auch, im selben Buch: »J'ai souvent rappelé moi-même que, s'il ya une vérité, c'est-que la vérité est un enjeu de luttes.«[35] Wenn der soziale Raum die letzte Wahrheit ist, dann ist er nicht umstritten. Dann können Wahrheiten nicht nur solche sein, um die gekämpft wird. Gelten als Wahrheiten nur diejenigen, um die gekämpft wird, dann müsste Bourdieu eigentlich wollen, dass man seiner Theorie des sozialen Raumes widerspricht. Das Gegenteil ist der Fall. Bourdieu schreibt – wie alle – seine Bücher, damit man ihm zustimmt, nicht damit man ihm widerspricht: »C'est ainsi que le parti pris de radicalisation qui inspire Steve Woolgar et Bruno Latour les porte à faire subire un passage à la limite ou une réduction à l'absurde aux analyses qui, comme celles que j'avais proposées il y a plus de dix ans, s'efforcent d'échapper à l'alternative du relativisme et de l'absolutisme.«[36] Die Konkurrenten sind radikalisiert und voreingenommen, sie überspitzen und verfälschen die Arbeiten des Großen Soziologischen Konstrukteurs.

Wenn nur das Umkämpfte die Wahrheit ist, dann ist die Theorie des sozialen Raumes kein guter Kandidat für die Wahrheit, weil sie nicht sehr umstritten ist. Viele Soziologen und Soziologinnen, die empirisch arbeiten, übernehmen sie ziemlich unverändert. Die Kapitalbegriffe Bourdieus, insbesondere das inkorporierte, das objektivierte sowie das institutionalisierte kulturelle Kapital und das symbolische Kapital finden etwa auch zahlreichen Eingang in kunsttheoretische Untersuchungen. Nicht wenige Soziologen und Soziologinnen bauen die Theorie des sozialen Raumes um und übernehmen die Umbauten in ihre Theoriegebäude. Wenn Wahrheit das Umkämpfte ist, dann wäre die Theorie der sozialen Klassen und des Klassenkampfes ein idealer Kandidat für die letzte Wahrheit – was bei allem möglicherweise guten Willen doch ziemlich kontraintuitiv ist. Auf den Punkt gebracht: Wenn die Theorie des sozialen Raumes die letzte Wahrheit ist, dann ist die Vorstellung, dass Wahrheit das Umkämpfte ist, vom sozialen Raum bestimmt. Wenn der Klassenkampf die letzte Wahrheit ist, dann ist die Theorie des sozialen Raumes vom Klassenkampf bestimmt.

Wie modelliert man die Bourdieu$_2$-Soziologie, den Klassenkampf in der Produktionstheorie der Gesellschaft? Naheliegenderweise über die Intentionen: Die Gesellschaft kann hier granular oder nichtgranular sein. Klassenkampf liegt vor, wenn verschiedene Subgesellschaften jeweils Intentionen haben, die unter keinen Umständen zusammen verwirklicht werden können. Die Gesamtgesellschaft ist mit der herrschenden Klasse identisch. Nur die herrschende Klasse aktualisiert ihre Intentionen.

Aber der Widerspruch zwischen dem Umkämpften und dem sozialen Raum als Prätendenten für einen Wahrheitsbegriff ist ja fast langweilig. »La théorie de la pratique entant que pratique rappelle, contre le matérialisme positiviste, que les objets de connaissance sont *construits*, et non passivement enregistrés, et, contre l'idéalisme intellectualiste, que le principe de cette construction est le système des dispositions structurées et structurantes qui se constitue dans la pratique et qui est toujours orienté vers des fonctions pratiques.«[37] Die Objekte der Erkenntnis sind konstruiert, es handelt sich nicht um passive Eindrücke, wobei diese Konstruktion auf dem System von strukturierten und strukturierenden Dispositionen beruht, das in der Praxis gebildet wird. Der dritte Prätendent für den Wahrheitsbegriff ist der Habitus.

Die Bourdieu$_3$-Soziologie ist diejenige des Habitus. Der Habitus ist eine der erfolgreichsten soziologischen Begriffsbildungen aller Zeiten. Man kann auch ohne sozialen Raum und ohne Klassenkampf sehr schön Habitus-Soziologie betreiben. Der Habitus ist das Erzeugungsprinzip der Praxis: »L'habitus est en effet à la fois *principe générateur* des pratiques objectivement classables et *système de classement (principium divisionis)* de ces pratiques.«[38] Die objektiv klassifizierbaren Praxisformen werden vom Habitus generiert. Dem System von Unterschieden im Sozialen entspricht ein System von Unterschieden bei den Merkmalen der Akteure, bei den Gütern, die sie besitzen, und bei ihren Praktiken. Jeder Positionsklasse entspricht eine Habitusklasse. Eine Habitusklasse stellt jeweils auch eine Geschmacksklasse dar. Der Habitus des Inhabers von Gütern ist eine Verhaltensdisposition, die durch Konditionierung entstanden ist, sie bezieht sich auf ein systematisches Ensemble von Gütern und Eigenschaften, die durch Stilaffinität verbunden sind.

Der Habitus ist ein Operator mit zwei Wirkungen. Bourdieu spricht davon, dass der Habitus die intrinsischen und die relationalen Merkmale einer Position in einen einheitlichen Lebensstil rückübersetzt: in ein einheitliches Ensemble der von einem Akteur für sich gewählten Güter, Praktiken und Personen, den sozialen Umgang. Zugleich ist der Geschmack auch der Operator, der Dinge in Zeichen umwandelt: Die Unterschiede der physischen Ordnung werden in Unterschiede der symbolischen Ordnung transformiert. Der Habitus wirkt also in beide Richtungen: Er verwirklicht sich in Beziehung auf bestimmte Positionseigenschaften, aber zugleich verwirklichen sich die Möglichkeiten der Positionen erst über die Aktualisierungen der Dispositionen, die den Habitus ausmachen.

Der Habitus soll einen Ausweg aus mehreren virulenten Dilemmata bieten. Der Frage ›Gesetze oder singuläre Tatsachen?‹ begegnet er mit dem Dispositionsbegriff: Die Disposition eines Individuums ist eine singuläre Tatsache, die Dispositionen von sozialen Klassen gleichermaßen. Aber Dispositionen haben eine gewisse Ähnlichkeit zu Gesetzen: Unter diesen Bedingungen reagiert der Dispositionsträger *immer* auf jene Weise. Man könnte sagen, dass Dispositionen sehr lokale Gesetze sind.

Die in der französischen Soziologie als Folge der Omnipräsenz des Strukturalismus ständig präsente Frage ›soziale Mathematik oder Semiotik?‹ wird mit einem kräftigen *beide* beantwortet: Nachdem das ausführende Prinzip des Habitus der Geschmack ist, kommt die Bourdieu$_3$-Soziologie nicht darum herum, Zeichentheorie zu betreiben, um die groben oder feinen Unterschiede beim Verhalten der Individuen jeweils zuordnen zu können. Zugleich wendet die Bourdieu3-Soziologie sehr viel Statistik an.

Bei diesem Thema sieht man, wie die Zeit vergeht: »On peut voir un dernier indice, mais très sigificatif, de cette opposition dans le fait que les cadres du secteur privé sont nettement plus nombreux (proportionnellement) à posséder chez eux du whisky tandis que les patrons d'industrie et du commerce restent les plus attachés au champagne, boisson de tradition par excellence.«[39] *La distinction* von 1979 enthält tausend solcher Hinweise, vor allem in der Form von deskriptiven Statistiken: Die Lebensgewohnheiten der Franzosen in dieser Dekade werden wirklich erschöpfend beschrieben. Unterkomplex ausgedrückt, sind die Lebensgewohnheiten seither, vor allem bedingt durch die boomende IT, um eine Größenordnung komplexer geworden.

Bei der Frage ›Subjekt oder Objektivismus?‹ weicht der Habitus schlau aus. »Par le ›choix‹ systématique qu'il opère entre les lieux, les événements, les personnes susceptibles d'être *fréquentés*, l'habitus tend à se mettre à l'abri des crises et des mises en question critiques en s'assurant un *milieu* auquel il est aussi préadapté que possible, c'est-à-dire un univers relativement constant de situations propres à renforcer ses dispositions en offrant le marché le plus favorable à ses produits.«[40] Der Habitus schafft sich ein Milieu, an das er so weit wie möglich angepasst ist und das seine Dispositionen verstärkt, also ihn selbst bestärkt.

Der Habitus ist bemüht, gleichermaßen Distanz vom Subjekt wie vom Objektivismus zu halten. Das Bewusstsein spiele keine übermäßige Rolle: Dispositionen würden häufig bewusstseinsunabhängig konditioniert und ebenso häufig ohne Bewusstsein aktiviert. Ein Subjekt ohne Bewusstsein ist nicht denkbar. Gegen den Objektivismus wird der Habitus dann doch explizit: Er stehe den Vorstellungen, dass Gesellschaft nichts anders als eine Struktur – Lévi-Strauss – und dass der Handelnde Träger einer unbewussten Struktur – Jaques Lacan und Louis Althusser – sei, feindlich gegenüber. Der Habitus versteht sich sowohl als Erzeugungs- wie auch als Ordnungsgrundlage für Vorstellungen und Praktiken, die objektiv an ein Ziel angepasst sein können, obwohl ein bewusstes Anstreben von Zwecken nicht vorliegt und eine Beherrschung der zur Erreichung der Zwecke notwendigen Operationen nicht vorausgesetzt ist. Der Habitus führt zu einer Abstimmung von Vorstellungen sowie Praktiken und damit zu einer Spielart von Regelmäßigkeit und Objektivität, ohne dass diese Abstimmung jedoch das Ergebnis der Einhaltung von Regeln oder die Folge einer Hierarchie wäre.

Wenn man den Habitus als Grundbegriff wählt, entscheidet man sich unwiderruflich dafür, die Gesellschaft als aus Individuen zusammengesetzt zu sehen. Denn der Habitus ist eine individuelle Disposition. Es macht keinen Sinn, etwa Corporate Identity als eine Art von Habitus zu betrachten. Das bedeutet für die Modellierung der Bourdieu$_3$-Soziologie in der Produktionstheorie der Gesellschaft: Jedem Individuum ist eine individuelle Produktionsfunktion zuzuordnen, welche die mit dem Habitus gemeinten Dispositionen verkörpert. Die Ergebnisse der individuellen Produktionsfunktionen sind die entsprechenden Güter, Praktiken und der soziale Umgang, die zusammen den Habitus ausmachen. Die entsprechenden Gesellschaften sind immer granular.

Eine wichtige Frage der Bourdieu$_1$-Soziologie muss noch behandelt werden. Sie führt zur Bourdieu$_4$-Soziologie. Wer oder was legt die Besetzung der Koordinaten im sozialen Raum fest? Nicht der Soziologe oder die Soziologin, die konstatieren nur, welche Koordinaten besetzt sind und wie sich die Besetzung verändert. Verhaltensdispositionen und realisiertes Verhalten, die Praxis, sind das Ergebnis von Konditionierungsprozessen. Aber es scheint so, als ob der Verfechter der reinen Unterschiede entweder an seine Unterschiede nicht wirklich glaubt oder als ob er sich strategisch absichert, gegen den Player Subjekt. Ist das ein Analogon zur Pascal'schen Wette, gemäß deren es sinnvoll ist, an Gott zu glauben, weil die Seligkeit im Falle seiner Existenz unendlich groß ist? Entscheidend dafür, ob man zu einem Feld als Teilraum des sozialen Raumes gehört, ist der Glaube: »La foi pratique est le droit d'entrée qu'imposent tacitement tous les champs, non seulement en sanctionnant et en excluant ceux qui détruisent le jeu, mais en faisant en sorte, pratiquement, que les opérations de sélection et de formation des nouveaux entrants (rites de passage, examens, etc.) soient de la nature à obtenir qu'ils accordent aux présupposés fondamentaux du champ l'adhésion indiscutée, préréflexive, naïve, native, qui définit la doxa comme croyance imaginaire.«[41] Der Glaube ist das Eintrittsgeld, das alle Felder fordern. Spielverderber, die sichtlich nicht glauben, werden bestraft und ausgeschlossen.

Der Glaube an das Feld und der Glaube im Feld soll jedoch weder ein Gemütszustand noch eine willentliche Anerkennung von Dogmen, Gesetzen, Regeln oder Lehren sein. Der Feld-Glaube ist ein Zustand des Leibes. Die Körperhaltung, die Art der Körperbewegung, die Weise des Redens ist und damit das Fühlen und Denken sind vom Feld bestimmt. Der Leib stellt ein unmittelbares Verhältnis zwischen dem Habitus und dem Feld her: »La croyance pratique n'est pas un ›état d'âme‹, […] mais, si l'on permette l'expression, un état de corps.«[42] Der Leib *ist* die Anerkennung des Feldes. Motorische Schemata und automatische Körperreaktionen bilden die Grundlage eines Alltagsverstandes, der gesellschaftliche Notwendigkeiten verkörpert. Der entsprechende praktische Sinn besteht aus quasileiblichen Dispositionen und operativen Schemata. Bourdieu führt hier die *cogitatio caeca vel symbolica* von Leibniz an. Die ist allerdings weniger leiblich und mehr geistig: Leibniz meint damit Tricks und Kunstgriffe des Denkens sowie rhetorische Verfahren, die ohne Ansehung eines Wahrnehmungsinhalts oder überhaupt eines vorgestellten Inhalts bestimmte Eigenschaften von Kontexten auf andere Kontexte übertragen. Bourdieu geht es jedoch nicht um Metaphern im Denken oder Sprechen, sondern um praktische Metaphern, deren Vehikel das Handeln ist. Die Handelnden müssen keineswegs genau wissen, was ihre Handlungen bedeuten. Ihr Tun hat mehr Sinn, als sie selber denken. Der Soziologe und die Soziologin sind dazu da, den Sinn zu erkennen. Die Handelnden müssen nicht wissen, was sie tun. Es genügt, dass die Soziologen und Soziologinnen das wissen.

Die Bourdieu$_4$-Soziologie ist eine Entsatz-Strategie für die Bourdieu$_3$-Soziologie. Der Habitus behauptet, der Versuch, ein menschliches Leben als einmalige und klar abgegrenzte Folge von Ereignissen zu verstehen, deren Zusammenhang in der Verbindung mit einem Subjekt besteht, sei absurd. Was üblicherweise als biographische Ereignisse gefasst werde, sei als Platzierungen und Platzwechsel im sozialen Raum zu definieren. Die Richtung der Bewegung, die von einer Position zur anderen führe, bestimme sich aus der objektiven Relation zwischen der Richtung dieser Positionen zum betreffenden Zeitpunkt innerhalb des gerichteten Raumes.

Wenn das Leben eine Abfolge von Positionen ist, wer fasst warum welche Positionen zusammen? Wer trennt zwischen dieser und jener Abfolge von Positionen? Wer legt fest, welchen sozialen Lebensläufen welche Reihen von chronologisch geordneten Determiniertheiten entsprechen? Der Leib. »Le corps croit en ce qu'il joue: il pleure s'il mime la tristesse. Il ne répresente pas ce qu'il joue, il ne mémorise pas le passé, il *agit* le passé, ainsi annulé en tant que tel, il le revit.«[43]

Bourdieu schreibt, der Habitus erfülle eine Funktion, die in einer anderen Philosophie dem transzendentalen Bewusstsein überlassen werde: Er sei ein sozialisierter Körper, ein strukturierter Körper, ein Körper, der sich die immanenten Strukturen einer Welt oder eines bestimmten Sektors dieser Welt, eines Felds, einverleibt habe und die Wahrnehmung dieser Welt und auch das Handeln in dieser Welt strukturiere. Man könnte genauso gut sagen: Das Subjekt ist ein sozialisierter Körper, ein strukturierter Körper, ein Körper, der sich die immanenten Strukturen einer Welt oder eines bestimmten Sektors dieser Welt, eines Felds, einverleibt hat und die Wahrnehmung dieser Welt und auch das Handeln in dieser Welt strukturiert. Weil man – Bourdieu – das aber nicht sagen möchte, verankert man den Habitus im Leib, wobei der Glaube den Anker und die Ankerkette bildet.

17
Die Naturwissenschaften als Sehnsuchtsplanet?

Ohne soziale Einheiten geht gar nichts. Es macht schlicht keinen Sinn, kognitive Inhalte ausschließlich isoliert oder allein den Zusammenhang von kognitiven Inhalten zu betrachten. Wir wollen vom Social Index sprechen. Der Begriff Social Index meint hier nicht eine gewichtete Summenzahl wie etwa einen Aktienindex. Social Index bedeutet einfach: Jeder kognitiven Aktivität wird eine soziale Einheit oder werden mehrere soziale Einheiten zugeordnet. Damit wird nicht automatisch behauptet, dass die in Frage stehende soziale Einheit den kognitiven Inhalt generiert, und es ist damit keine Aussage verbunden, welche Rolle der kognitive Inhalt für die Einheit spielt. Insbesondere bedeutet der Social Index in keiner Weise eine Stellungnahme zugunsten des Konstruktivismus, nach dem Individuen die Wirklichkeit konstruieren. Wenn *alle* Akteure – Einzelne, Gruppen, computerisierte Entscheider – einer Meinung sind, kann man dann den Social Index weglassen?

Wenn alle Akteure einer Meinung sind, dann herrscht Gewissheit. In keiner Wissenschaft oder Praxis sind Gesetze Selbstzweck. Der Hauptzweck von Gesetzen ist Gewissheit. Wenn die Verhältnisse Gesetzen gehorchen, dann fallen viele Zweifel weg. Stilbildend ist hier Ludwig Wittgensteins *Über Gewißheit*: »Aber mein Weltbild habe ich nicht, weil ich mich von seiner Richtigkeit überzeugt habe; auch nicht, weil ich von seiner Richtigkeit überzeugt bin. Sondern es ist der überkommene Hintergrund, auf welchem ich zwischen wahr und falsch entscheide.«[44] Die spezifische Version von

Gesellschaft, die Wittgenstein anbietet, ist das Sprachspiel: Das Sprechen der Sprache ist eine Lebensform, unser aller Lebensform ist das Sprechen der Sprache. »Du musst bedenken, daß das Sprachspiel sozusagen etwas Unvorhersehbares ist. Ich meine: Es ist nicht begründet. Nicht vernünftig (oder unvernünftig). Es steht da – wie unser Leben.«[45] Die Wittgenstein-Gewissheit ist die Idee des gesellschaftlichen Hintergrunds, der ungenannt bleibt, weil er so selbstverständlich ist.

Die Wittgenstein-Gewissheit ist jedoch nicht anwendbar für Gesellschaften, die einander begegnen. In dem Ausmaß, in dem die Individuen ständig größere physische Entfernungen zurücklegen konnten, kamen sie in Situationen, deren gesellschaftlicher Hintergrund sich von dem jeweils gewohnten unterschied. Sehr verschiedene Götter begegneten einander. Sehr verschiedene Gesellschaften trafen aufeinander. Bei den intelligenten Individuen war das Ergebnis ein persönlicher Relativismus, ein Stock Picking von kognitiven Inhalten. Aber das ging nicht auf der Ebene der Gesellschaften, die – man muss fast sagen: logischerweise – auf der Alleinexistenz ihrer Götter und der Alleingültigkeit ihrer Normen bestanden. Die Normen und die Götter wurden und werden mit Verboten verteidigt. Sind die kognitiven beziehungsweise ökonomischen Ressourcen gering, kommt es zu rigiden Verboten. Das sind allerdings lediglich hinreichende und keine notwendigen Bedingungen, siehe in der Gegenwart Saudi-Arabien und den Puritanismus mit Abtreibungsverbot in den USA. Unabhängig von der Begegnung verschiedener Gesellschaften gab und gibt es immer wieder Individuen – wie Galilei –, die aus ihrer Gesellschaft heraus etwas anderes erdenken, die am »überkommenen Hintergrund« zweifeln.

Die Situation der Gegenwart, in der die Individuen die physische Überwindung von Entfernungen durch das Internet substituieren können, ist der früheren Vernetzung des Planeten durch Reisen strukturell verwandt. Der physische Unterschied besteht darin, dass sich der Leib nicht mehr bewegt, nur der Geist. Der epistemische Unterschied ist die fortgeschrittene gesellschaftliche Differenzierung: Der Internet-Reisende kommt nicht aus einer Gesellschaft, sondern aus vielen Subgesellschaften, er ist Opernliebhaber oder Trip-Hop-Fan etc., und er reist nicht zu einer einzigen anderen Gesellschaft, sondern zu einem Bündel von anderen Gesellschaften. Dabei ergibt sich für das Individuum häufig ein verschärfter Relativismus. Die Wittgenstein-Gewissheit ist selbst das Produkt eines ganz bestimmten lokalen gesellschaftlichen Hintergrunds, den Allan Janik und Stephen Toulmin in ihrem Buch *Wittgenstein's Vienna* einfühlsam beschreiben. Ob Wittgenstein zu den Individuen gehört, die am überkommenen Hintergrund zweifeln, ist eine Frage der Interpretation. Janik und Toulmin favorisieren eine negative Antwort auf die Frage.

White und Latour behandeln allgemeine Eigenschaften ihrer Netzwerke. Dabei gehen sie weit über das Anekdotische hinaus, aber sie nehmen deutlich Abstand davon, so etwas wie generelle soziale Gesetze zu formulieren. Luhmann verfährt analog mit seinen Systemen. Er breitet zahlreiche *mögliche* Gesetze für Systeme aus. Aber er legt sich nicht fest, inwieweit diese Gesetze über die aufgeführten Beispielsfälle hinaus Geltung besitzen. Eine Ausnahme bildet allein die gesellschaftliche Differenzierung. Bourdieu ist weit kühner: Er nimmt für seine Soziologien Gesetzesstatus in Anspruch. In jedem Falle sind jedoch Gesetze in der Sozialtheorie der Gegenwart ein knappes Gut. Das gängige Narrativ lautet: Die Verhältnisse sind maximal komplex, weil Sozialtheorie mit allen Facetten des Menschseins zu tun hat. Wären die Dinge weniger komplex – ein ziemlich irrealer Irrealis –, wären Gesetze möglich.

Im Bewusstsein der nicht religiösen Teile westlich orientierter Gesellschaften ist mittlerweile verankert, dass ganz allgemein nicht triviale Gewissheiten selten sind. Die moderne und nachmoderne Gewissheitsidee ist stark ökonomisch eingefärbt: Gewissheit ist machbar. Auch wenn man sie nicht erreichen kann, so kann man ihr doch mit kognitivem und finanziellem Aufwand nahekommen. Dieser Gedanke, der probabilistisch oder nicht probabilistisch umgesetzt werden kann, ist eine der regulativen Ideen für die gegenwärtigen Gesellschaften. Die Vorstellung der Machbarkeit von Gewissheit ist häufig mit der positionsbezogenen Phantasie verbunden, dass es dort mehr Gewissheiten gibt, wo man sich selbst nicht auskennt. Hier spielen, insbesondere von den Geisteswissenschaften aus gesehen, die exakten Wissenschaften nach wie vor die Rolle eines Sehnsuchtsplaneten. Es ist sinnvoll zu hinterfragen, ob die Bedingungen auf diesem Planeten tatsächlich so paradiesnah sind.

Ohne Zweifel gibt es die meisten Gewissheiten in der Mathematik. Dabei handelt es sich keineswegs nur um gesetzmäßige Zusammenhänge. Mit Hilfe der modernen IT werden jede Menge gewissermaßen empirischer mathematischer Tatsachen entdeckt – ob eine Zahl eine Primzahl ist oder nicht, ist nicht die Frage eines Gesetzes. Aber die mathematischen Gewissheiten, gleich welcher Art, stehen mit den nicht mathematischen Situationen, über die man sich uneinig ist, wenn überhaupt, nur in höchst lockeren Verbindungen.

Der erste Kandidat für Gewissheiten sind universelle Gesetze. Dabei handelt es sich um Gesetze, die für eine Vielfalt von Systemen gelten, unabhängig von den spezifischen Gesetzen, die diese Systeme regieren. Aber diese Definition erfüllen eigentlich nur das Gesetz der großen Zahlen, der Zentrale Grenzwertsatz und die Gesetze der Thermodynamik.

In der gebotenen, notwendig verunstaltenden Kürze: Wird ein Zufallsexperiment unter unveränderten Rahmenbedingungen wiederholt durchgeführt, nähern sich nach dem Gesetz der Großen Zahlen die relativen Häufigkeiten der Ergebnisse den theoretischen Wahrscheinlichkeiten an. Das Gesetz der Großen Zahlen ermöglicht etwa Wahlprognosen auf der Basis von Wählerumfragen. Der Zentrale Grenzwertsatz besagt, dass die Summe unabhängiger Zufallsvariablen mit endlicher und positiver Varianz annähernd der Normalverteilung folgt. Der Satz gilt für Messgrößen, die durch viele voneinander unabhängige und zufallsbestimmte Komponenten beeinflusst werden. So treten etwa die Geschwindigkeiten von Teilchen in einer bestimmten Richtung in großen physikalischen Systemen, die Körpergröße und das Gewicht von Tierarten, aber auch Verkehrsunfälle mit Häufigkeiten auf, deren Modell die Gauß'sche Glockenkurve ist.

Der Zentrale Grenzwertsatz und das Gesetz der Großen Zahlen sind universell anwendbar. Aber: Eigentlich möchte man lieber andere Gesetze anwenden. Gesetze, die weniger umfassend sind, die jedoch die jeweiligen Systeme genauer erfassen. Mehr als alles andere sind das Gesetz der großen Zahlen und der Zentrale Grenzwertsatz Modi, um mit Unwissenheit umzugehen. Zwischen dem Zweiten Hauptsatz der Thermodynamik – wir haben ihn im Anschnitt über die Zeit behandelt – und den genannten probabilistischen Gesetzen besteht eine auffällige strukturelle Ähnlichkeit: Auch die Thermodynamik verkörpert letztlich die Unwissenheit darüber, was im Einzelnen in dem geschlossenen System passiert.

Wie sieht es mit Gewissheiten in Bezug auf unsere weitere physikalische Umgebung aus? Nach gegenwärtiger Schätzung ist das Universum 13,8 Milliarden Jahre alt. Im sichtbaren Universum gibt es zwei Billionen Galaxien, die Durchschnittsgalaxie enthält 100 Millionen Sonnen, macht 200.000.000.000.000.000 Sterne. Sofort nach dem Urknall kam es zur sehr kurzen Phase der kosmischen Inflation: Innerhalb des Intervalls von 10^{-36} bis 10^{-32} Sekunden nach dem Urknall dehnte sich das Universum ungeheuer aus. Danach verlangsamte sich die Ausdehnungsgeschwindigkeit mit der gleichen Dramatik, die dem Urknall eignete. Seit etwa sechs Milliarden Jahren beschleunigt sich die Ausdehnung des Alls wieder. Das Universum dehnt sich nicht dort aus, wo sichtbare Materie konzentriert ist, die Abstände zwischen den Atomen und Molekülen werden nicht größer. Doch die Abstände zwischen den Galaxienhaufen werden größer. Bis jetzt sind alle Betrachtungen auf großer Skala damit vereinbar, dass das Universum homogen – das Universum sieht für alle Beobachter gleich aus – und isotrop – in welche Richtung ein Beobachter blickt, er sieht immer die gleichen Strukturen – ist.

Doch wir sehen nur einen Ausschnitt. Alles spricht dafür, dass wir niemals wissen können, wie groß das Universum ist. Ohne die Ausdehnung gäbe es einen einfachen Zusammenhang: Die Entfernung des Horizonts wäre gleich dem Weltalter seit dem Urknall multipliziert mit der Lichtgeschwindigkeit von knapp 300.000 Kilometern pro Sekunde. Der Radius des von unserer Position aus sichtbaren Alls würde 13,8 Lichtjahre betragen. Tatsächlich sehen wir jedoch viel weiter. Das Licht kann nicht schneller sein, aber es wird von dem expandierenden Raum gewissermaßen mitgenommen. Ferne Galaxien entfernen sich sogar mit Überlichtgeschwindigkeit von unserer Milchstraße. Der optische Rand des Universums ist für unsere Position 45,6 Millionen Lichtjahre entfernt. Wir registrieren die kosmische Hintergrundstrahlung aus einer Zeit, in der das Universum nur 42 Millionen Lichtjahre groß war. Auch wenn wir nicht hinter den ›Vorhang‹ der Hintergrundstrahlung blicken können, erreichen uns mit Neutrinos und Gravitationswellen Informationen aus der Zeit davor, so dass der Radius des effektiven Partikelhorizonts 46,6 Milliarden Lichtjahre beträgt. Weil sich das Universum ausdehnt, werden wir in Zukunft in eine größere Entfernung sehen können. Der Radius des größtmöglichen Partikelhorizonts beträgt etwa 62 Milliarden Lichtjahre. Licht von noch weiter entfernten Galaxien wird uns niemals erreichen. Unter der Voraussetzung, dass das Universum nicht kollabiert, wofür es keine Anzeichen gibt.

Geht es hinter dem Ereignishorizont unendlich weiter oder nicht? Die Antwort hängt von der Gesamtkrümmung des Weltraums ab. Nach den neuesten Messungen ist sie nahezu flach, der Wert liegt beim Euklidischen Grenzfall zwischen einem geschlossenen, endlichen, in sich gekrümmten und einem offenen, unendlichen Universum. Wenn es bei diesem Messwert bleibt, ist die Frage nach der Endlichkeit oder Unendlichkeit des Universums nicht zu beantworten.

Universelle Gesetze sind nicht der einzige Weg zu Gewissheit. Kandidaten für Gewissheiten sind auch singuläre Gesetze wie Naturkonstanten, etwa die der Lichtgeschwindigkeit, oder singuläre Tatsachen, wer ist gerade Bundeskanzler etc. Für singuläre Tatsachen stellt sich regelmäßig eine von zwei Fragen: Was nützen Gewissheiten über singuläre Tatsachen, wenn man mit den Tatsachen nichts weiter anfangen kann? Kann man dagegen die Tatsachen in einem Kontext verwenden: Wie organisiert man sie? Singuläre Gesetze wie Naturkonstanten verdanken ihre Prominenz häufig der Rolle, die sie in größeren theoretischen Zusammenhängen spielen. In diesem Fall wird die Organisation durch ebendiese Zusammenhänge besorgt. Nimmt man universelle Gesetze oder die Nähe zu solchen als alleinigen Maßstab, bildet Gewissheit ein äußerst knappes Gut. Berücksichtigt man die singulären Tatsachen, ist die dann sehr große Menge von Gewissheiten zum allergrößten Teil völlig nutzlos.

Vor der modernen IT bestand die ideale wissenschaftliche Vorgangsweise darin: Man versuchte, universelle Gesetze zu finden, welche die singulären Tatsachen und alle singulären Gesetze regieren. Bei geringer informationsverarbeitender Kapazität waren Gesetze die einzige Möglichkeit, singuläre Tatsachen effektiv zu organisieren. Die Notwendigkeiten der Lebenswelt gaben vor, welche Arten von singulären Tatsachen Priorität haben sollten. Es sollte nur zwei kognitive Entitäten geben: Gesetze und Tatsachen.

Der kognitive und finanzielle Aufwand für den Umgang mit singulären Tatsachen durch IT ist drastisch gesunken. Singuläre Tatsachen können durch automatische Prozeduren gefunden beziehungsweise festgestellt werden. Bleiben wir bei der Musil'schen Nomenklatur. Automatische Prozeduren können jede Menge Relationen und Funktionen etablieren. Es wäre falsch zu sagen, die Musil'sche Auflösung setzte sich dahingehend fort, dass sich die Relationen und Funktionen gleichfalls auflösten. Das ist schlecht möglich, weil man die Begriffe Relation und Funktion immer präzise definieren kann. Vielmehr besteht die Bewegung darin, dass sich einerseits die Relationen und Funktionen in weitere Relationen und Funktionen aufspalten und dass andererseits ständig neue Relationen und Funktionen dazukommen, die sich gerade nicht aus bereits vorhandenen ergeben. Es ist uninteressant, alle Ressourcen in die Produktion von singulären Tatsachen und Gesetzen zu stecken. Es ist interessant, die Ressourcen in die Produktion von Relationen und Funktionen und in die Ordnung derselben – was natürlich wiederum Relationen und Funktionen bedeutet – zu investieren. In der Gegenwart sind die Gesetze durch Populationen von Relationen und Funktionen abgelöst. Diese Populationen werden zu singulären Tatsachen ins Verhältnis gesetzt. Dabei entwickeln sich die Funktionen und Relationen zunehmend unabhängiger von den singulären Tatsachen.

Hier bildet die theoretische Physik die unbestrittene Avantgarde. Eine Gruppe von Kosmologen und Kosmologinnen betrachtet bestimmte mathematisch beschreibbare Universen und setzt sie an die Stelle des klassischen Universums, das alles das enthalten sollte, was physikalisch irgendwo, irgendwann existiert. Das Multiversum wird von parallelen Welten gebildet, zwischen denen es in der Regel keine raumzeitlichen Wechselwirkungen in dem Sinn gibt, dass ein Ereignis in einer Welt unmittelbar ein anderes Ereignis in einer anderen Welt beeinflusst. Die ewige Inflation geht etwa davon aus, dass es nicht nur einen Urknall gegeben hat. Unendlich viele Universen bilden sich wie Gasblasen in kochendem Wasser. Die Naturgesetze und Naturkonstanten in den verschiedenen Blasen können völlig unterschiedliche und andere sein. Egal ob sich die einzelnen Universen ausdehnen oder ob sie in sich zusammenstürzen, das inflationierende Multiuniversum kommt nie zu einem Ende. Dieses Szenario legt nahe, dass alle physikalischen Bedingungen, die überhaupt möglich sind, irgendwo und irgendwann realisiert werden.

Die Schrödinger'sche Wellenfunktion als Kern der Quantenmechanik beschreibt den Zustand eines Systems, aber es ist kein Messverfahren denkbar, mit dem die Wellenfunktion selbst zu beobachten wäre. Aus der nicht beobachtbaren Wellenfunktion lassen sich jedoch Wahrscheinlichkeiten für Beobachtungen ableiten. Nach der auf Hugh Everett zurückgehenden Many-Worlds-Interpretation der Quantenmechanik werden die Welten unaufhörlich mehr, weil sich jede Welt in verschiedene Welten verzweigt. Mit jedem Messvorgang im Mikrobereich spaltet sich die Welt in so viele Welten auf, wie es mögliche Messergebnisse gibt. Nur dem Beobachter, der in einer Welt beziehungsweise in einem Ast der sich verzweigenden Welten bleiben muss, erscheint es so, als ob sich in dem beobachteten physikalischen Mikrosystem zunächst mehrere Zustände ununterscheidbar überlagern und als ob erst der Messvorgang das System dazu bringt, einen eindeutigen Zustand anzunehmen. Die Many-Worlds-Interpretation stellt die heutige Orthodoxie dar: Eine Umfrage unter forschenden Quantenphysikern und -physikerinnen ergab, dass eine deutliche Mehrheit der Many-Worlds-Interpretation anhängt. Die Wellenfunktion funktioniert hervorragend als Werkzeug. Muss man das Werkzeug verstehen? Viele Physiker und Physikerinnen beantworten die Frage negativ.

Die Stringtheorie fasst Materie als Anregungsformen eindimensionaler Strings auf, als ›Schwingen‹ von ›Saiten‹. Die Strings haben lose Enden oder sind kreisförmig geschlossen, sie strecken, kringeln, teilen sich oder verschmelzen miteinander. Ursprünglich wurde die Stringtheorie für die Beschreibung der starken Wechselwirkung entwickelt. Daraus entstand das Projekt einer vereinheitlichenden Beschreibung aller Naturkräfte. Dafür muss die Stringtheorie sechs oder sieben beziehungsweise acht – gemäß der F-Theorie – zusätzliche Raumdimensionen annehmen, die winzig klein und aufgerollt sind. Es gibt – bei Zugrundelegung des Type-II B-Sektors – zwischen 10^{100} und 10^{1500} mathematische Möglichkeiten, wie dieser Kompaktifizierungsvorgang erfolgen könnte. Einer Untermenge von etwa 10^{500} Stringvakuumzuständen entsprechen Universen mit Naturgesetzen und Naturkonstanten, die eine Inflation nach dem Urknall zulassen. Das Szenario wird als Stringlandschaft bezeichnet. Nach der Ansicht einiger Stringtheoretiker steckt in den zusätzlichen Raumdimensionen Energie, welche die Inflation antreibt. Wenn irgendwo in der Stringlandschaft die Inflation startet, ist sie nicht mehr zu stoppen. Alle Stringvakuumzustände werden ›bevölkert‹, es soll alle 10^{500} Universen geben, und auch noch unendlich oft. Die Many-Worlds-Interpretation und die Stringlandschaft schließen sich gegenseitig aus, da die verschiedenen Universen bei Many Worlds nicht wechselwirken.

Eine Konkurrenz zu den Saiten der Stringtheorie ist das quantenmechanische Spin-Netzwerk der Schleifenquantengravitation. Diese schließt beliebig kleine Größen kategorisch aus, sowohl der Raum als auch die Zeit bestehen aus elementaren Einheiten. Stringtheorie wie Loop Quantum Gravity sind relativistisch. Ausgangspunkt der Stringtheorie ist die Quantenfeldtheorie des Standardmodells der Teilchenphysik, während die Schleifenquantengravitation durch den Denkansatz der Allgemeinen Relativitätstheorie geprägt ist. Für die Verfechter der Schleifenquantengravitation hat die Gültigkeit der Allgemeinen Relativitätstheorie Priorität. Die Stringtheoretiker räumen der Vereinigung der Kräfte des Standardmodells den Vorrang ein.

Was das Verhältnis der Relationen und Funktionen zu singulären Tatsachen betrifft: Es gibt – bis jetzt – keine einzige singuläre Tatsache, die einen Grund dafür darstellen könnte, an die Stelle des einen Universums das Multiversum, die vielen Welten der Many-Worlds-Interpretation oder die Stringlandschaft zu setzen. Die Stringtheorie wie die Schleifenquantengravitation sind weit davon entfernt, Konsens unter den Physikern und Physikerinnen zu sein. Auch hier gilt: Es existiert keine singuläre Tatsache, die einen Grund für eine Entscheidung zwischen der Stringtheorie und der Schleifenquantengravitation liefern könnte.

Die Popper'sche Doppelforderung, dass Theorien falsifizierbar sein müssen und dass Wissenschaftler und Wissenschaftlerinnen proaktiv versuchen sollen, Theorien zu falsifizieren, stammt aus einem Zeitalter, in dem die Währungen noch Golddeckung aufwiesen. Das strategische Ziel Poppers war monolithische Gewissheit: Die nicht zu falsifizierenden Theorien sollten ein Korpus bilden, gegen das keine Einwände mehr möglich sind. Tatsächlich ist die Gewissheit in den Naturwissenschaften nicht monolithisch, sondern verteilt. Die Scientific Community der Physiker und Physikerinnen besteht aus zahlreichen Subcommunities, die sehr unterschiedliche Gewissheiten verwalten. Falsifizierungen von Theoriebestandteilen kommen, wenn überhaupt, nur innerhalb von Subcommunities vor. Niemand erfindet eine naturwissenschaftliche Theorie, um sie zu falsifizieren. Als Reaktion auf begriffliche oder empirische Probleme modifizieren Theorieerfinder ihre Theorien so lange, bis ihnen niemand mehr folgt.

Der Zusammenhang zwischen den Subcommunities ist dabei viel lockerer, als es die Außenwahrnehmung nahelegt. Zwar gibt es einen gemeinsamen Grund, auf dem sich etwa der Stringtheoretiker und der Anhänger oder die Anhängerin der Schleifenquantengravitation treffen. Aber dieser Grund ist schmal. In der Regel beschränken sich die gemeinsamen Überzeugungen auf bestimmte singuläre Tatsachen, etwa die Werte von Naturkonstanten. Über methodische Prinzipien wird höflich und manchmal auch weniger höflich gestritten:

Die Anhänger und Anhängerinnen der Schleifenquantengravitation finden die Phantastilliarden, welche die Stringlandschaft ausmachen, lächerlich. In der Kosmologie ist der gemeinsame Grund noch schmaler: Die Verfechter des *einen* Universums sprechen dem Multiuniversum die Eigenschaft ab, dass es sich dabei um Wissenschaft handelt.

Gewissheiten werden jedoch nicht allein von den Scientific Communities und den Schulbildungen verwaltet. Es ist die Gesamtgesellschaft, die über die Finanzierung von Universitäten, Forschungsgesellschaften und Forschungsprojekten entscheidet. Repräsentanten der Gesamtgesellschaft sind hier die von Forschergremien beratenen politischen Entscheidungsträger. Mit dem Large Hadron Collider bei Genf soll das Standardmodell der Teilchenphysik überprüft und ausgebaut werden. Das jährliche Budget beträgt etwa eine Milliarde Dollar. Die Baukosten eingerechnet, betrugen die Kosten für den Nachweis des Higgs-Bosons im Jahr 2012 13,35 Milliarden Dollar.

Das Higgs-Boson verleiht den anderen Elementarteilchen Masse. Ohne das Higgs-Boson beschreibt das Standardmodell eine fiktive masselose Mikrowelt. Die Existenz des Higgs-Bosons wurde in den sechziger Jahren des vorigen Jahrhunderts von mehreren Forschern unabhängig vorhergesagt. Ende der fünfziger Jahre wurden die Neutrinomassen und 1973 die Top- und Bottom-Quarks vorhergesagt, deren Existenz 1977 und 1995 nachgewiesen wurde. Der LHC ging 2008 in Betrieb. Seit 1973 gab es keine neue positive Voraussage, die mit Hilfe des LHC oder seiner Vorgänger bestätigt worden wäre. Zugleich haben jedoch Experimente mit negativem Ausgang eine größere Anzahl von vorgeschlagenen Hypothesen widerlegt. Das war nicht das Ziel der Experimente, aber die Urheber der Experimente haben sich dem ›Urteil‹ des LHC unterworfen.

Richard Dawid führt in *String Theory and Scientific Method* zwei Argumente an, die den Science-Fiction-Status der

Stringtheorie relativieren sollen. Die schließlich verifizierte Atomtheorie wurde über Jahrhunderte propagiert, ohne dass damit eine Strategie der empirischen Bestätigung verbunden gewesen wäre. Dawid vertritt die Auffassung, dass physikalische Theorien *immer* in Bezug auf empirische Evidenz unterdeterminiert seien und dass die Unterdeterminierung *grundsätzlich* die Beurteilung der empirischen Daten beeinflusse. Als Beispiel dient ihm die Beobachtung des Higgs-Bosons im LHC: Damit der Nachweis als solcher zählt, müsse der Theoretiker oder die Theoretikerin die Möglichkeit ausschließen, dass eine völlig neue und andersartige Theorie die Ergebnisse des Experiments genauso gut erklärt wie das Standardmodell. Die Unterdeterminierung gehe nicht nur im Fall der Stringtheorie, sondern auch im wissenschaftlichen ›Normalfall‹ in die Beurteilung der empirischen Adäquatheit von Theorien ein.

In den Geisteswissenschaften geht gar nichts ohne Social Index. Weil das Galileo-Paradigma scheinbar einsam und allein stand, haben ältere Wissenschaftsphilosophien den Social Index für die Naturwissenschaften als verzichtbar eingestuft und auf diese Weise die Naturwissenschaften von den Geisteswissenschaften abgegrenzt: Wenn man den Social Index weglassen könne, dann sei es eine Naturwissenschaft. Könne man nicht auf ihn verzichten, sei es eine Geisteswissenschaft. Aber man kann auch für die Naturwissenschaften nicht auf den Social Index verzichten.

In den Geisteswissenschaften ist die Abgrenzung der Subcommunities deutlich schwieriger als in den Naturwissenschaften. Der deutsche Idealismus, das ist Kant, Schelling, Fichte und Hegel. Aber die Bezeichnung ist reine Außenwahrnehmung: Die Betroffenen wären nicht auf den Gedanken gekommen, Mitglieder einer Gruppe oder gar einer Gemeinschaft zu sein. Wie hoch der Grad der theoretischen Kohäsion der idealistischen Philosophen ist – das ist eine eigene philosophische Frage. Im Falle der Kritischen Theorie mit den Hauptvertretern Adorno, Horkheimer und Marcuse war dagegen der innere Zusammenhalt so groß, dass Adorno und Horkheimer die Berufung von Golo Mann auf einen Lehrstuhl der Goethe-Universität in Frankfurt mit allen Mitteln – der Anprangerung der damals strafbaren Homosexualität Golo Manns – verhindert haben.

Geisteswissenschaftliche Inhalte sind in hohem Maß selbstreferenziell. Es muss eine Praxis oder eine Instanz geben, die das Subjektive verwaltet: Das sind die Geisteswissenschaften. Da die Geisteswissenschaften so viel Subjektives an sich haben, muss der möglichen Gefahr, dass ein Einzelner alles zunichtemacht, etwas entgegenwirken: Das ist die Selbstreferenz. Selbstreferenz ist ein Schutz gegen Zerstörung, aber auch gegen Verdünnung und Vergehen.

Wir sind das Gewissheitsproblem ausgehend von Kandidaten für Gewissheiten angegangen, und wir sind bei der Gesellschaft und ihren Subgesellschaften gelandet. Man kann auch andersherum vorgehen: Man fasst Gewissheiten als Überzeugungen, die möglichst viele Individuen beziehungsweise Gruppen hegen. Aber es sind niemals *alle* einer Meinung. Man kommt um die Gesellschaft und ihre Subgesellschaften nicht herum. Will man in den Musil'schen Relationen und Funktionen Ordnung schaffen, muss man die Elemente mit einem Social Index versehen.

18
Constraints

Ohne Regelmäßigkeiten geht es nicht. Das müssen aber nicht gleich universale Gesetze sein, die entweder sehr selten sind oder doch nicht universal. Die relationale Produktionstheorie tut sich leicht mit der Darstellung von Regeln. Es gibt keinen Zwang, zwischen Regeln, Regelmäßigkeiten und Gesetzen zu unterscheiden. Vor allem: Da ist keine Drift in Richtung einer Universalität, die nicht eingelöst werden kann. Die relationale Produktionstheorie erfasst Regelmäßigkeiten mit dem Begriff des Constraints.

Der Begriff der Regel macht nur dann Sinn, wenn tatsächlich auch gegen die Regel verstoßen wird oder wenn zumindest hypothetisch gegen die Regel verstoßen werden kann. Wird eine Regel ausnahmslos eingehalten, ist es das Gleiche, als wenn es die Regel nicht gibt. Es wäre falsch, zu sagen, beobachtete Regelmäßigkeiten seien nur dann als solche erkennbar, wenn es tatsächlich Unregelmäßigkeiten gibt. Aber beobachtete Regelmäßigkeiten werden erst dann zum Thema, wenn Unregelmäßigkeiten auftreten. Bei einer Sonnenfinsternis geht die Sonne eben nicht auf. Es waren die Sonnenfinsternisse, die den Anstoß sowohl zur Generierung zahlreicher Mythen über den Himmel als auch zu den Anfängen der Wissenschaften von den Gestirnen gaben.

Constraints sind keine Eigenschaften von Produktionsumgebungen oder Beziehungen zwischen Produktionsumgebungen, wie etwa Inklusionsbeziehungen. Ein Constraint *C* ist eine Klasse von Mengen von Produktionsumgebungen, so dass die Mengen von Produktionsumgebungen bestimmte Eigenschaften haben. Die Mengen von Produktionsumgebungen sind diejenigen, für welche eine bestimmte Regel gilt.

Die denkbar einfachsten Formen von Constraints sind Identitätsconstraints. Ein P-Identitätsconstraint $C_{\mathcal{P}}$ ist eine Menge von Produktionsumgebungen, die alle genau dieselben Produktionsfunktionen enthalten. Die Regel ist einfach diejenige, dass die Produktionsmöglichkeiten die gleichen sind. Es bleibt offen, welche Produktionsmöglichkeiten intendiert und aktualisiert werden.

I-Identätsconstraints und A-Identitätsconstraints werden analog definiert. In allen Produktionsumgebungen des I-Identitätsconstraints $C_{\mathcal{I}}$ ist die Menge der Intentionen dieselbe, in allen Produktionsumgebungen des A-Identitätsconstraints $C_{\mathcal{A}}$ ist die Menge der Aktualisierungen dieselbe.

Es sei wiederholt: Die definierten Identitätsconstraints sind die allereinfachsten Constraints. Jede Art von Regel oder Gesetzmäßigkeit, die sich auf mehr als eine Produktionsumgebung bezieht, kann mit Hilfe eines Constraints erfasst werden.

Es gibt zwei gegensätzliche Strategien, Produktionsumgebungen zu konstruieren. Die eine Strategie strebt an, möglichst alles, was man berücksichtigen will, in einige wenige Produktionsumgebungen zu packen und die Zusammenballung von Produktionsumgebungen, auf die man fokussiert ist, möglichst klein zu halten. Die andere Strategie versucht nicht, von vornherein die Größe der Zusammenballungen von Produktionsumgebungen zu beschränken. Man könnte die erste Strategie aristotelisch und die zweite platonisch nennen. Das heißt nicht, dass etwa die zweite Strategie *Occam's Razor* aus dem Werkzeugkasten verbannt hat. Man hat zwei Möglichkeiten, Zusammenhänge zwischen Faktoren und Ergebnissen auszudrücken: *innerhalb* einer Produktionsumgebung oder als Beziehung *zwischen* Produktionsumgebungen. Beide Methoden sind formal äquivalent, man kann in jedem Fall entsprechende Transformationen angeben. Wir bevorzugen Constraints, weil auf diese Weise die Produktionsumgebungen nicht zu groß und unübersichtlich werden.

Anspruchsvolle Beziehungen zwischen Gesamtgesellschaft

und Subgesellschaften sowie der Beziehungen der Subgesellschaften untereinander lassen sich adäquat nur mit Hilfe von Constraints modellieren. Das Gleiche gilt für die interne und externe Transformation von Gesellschaften. Ein wesentlicher strategischer Vorteil des mengentheoretischen Constraint-Begriffes liegt darin, dass er keinerlei Vorfestlegung in Bezug auf die Alternative *Gesetze und singuläre Tatsachen* notwendig macht. Der soziologische Theoriekonstrukteur kann sich später festlegen, welche Version des Allgemeinen er wählt oder ob er das Allgemeine gänzlich ablehnt (sic!).

Genauso wie die Systemtheorie und die Netzwerktheorien ist die relationale Produktionstheorie nicht ontologisch unschuldig. Sie fasst die ihr zugängliche Welt als Menge oder die Welten als Mengen auf. Die Produktionsumgebungen und die Constraints für Produktionsumgebungen müssen sich gegen die bekannten mengentheoretischen Paradoxien vorsehen. Die Methode der Wahl ist die iterative Mengenbildung, die der Bildung beliebiger Mengen einen Riegel vorschiebt. Die Definition von zusätzlichen Produktionsumgebungen und von zusätzlichen Constraints muss mit den jeweils vorhandenen Produktionsumgebungen und Constraints kompatibel sein. Aber das bedeutet keinen konstitutiven Unterschied zu Systemen und Netzwerken. Für die Erweiterung von Systemen und Netzwerken müssen gleichermaßen Konsistenzanforderungen gestellt werden.

Reminder: $\mathcal{P}$ ist die Menge aller Produktionsumgebungen, Pot($\mathcal{P}$) ist die Potenzmenge von $\mathcal{P}$.

Identitätsconstraints

$C_{\mathcal{P}}$ ist ein P-Identitätsconstraint genau dann, wenn gilt:$_{\text{Def}}$ $C_{\mathcal{P}} \in$ Pot($\mathcal{P}$) und für alle PU = $\langle P, I, A\rangle \in C_{\mathcal{P}}$ und PU' = $\langle P', I', A'\rangle \in C_{\mathcal{P}}$: P = P'.

$\mathcal{C}_{\mathcal{I}}$ ist ein I-Identitätsconstraint genau dann, wenn gilt:$_{\mathrm{Def}}$ $\mathcal{C}_{\mathcal{I}} \in$ Pot($\mathcal{P}$) und für alle PU = ⟨P, I, A⟩ $\in \mathcal{C}_{\mathcal{I}}$ und PU' = ⟨P', I', A'⟩ $\in \mathcal{C}_{\mathcal{I}}$: I = I'.

$\mathcal{C}_{\mathcal{A}}$ ist ein A-Identitätsconstraint genau dann, wenn gilt:$_{\mathrm{Def}}$ $\mathcal{C}_{\mathcal{A}} \in$ Pot($\mathcal{P}$) und für alle PU = ⟨P, I, A⟩ $\in \mathcal{C}_{\mathcal{A}}$ und PU' = ⟨P', I', A'⟩ $\in \mathcal{C}_{\mathcal{A}}$: A = A'.

In der Produktionstheorie der Gesellschaft bieten sich Identitätsconstraints für das Verhältnis der Gesamtgesellschaft zu den Subgesellschaften und für die Gesellschaft insgesamt an.

$\mathcal{G}$ Ist die Menge aller Gesellschaften $\mathbf{G} = \langle \mathbf{G}_1, \ldots, \mathbf{G}_z \rangle$.

$\mathcal{G}_t$ ist die Menge aller Gesellschaften zum Zeitpunkt t, d. h. die Menge aller $\mathbf{G}_t = \langle GG_t, \mathsf{SG}_t \rangle$, so dass es eine Gesellschaft $\mathbf{G} = \langle \mathbf{G}_1, \ldots, \mathbf{G}_t, \ldots, \mathbf{G}_z \rangle$ gibt.

Für die Definition gesellschaftlicher Constraints ist eine Hilfsdefinition sinnvoll:

$\mathsf{U}\mathbf{G}_t$ ist$_{\mathrm{Def}}$ $\{GG_t\} \cup \mathsf{SG}_t$.

$\mathsf{U}\mathbf{G}_t$ enthält sowohl die Gesamtgesellschaft als auch alle Subgesellschaften zum Zeitpunkt t.

Die folgende Definition sieht komplizierter aus, als sie ist. Ein subgesellschaftlicher P-Identitätsconstraint $\mathcal{C}_{\mathcal{P}}$ ist einfach eine Menge aller Gesellschaften zu einem jeweiligen Zeitpunkt t, in denen alle vorkommenden Produktionsumgebungen genau dieselben Produktionsfunktionen enthalten: Die Produktionsmöglichkeiten der Gesamtgesellschaft und aller Subgesellschaften sind die gleichen.

$\mathcal{C}_{\mathcal{P}}$ ist ein subgesellschaftlicher P-Identitätsconstraint genau dann, wenn gilt:$_{\mathrm{Def}}$ $\mathcal{C}_{\mathcal{P}} \in$ Pot($\mathcal{G}_t$) und für alle $\mathbf{G}_t \in \mathcal{C}_{\mathcal{P}}$ und für alle PU = ⟨P, I, A⟩ $\in \mathsf{U}\mathbf{G}_t$ und PU' = ⟨P', I', A'⟩ $\in \mathsf{U}\mathbf{G}_t$: P = P'.

Subgesellschaftliche I-Identitätsconstraints und subgesellschaftliche A-Identitätsconstraints werden analog definiert.

Ein gesellschaftlicher P-Identitätsconstraint $\mathcal{C}_P$ ist eine Menge von Gesellschaften, in denen alle Gesamtgesellschaften und alle Subgesellschaften dieselben Produktionsfunktionen enthalten: Die Produktionsmöglichkeiten der Gesamtgesellschaften und der Subgesellschaften bleiben im Zeitverlauf die gleichen.

$\mathcal{C}_P$ ist ein gesellschaftlicher P-Identitätsconstraint genau dann, wenn gilt:$_{\text{Def}}$ $\mathcal{C}_P \in \text{Pot}(\mathcal{G})$ und für alle $\mathbf{G} = \langle G_1, \ldots, G_z \rangle \in \mathcal{C}_P$ und für alle t und t' mit t und t' = 1, …, z und für alle $PU = \langle P, I, A \rangle \in \mathsf{U}G_t$ und $PU' = \langle P', I', A' \rangle \in \mathsf{U}G_{t'}$: $P = P'$.

Womit wir wieder bei den Gleichgewichtsgesellschaften wären. Gesellschaftliche I-Identitätsconstraints und subgesellschaftliche A-Identitätsconstraints werden analog definiert.

19
Kausalität

Kausalität und Funktionalität werden üblicherweise als große Gegensätze geführt. In der produktionstheoretischen Betrachtung erweist sich, dass der Unterschied keineswegs ein kategorialer, sondern vielmehr ein gradueller ist.

Die Kausalitätsbegriffe sind Legion. Sie stimmen nur in einem überein: Kausalität ist nicht Korrelation. Es genügt nicht, dass zwei Ereignisse einfach zusammen vorkommen. Wenn ein Ereignis ein anderes verursacht, dann gibt es eine Beziehung, die über das gemeinsame Auftreten hinausgeht. Alle Versuche, Kausalität rein wahrscheinlichkeitstheoretisch zu erfassen, sind gescheitert.

Die simpelste Intention ist weiterhin die aktuellste: Man zeichne ein Pfeildiagramm über die vermuteten kausalen Zusammenhänge zwischen den betrachteten Ereignissen und versuche, die Pfeile zu manipulieren. Das ist dann die Aktivität, die Judea Pearl und Dana MacKenzie in *The Book of Why* aus den Jahre 2018 dringend empfehlen: *Association* ist die Identifizierung von Regelmäßigkeiten zwischen den Variablen. *Intervention* meint die konkrete Manipulation von Variablen, man hindert den Hahn mit einer schonenden Methode am Krähen und stellt fest, dass die Sonne trotzdem aufgeht. *Counterfactuals* meint die hypothetische Variation von Variablen, im Geiste, auf dem Papier, im Computer.

Die relationale Produktionstheorie wirft einen erwartbar eigensinnigen Blick auf das Thema Kausalität. Mit dieser Betrachtung ist auf keinen Fall intendiert, alle Möglichkeiten des Themas Kausalität auszuschöpfen. Nicht alles in der Welt ist von vornherein ein Produktionszusammenhang, nicht jede Situation in der Welt ist eine Produktionsumgebung. Die relationale Produktionstheorie ist keine ToE, keine Theory of Everything. Die relationale Produktionstheorie muss nicht unbedingt Menschen involvieren, Latour folgend können auch Maschinen und beziehungsweise Ideen die Instanzen sein, die für Intentionen und Aktualisierungen sorgen. Es macht jedoch keinen Sinn, Produktion dort zu suchen, wo nicht produziert wird. Natürliche Produktionsumgebungen, also Produktionsumgebungen mit einer leeren Menge von Intentionen, aber einer nichtleeren Menge von Aktualisierungen sind eigentlich nur im Zusammenhang mit der biologischen Evolution sinnvoll. Die Versuche, die Entwicklung des Universums vom Urknall bis jetzt evolutionär zu interpretieren, sind nicht überzeugend, weil die Analogien zur biologischen Evolution zu dünn sind. Die Astrophysik und die Kosmologie produzieren natürlich: Problemstellungen und Lösungsvorschläge für die jeweiligen Problemstellungen.

Die fundamentale Intuition der relationalen Produktionstheorie im Umgang mit Kausalität ist die folgende: Kausalität wird durch Constraints verkörpert, die produktionsumgebungsübergreifende Beziehungen zwischen Faktoren und Ergebnissen etablieren.

Die relationale Produktionstheorie modelliert den Kausalitätsbegriff mit Hilfe von identitären Produktionsconstraints. $f_1, \ldots, f_m$ sind Faktoren, $e_1, \ldots, e_n$ sind Ergebnisse, die in einem gegebenen Zusammenhang interessieren. Die anderen Faktoren und Ergebnisse der Produktionsumgebungen des gegebenen Zusammenhangs werden nicht näher betrachtet. Ein identitärer Produktionsconstraint $C(f_1, \ldots, f_m, e_1, \ldots, e_n)$ ist eine Menge von Produktionsumgebungen, in deren Produktionsfunktionen die Faktoren und Ergebnisse $f_1, \ldots, f_m$ und $e_1, \ldots, e_n$ vorkommen.

Verursachung setzt einen ›internen‹ zeitlichen Ablauf voraus. Kausalität liegt dann vor, wenn für jeden ›externen‹ Zeitpunkt mit den gleichen Faktoren die gleichen Ergebnisse erzeugt werden. Der ›interne‹ Zeitablauf ist in den Elementen der relationalen Produktionstheorie, den Produktionsumgebungen, berücksichtigt. Egal ob die Produktion lediglich möglich, intendiert oder aktualisiert ist: Erst kommen die Faktoren, genauer, der Faktoreinsatz, dann die Ergebnisse.

Ein Constraint $C(f_1, \ldots, f_m, e_1, \ldots, e_n)$ ist ein kausaler Constraint, wenn für alle erlaubten Produktionen aus Produktionsumgebungen von $C(f_1, \ldots, f_m, e_1, \ldots, e_n)$ gilt: Kommen in den Produktionen die Faktoren $f_1, \ldots, f_m$ vor, dann müssen in den Produktionen auch die Ergebnisse $e_1, \ldots, e_n$ vorkommen. In einem kausalen Constraint dürfen keine zwei Produktionen vorkommen, die mit den gleichen Faktoren unterschiedliche Ergebnisse erzeugen.

Der Ursprung des Kausalitätsbegriffes ist naturgemäß das Verhältnis des individuellen Menschen, der auf seine unmittelbare Umgebung – nicht notwendigerweise mit einer Absicht, aber in jedem Fall mit einem Ergebnis – einwirkt. Der Mensch hat etwas unternommen, und die Umgebung hat sich partiell geändert: Der Mensch hat die Änderung verursacht. Die relationale Produktionstheorie sagt sofort: Der Mensch hat die Änderung produziert.

Nicht nur Menschen, auch andere lebende Wesen können etwas verursachen, das geht sowohl nach unten, natürlich können Tiere etwas bewirken, als nach oben: Götter wirken auf die Welt ein. Die Überlegenheit der Götter bemisst sich daran, in welchem über das den Menschen gegebenem Ausmaß hinaus diese auf die Welt einwirken. Göttliche Produktionsumgebungen enthalten bevorzugt solche Produktionsfunktionen, über die Menschen auch gerne verfügen würden. Göttliche Produktionsfunktionen erlauben Intentionen, die Menschen auch gerne hätten, aber derer sie sich begeben, weil für sie keine Aussicht auf Aktualisierung besteht.

Die relationale Produktionstheorie wird zur ToE, wenn man ein höheres Wesen annimmt, dessen Werk die Welt ist. Die Welt ist *eine* gigantische Produktionsumgebung, die alle intendierten Produktionsumgebungen aktualisiert. Das höhere Wesen hat die Welt produziert. Entweder ein für alle Male, und die Welt tickt weiter wie eine Uhr, oder das höhere Wesen greift in den Weltenlauf ein, die Welt ist eine Abfolge von Produktionsumgebungen.

Ein höheres Wesen ist jedoch nicht unabdingbar, wenn es in der Welt nur Produktionsumgebungen und nichts sonst geben soll. Die Welt kann Verkörperung einer Absicht sein, die im Zeitablauf erreicht werden soll. Die Absicht ist dann keine personalisiert-göttliche, sie ist in der Welt selbst. Das Musterbeispiel dafür ist die absolute Idee Hegels:

> »Die Idee als Einheit der subjektiven und der objektiven Idee ist der Begriff der Idee, dem die Idee als solche der Gegenstand, dem das Objekt sie ist; – ein Objekt, in welches alle Bestimmungen zusammengegangen sind. Diese Einheit ist hiermit *die absolute und alle Wahrheit*, die sich selbst denkende Idee, und zwar hier *als* denkende, als *logische* Idee.«[46]

Die Welt ist eine Abfolge von Produktionsumgebungen, die schließlich und endlich – vielleicht auch schließlich und unendlich, darüber streiten sich die Hegelianer – die absolute Idee produziert.

Ein Hybrid aus einer personalisierten und einer nicht personalisierten Welt ist diejenige des Paläontologen und Theologen Pierre Teilhard de Chardin, die er in *Le Phénomène humain* aus dem Jahr 1940 ausbreitet. Gott hat die Welt geschaffen, aber zunächst nicht mit Bewusstsein ausgestattet. Er hat das Bewusstsein über seinen Sohn, Jesus Christus, in der Welt implementiert. Die Menschen, die Gläubigen, sind das Medium, über das sich das Bewusstsein vervielfältigt und erweitert. Auch Dinge, denen kein Bewusstsein eignet, erlangen Bewusstsein. Der Prozess setzt sich räumlich und zeitlich fort, bis alles über Bewusstsein verfügt: Am Punkt Omega ist Gott auf dem Umweg über das Universum mit sich selbst identisch. Gott hat seine Identität produziert.

Nicht unerwartet erhielten die Werke des Jesuiten nicht das Imprimatur. Seltsamerweise ist keine andere theologische Theorie empirisch so plausibel wie die Drift zum Punkt Omega. Ein Blick in den digitalen Alltag, in dem ständig mehr Dinge, die nicht menschlich sind, – zugegeben: lediglich minimale – Ansätze von Bewusstsein zeigen, scheint Teilhard zu bestätigen. Kurzweil meets Teilhard: Der Endpunkt von *The Singularity Is Near* aus dem Jahr 2006 ist der Punkt Omega.

Identitäre Produktionsconstraints

$C(f_1, \ldots, f_m, e_1, \ldots, e_n)$ ist ein identitärer Produktionsconstraint genau dann, wenn gilt:$_{Def}$ $C(f_1, \ldots, f_m, e_1, \ldots, e_n) \in Pot(\mathcal{P})$ und für alle $PU = \langle P, I, A \rangle \in C(f_1, \ldots, f_m, e_1, \ldots, e_n)$: $f_1, \ldots, f_m, e_1, \ldots, e_n$ kommen zusammen in durch P erlaubten Produktionen vor.

Kausale Constraints

$C(f_1, \ldots, f_m, e_1, \ldots, e_n)$ ist ein kausaler Constraint genau dann, wenn gilt:$_{Def}$ $C(f_1, \ldots, f_m, e_1, \ldots, e_n)$ ist ein identitärer Produktionsconstraint und für alle $PU' = \langle P', I', A' \rangle \in C(f_1, \ldots, f_m, e_1, \ldots, e_n)$, für alle $PU'' = \langle P'', I'', A'' \rangle \in C(f_1, \ldots, f_m, e_1, \ldots, e_n)$ und für alle durch P' erlaubten Produktionen mit Faktoren $f_1, \ldots, f_m$ und Ergebnissen $e_1', \ldots, e_n'$, für alle durch P'' erlaubten Produktionen mit Faktoren $f_1, \ldots, f_m$ und Ergebnissen $e_1'', \ldots, e_n''$: Für alle $u = 1, \ldots, n$: $e_u' = e_u'' = e_u$.

20
Funktionalität

Eine funktionale Beziehung ist die Verknüpfung einer stabilisierenden Bedingung mit einem stabilisierten Zustand in der Welt oder für die Welt. Standardbeispiel ist etwa die entscheidende Rolle von religiösen Glaubensinhalten und Ritualen für den Zusammenhalt von vorindustriellen Gesellschaften. Es wird nicht gefragt, wie es sich ergeben hat, dass in *dieser Gesellschaft* genau *diese Götter* und keine anderen Götter verehrt werden, oder wie im Einzelnen sich diese Rituale herausgebildet haben und warum keine anderen wichtig geworden sind. Vielmehr wird gefragt, welche Religionen welche Gesellschaften stabilisieren. *Bestimmte Religionen* sind notwendige Bedingung für *bestimmte Gesellschaften.* Jagdgottheiten können den Zusammenhalt reiner Agrargesellschaften nicht festigen, Fruchtbarkeitsgottheiten können reine Jagdgesellschaften nicht befeuern. Sehr vereinfacht könnte man sagen: Der Kausalismus ist an hinreichenden Bedingungen, der Funktionalismus an notwendigen Bedingungen interessiert.

Nur in den allerseltensten Fällen lässt sich der Ursprung von etwas zweifelsfrei nachweisen. Das gilt für das Universum wie für den biologischen und den gesellschaftlichen Menschen. Akzeptierte Ursprünge sind ausnahmslos Mythen oder Hypothesen, Letztere werden üblicherweise stetig angepasst. Jürgen Kaube hat mit *Die Anfänge Von Allem* 2017 ein erhellendes Buch über das Thema vorgelegt. Man weiß nicht einmal wirklich, woher das Geld kommt. Jedenfalls nicht von den Phöniziern, auch wenn Nestroy sich beklagte: »Die Phönizier haben das Geld erfunden – aber warum so wenig?« In den klassischen Naturwissenschaften kann man gut ohne letzte Ursprünge leben, weil die Naturwissenschaften bis zu einem gewissen Grad Ursprünge simulieren können. Der Weg ist den Sozial- und Geisteswissenschaften in der Regel verschlossen. Wie soll ein Experiment aussehen, bei dem am Ende etwas wie das Indogermanische herauskäme? Dazu kommt das Experimentierverbot im Falle gravierender Rückwirkungen auf Menschen. Wenn kausale Erkundungen schwierig bis unmöglich sind, drängen sich funktionale Betrachtungen auf.

Noch etwas macht funktionale Betrachtungen attraktiv. Überspitzt formuliert haben funktionale Betrachtungen die Funktion, kausale Hilflosigkeit in funktionalen Größenwahn zu transformieren. Mit funktionalen Betrachtungen nimmt der Gesellschaftstheoretiker oder die Gesellschaftstheoretikerin eine Art von God's Eye-Point of View ein. Auch wenn sich der Theoretiker oder die Theoretikerin dessen bewusst ist, dass funktionale Betrachtungen nicht ausreichen, um Gesellschaften errichten zu können, hat er oder sie den Überblick über eine Mehrzahl von Gesellschaften. Das ist etwas, was der empirische Soziologe und die empirische Soziologin und der Romancier und die Romanschriftstellerin nicht von sich behaupten können. Sollte der Gesellschaftstheoretiker oder die Gesellschaftstheoretikerin auch noch Hegelianer beziehungsweise Hegelianerin sein, dann kann er oder sie sich in den Prozess der sich selbst denkenden absoluten Idee einklinken, nicht als Objekt, sondern als Subjekt der Geschichte. Davon haben auch die französischen Strukturalisten und Post-Strukturalisten geträumt. Aber das konnte nichts werden, weil Strukturen eben nicht dynamisch sind. Die Festanstellung beim Weltgeist ist für den Soziologen und die Soziologin deutlich attraktiver als der Arbeitsplatz als Part Time Shrink, den John Levi Martin beschreibt.

Die fundamentale Intuition der relationalen Produktionstheorie im Umgang mit Funktionalität ist die folgende: Funktionalität wird durch Constraints eingebracht, die produktionsumgebungsübergreifende Beziehungen zwischen Ergebnissen einrichten.

Der Funktionalitätsbegriff wird mit Hilfe von identitären Ergebnisconstraints modelliert. $e_1, \ldots, e_n$ sind Ergebnisse, die in einem gegebenen Zusammenhang interessieren. Faktoren und andere Ergebnisse der Produktionsumgebungen des gegebenen Zusammenhangs werden nicht näher betrachtet. Ein identitärer Ergebnisconstraint $C(e_1, \ldots, e_n)$ ist eine Menge von Produktionsumgebungen, in deren Produktionsfunktionen die Ergebnisse $e_1, \ldots, e_n$ vorkommen.

Kausalismus bedeutet, alles ausschließlich aus der Perspektive der Faktoren zu betrachten. Funktionalismus besteht darin, alles ausschließlich aus der Perspektive der Ergebnisse zu betrachten. Ein Constraint $C(e_1, \ldots, e_n)$ ist ein funktionaler Constraint, wenn er nur solche Produktionen enthält, die die in dem gegebenen Zusammenhang interessierenden Ergebnisse erzeugen. Damit ist ein funktionaler Constraint nichts anderes als ein verschärfter identitärer Ergebnisconstraint.

Kausalität liegt vor, wenn die gleichen Faktoren produktionsumgebungsübergreifend die gleichen Ergebnisse zeitigen. Von Funktionalität ist die Rede, wenn es auf die Ergebnisse ankommt. Das soll nicht etwa heißen, dass die Faktoren nicht wichtig wären. Aber es stehen die und nur die Faktoren im Brennpunkt, die zu diesen Ergebnissen führen. Wenn man will, ist das ein Revival des uralten Gegensatzpaars *kausal–final*. Dann muss man aber auch darauf hinweisen, dass sich *kausal* und *final* so verstanden haben, dass zwischen ihnen ein Abgrund klafft: *Kausal* bedeutete *nicht final* und *final nicht kausal*. Davon kann in der relationalen Produktionstheorie keine Rede sein. *Kausal* und *final* operieren hier auf derselben Ebene, und da ist nicht einmal ein kleiner Spalt zu überbrücken.

Üblicherweise werden Kausalität und Funktionalität als Versionen von Erklärungen eingeführt. Wir haben bewusst den Begriff der Erklärung vermieden. Das in der Analytischen

Philosophie populärste Erklärungsmodell ist das Schema der deduktiv-nomologischen Erklärung nach Carl Gustav Hempel und Paul Oppenheim: Das Explanandum – der zu erklärende Satz – wird durch das Explanans – allgemeine Gesetzesaussagen und situationelle Randbedingungen – genau dann erklärt, wenn das Explanans aus dem Explanandum logisch abgeleitet werden kann. Das Schema der deduktiv-nomologischen Erklärung setzt Wahrheit voraus. Die Erklärung ist ein wahrer Schluss, der nur dann Sinn macht, wenn beide Prämissen wahr sind, die Gesetze und die Randbedingungen. Intuitiv ist Wahrheit zuvörderst eine Eigenschaft von Sätzen. Welche Bedingungen erfüllt sein müssen, damit ein Satz wahr ist, darüber gehen die philosophischen Ansichten und juristischen Lehrmeinungen sehr auseinander. *Den* wahren Wahrheitsbegriff gibt es nicht.

Wir haben gesehen, dass man sich schwertut, wirklich allgemeine Gesetze zu finden. Immer wieder haben die Sozialwissenschaften den Naturwissenschaften nachgeeifert und versucht, allgemeine Gesetze zu formulieren und mit den formulierten Gesetzen singuläre Tatsachen nach dem deduktiv-nomologischen Schema zu erklären. Aber tatsächlich waren die formulierten Gesetze lediglich mehr oder weniger gut maskierte Ad-hoc-Gesetze. Die Ableitung des Explanans aus Gesetzen mit Ad-hoc-Charakter kann nicht sehr informativ sein. Tatsächlich liegen die Voraussetzungen für eine lupenreine deduktiv-nomologische Erklärung auch in den Naturwissenschaften eher selten vor. Unabhängig von diesem Spezialproblem – als solches hat es sich im Laufe der Zeit herausgestellt – zeigen historische Recherchen eine enorme Varianz des Erklärungsbegriffes. Was als Erklärung akzeptiert wird, variiert ungeheuer mit dem gesellschaftlichen Kontext beziehungsweise mit dem Fach und im Zeitablauf. In der Physik führten erst Galilei und Newton Gesetze ein. Kepler beschäftigt sich lediglich mit den Bahnen der Planeten um die Sonne, die er als Ellipsen beschreibt. Newton beschränkt sich nicht auf Planetenbahnen. Die Newton'sche Mechanik ist auf alle Systeme von Festkörpern anwendbar. Die deduktiv-nomologische Erklärung ist nichts anderes als eine Verallgemeinerung der Art und Weise, wie Newton erklärte.

Ein weiteres epochemachendes Erklärungsparadigma ist dasjenige Darwins. Vor Darwin wurde die Gestalt eines biologischen Organismus mit Beziehungen zu den Gestalten anderer Organismen erklärt. Oder mit dem Wirken Gottes. Erst die evolutionäre Erklärung bringt den Organismus mit einer Historie in Verbindung, mit derjenigen des Organismus in einer bestimmten Umgebung. An der evolutionären Erklärung lässt sich wieder die Begrenztheit des deduktiv-nomologischen Schemas demonstrieren: Über die mathematische Spezifizierung der fundamentalen Gesetze der Newton'schen Mechanik herrscht Einigkeit. Dagegen gibt es bis heute keine allgemein verbindliche mathematische Fassung der Evolutionstheorie. Für die deduktiv-nomologische Erklärung sind die Gesetze das Primäre und die Randbedingungen das Sekundäre. Bei der evolutionären Erklärung verhält es sich genau umgekehrt: Wichtig sind die Umwelt und die Historie, die Randbedingungen, die genaue Fassung der Gesetze ist von nachrangiger Bedeutung.

Naturgemäß ist in den Sozial- und in den Geisteswissenschaften die Varianz des Erklärungsbegriffes noch viel größer. Man denke etwa an die unzähligen Möglichkeiten der Beschäftigung mit einem literarischen Text und dessen Autorin oder Autor. Jedes interpretatorische Prinzip führt zu eigenen Erklärungsmustern, die sich mitunter diametral widersprechen. Hier ist der Social Index fast eine Garantie für unversöhnliche Auseinandersetzungen. Erklärung ist grundsätzlich die Einbettung eines bestimmten kognitiven Inhalts in ein soziales Gebilde. Das kann eine Gesellschaft, eine Subgesellschaft oder eine Gemeinschaft sein, die keine ausgewachsene Gesellschaft ist, wie eine Scientific Community oder eine religiöse Gemeinschaft. Es gibt Myriaden von solchen Einbettungsmöglichkeiten.

Die Produktionstheorie der Gesellschaft liefert mit den kausalen und den funktionalen Constraints zwei Autobahnen, die viele Abzweigungen aufweisen. Wie im Einzelnen kausale und funktionale Beziehungen gestaltet werden, das hängt von der jeweiligen Gesellschaft, Subgesellschaft oder Gemeinschaft ab. Die Produktionstheorie der Gesellschaft kann bei der Behandlung des Themas Kausalität–Funktionalität zwei Vorzüge für sich reklamieren. Sie erspart sich eine fruchtlose Diskussion über universelle Gesetze und emanzipiert sich damit vom Physikparadigma, das für die Gesellschaftstheorie seit jeher einen Unstern bedeutete. Universalität absolut zu nehmen ist sinnlos. Selbstverständlich steht es jedem Anwender der Produktionstheorie der Gesellschaft frei, für einen gegebenen Kontext ein Maß für Universalität zu definieren: Je größer die Mengen von Produktionsumgebungen, die die vom jeweiligen Constraint verlangten Eigenschaften aufweisen, desto universeller der betrachtete Zusammenhang. In der Produktionstheorie der Gesellschaft lassen sich auch alle Formen der Kombination von kausalen und funktionalen Zusammenhängen modellieren. Zum Beispiel ist denkbar, funktionale Betrachtungen derart zu detaillieren, dass der jeweilige funktionale Zusammenhang auf die verschiedenen möglichen kausalen Zusammenhänge reduziert wird. Die funktionale Betrachtung wird dann zu einer Pfadbetrachtung.

Identitäre Ergebnisconstraints

$C(e_1, \ldots, e_n)$ ist ein identitärer Ergebnisconstraint genau dann, wenn gilt:$_{Def}$ $C(e_1, \ldots, e_n) \in Pot(\mathcal{P})$ und für alle $PU = \langle P, I, A\rangle \in C(e_1, \ldots, e_n)$: $e_1, \ldots, e_n$ kommen in durch P erlaubten Produktionen vor.

Funktionale Constraints

$C(e_1, \dots, e_n)$ ist ein funktionaler Constraint genau dann, wenn gilt:$_{Def}$ $C(e_1, \dots, e_n)$ ist ein identitärer Ergebnisconstraint, und für alle PU = ⟨P, I, A⟩ ∈ $C(e_1, \dots, e_n)$: $e_1, \dots, e_n$ kommen in allen durch P erlaubten Produktionen vor.

Es macht Sinn, funktionale Gesellschaftsconstraints zuerst für Elementargesellschaften zu definieren. Reminder: Eine Elementargesellschaft E ist ein geordnetes Paar ⟨S, $\mathbf{S}$⟩ mit S ∈ $\mathcal{P}$, $\mathbf{S}$ ∈ Pot($\mathcal{P}$) und S ∈ $\mathbf{S}$. Die Einzelproduktionsumgebung S ist tatsächlich realisiert, die Menge der Produktionsumgebungen $\mathbf{S}$ grenzt diejenigen Produktionsumgebungen ab, die durch zulässige Ersetzungen von Komponenten der Einzelproduktionsumgebung S entstehen. Ein funktionaler Elementargesellschaftsconstraint $C(E, e_1, \dots, e_n)$ regelt, dass alle zulässigen Ersetzungen der Einzelproduktionsumgebung S aus $\mathbf{S}$ die gleichen Ergebnisse $e_1, \dots, e_n$ als Produktionsmöglichkeiten enthalten.

$C(E, e_1, \dots, e_n)$ ist ein funktionaler Elementargesellschaftsconstraint genau dann, wenn gilt:$_{Def}$ $C(e_1, \dots, e_n)$ ist ein funktionaler Constraint, E = ⟨S, $\mathbf{S}$⟩ ist eine Elementargesellschaft und $C(e_1, \dots, e_n) = \mathbf{S}$.

Funktionale Gesellschaftsconstraints sind dann für Gesamtgesellschaften, für Subgesellschaften und für Gesellschaften als Ganze zu definieren. Ein funktionaler Gesamtgesellschaftsconstraint $C(GG_t, e_1, \dots, e_n)$ ist ein funktionaler Elementargesellschaftsconstraint für die Gesamtgesellschaft GG_t zum Zeitpunkt t:

$C(GG_t, e_1, \dots, e_n)$ ist ein funktionaler Gesamtgesellschaftsconstraint genau dann, wenn gilt:$_{Def}$ Es gibt eine Gesellschaft **G** = ⟨$\mathbf{G}_1, \dots, \mathbf{G}_t, \dots, \mathbf{G}_z$⟩ mit $\mathbf{G}_t$ = ⟨GG_t, $\mathbf{SG}_t$⟩ und $C(GG_t, e_1, \dots, e_n)$ ist ein funktionaler Elementargesellschaftsconstraint.

Ein funktionaler Subgesellschaftsconstraint $C(\mathbf{SG}_t, e_1, \dots, e_n)$ ist ein funktionaler Gesellschaftsconstraint für die Menge aller Subgesellschaften $\mathbf{SG}_t$ zum Zeitpunkt t:

$C(\mathbf{SG}_t, e_1, \ldots, e_n)$ ist ein funktionaler Subgesellschaftsconstraint genau dann, wenn gilt:$_{\text{Def}}$ Es gibt eine Gesellschaft $\mathbf{G} = \langle \mathbf{G}_1, \ldots, \mathbf{G}_t, \ldots, \mathbf{G}_z \rangle$ mit $\mathbf{G}_t = \langle GG_t, \mathbf{SG}_t \rangle$, für alle $E \in \mathbf{SG}_t$: Es gibt einen funktionalen Elementargesellschaftsconstraint $C(E, e_1, \ldots, e_n)$ und $C(\mathbf{SG}_t, e_1, \ldots, e_n) = \cup C(E, e_1, \ldots, e_n)$ mit allen $E \in \mathbf{SG}_t$.

Für die Erfassung von Gesellschaften als Ganzen ist eine weitere Hilfsdefinition sinnvoll. $\mathbf{G}$ ist eine Menge von Gesellschaften $\mathbf{G} = \langle \mathbf{G}_1, \ldots, \mathbf{G}_t, \ldots, \mathbf{G}_z \rangle$ mit $\mathbf{G}_t = \langle GG_t, \mathbf{SG}_t \rangle$.

$\cup\mathbf{G}$ ist$_{\text{Def}}$ die Menge aller Einzelgesellschaften GG_t und aller Subgesellschaften aus $\mathbf{SG}_t$, die in einer Gesellschaft $\mathbf{G}$ aus $\mathbf{G}$ vorkommen.

Nun kommt das, was der Gesellschaftstheoretiker oder die Gesellschaftstheoretikerin am liebsten hätte:

$\boldsymbol{C}(\mathbf{G}, e_1, \ldots, e_n)$ ist ein God's Eye-Point of View-Constraint genau dann, wenn gilt:$_{\text{Def}}$ $\mathbf{G} \in \text{Pot}(\mathcal{G})$ und $C(\cup\mathbf{G}, e_1, \ldots, e_n)$ ist ein funktionaler Gesellschaftsconstraint.

Ein God's Eye-Point of View-Constraint $\boldsymbol{C}(\mathbf{G}, e_1, \ldots, e_n)$ ist ein funktionaler Constraint, der sich auf mehrere – wenn es nach dem Gesellschaftstheoretiker oder der Gesellschaftstheoretikerin geht: möglichst viele – Gesellschaften als Ganze bezieht.

21
Erfindung und Sinnüberschuss

Seltsamerweise, aber vielleicht auch erwarteterweise machen sich weder White, Luhmann oder Latour noch Bourdieu eins bis vier detaillierte Gedanken über die Transformation der von ihnen präferierten sozialen Einheiten. Entweder sind die Theoretiker derart verliebt in die Art und Weise, wie sie soziale Einheiten zu einem bestimmten Zeitpunkt konstruieren, dass sie nur dafür Augen haben. Oder sie nehmen implizit an – das gilt insbesondere für White –, dass sich die Entwicklung der sozialen Einheit in der Zeit aus den Konstruktionsprinzipien der sozialen Einheit für einen bestimmten Zeitpunkt ergibt. Das bedeutet jedoch einen unbegründeten und unplausiblen Reduktionismus.

Der Champion im Bereich der Transformation von Gesellschaften ist Gabriel Tarde. Tardes Theorie wird üblicherweise als Nachahmungssoziologie bezeichnet. Das ist nicht falsch, aber es tut ihm insofern Unrecht, als es seine größte Leistung ignoriert: Es gibt keine dynamischere Soziologie als die Tardes. Die von ihm als elementar ausgezeichneten Handlungen sind Invention und Imitation, in dieser Reihenfolge.

Die Rolle der Erfindung malt Tarde als Kontrast zur herkömmlichen Auffassung von Geschichtsschreibung aus. Es sind nicht die Namen, Daten, Schlachten und Revolutionen, die zählen und in die Ordnung gebracht werden muss. Nicht die Helden, sondern die Erfindungen haben den Lauf der menschlichen Geschichte geprägt. »L'histoire, d'après les érudits, serait la collection des choses les plus célèbres. Nous dirons plutôt: des choses les plus réussis, c'est-à-dire des initiatives le plus imitées. Telle chose qui a eu un immense succès peut n'avoir eu aucune célébrité; par exemple, un nouveau mot qui se glisse, un jour, dans une langue et l'envahit peu à peu sans attirer l'attention; un rite religieux, une idée nouvelle, qui fait insensiblement et obscurément son chemin dans le peuple; un procédé industriel, sans nome d'auteur, qui se répand à travers le monde.«[47] Letzteres ist seit der sozialen Akzeptanz des Nerds kaum mehr möglich. Es komme auf die Erfindung an, nicht auf den Erfinder. Für den Erfolg einer Erfindung müsse weder ihr Ursprung noch ihr Urheber bekannt sein oder bekannt werden.

Tardes Hauptwerk *Les lois de l'imitation* datiert aus dem Jahr 1895. Zu seiner Zeit standen Kaufleute, Ingenieure und Wissenschaftler noch im Schatten des Militärs und des grundbesitzenden Adels. Eine Erfindung war nichts gegen einen langen Stammbaum oder gegen militärische Ehren. Wie sehr der Adel und das Militär die Kaufleute verachteten, kann man etwa bei Hermann Broch in *Pasenow oder die Romantik*, dem ersten Teil seiner Romantrilogie *Die Schlafwandler*, nachlesen. Erfinder waren Antihelden. Das hat sich sehr geändert: Mit der Techindustrie und den Internetplattformen feiert das Heldenschema ein vehementes Comeback. Erfinder legen mit ihren Erfindungen den Grundstein zur Schaffung von ökonomischen Werten. Hier ist allerdings anzumerken: Der Heldenstatus wird vorzugsweise denjenigen zuteil, die als Unternehmer dann auch tatsächlich ökonomische Werte generieren. Das sind eher im Ausnahmefall Erfinder wie die Google-Gründer Sergey Brin und Larry Page.

Tardes Soziologie ist eine der Handlung, und sie ist streng kausal. Letzteres ist dem Stand der Naturwissenschaften vor der Entwicklung der Quantenmechanik zur Zeit der Entstehung seines Werks geschuldet. Tarde ist ein Anhänger der Statistik, er betrachtet sie jedoch nicht als Gegensatz zu seinem kausalen Standpunkt, sondern vielmehr sehr optimistisch als Instrument, kausalen Zusammenhängen auf die Spur zu kommen. Aus heutiger Perspektive ist Tarde die absolute Gegenposition zum Funktionalismus Luhmanns. Tarde stellt die Frage: Wie kommt es überhaupt zu Gesellschaft? Er beantwortet die Frage mit einer biologischen Analogie. Der Ursprung sowohl der biologischen als auch der sozialen Welt ist die Wiederholung: Die allerersten Zellen vervielfältigten sich durch Teilung, der Mechanismus der Wiederholung war die Vererbung. Auf diese Weise entstanden die biologischen Organismen. Die ersten Gesellschaften entstanden dadurch, dass ihre menschlichen Mitglieder bestimmte Verhaltensweisen wiederholten und andere nicht. »Cet acte originel d'imagination a eu pour effets non seulement les actes de l'imitation directement émanés de lui, mais encore tous les actes d'imagination qu'il a suggérés et qui eux-mêmes en ont suggéré de nouveaux, et ainsi de suite indéfiniment. Ainsi, tout se rattache à lui, toute similitude sociale provient de cette première imitation dont il a été objet […]«.[48] Alles steht mit jener ursprünglichen Handlung in Verbindung, und jede soziale Ähnlichkeit geht aus der ersten Nachahmung der ursprünglichen Handlung hervor. Man möchte hinzufügen: auch die Soziologie Tardes. Der Weg dahin ist allerdings weit. Gegenstände der Nachahmung sind alle Handlungen von denjenigen, die der Subsistenz gelten, über sprachliche Handlungen bis zu solchen, die Mythen, Religionen, der Kriegskunst und literarischen Formen zuordenbar sind.

Dementsprechend ist ein sozialer Verband eine Gruppe von sich gegenseitig nachahmenden Wesen: »De là cette définition du groupe social: une collection d'êtres en tant qu'ils sont en train de s'imiter entre eux ou en tant que, sans s'imiter actuellement, ils se ressemblent et que leurs traits communs sont des copies anciennes d'un même modèle.«[49]

Das Problem bei Tarde sind Désir und Croyance. Zwar ist sein erklärtes Ziel die reine und abstrakte Soziologie: »[…] parce que l'objet propre de ce travail est la sociologie pure et abstraite«.[50] Aber dann verlässt er die Handlungsebene und führt aus, dass der Weg der Wiederholung *»ab interioribus ad exteriora«* verlaufe. Das, was erfunden und nachgeahmt werde, sei eine Idee, ein Wille oder eine Absicht, wobei sich jeweils Überzeugung und Begehren ausdrücke. Er spricht auch davon, dass sich neue Ideen in Gehirnen verwurzelten und in Gehirnen verbreiteten. Als Gegengewicht zu Begehren und Überzeugung führt Tarde »causes sociales logiques« ein. Eine logische soziale Ursache liege dann vor, wenn der Mensch eine Neuerung deshalb wähle, weil er sie für nützlich und wahrer hält als andere. Man kann mitverfolgen, wie Tarde hier Beute der unendlichen Fragestellung Subjekt oder Objektivismus wird. Doch möchte man auf keinen Fall Gedanken wie den folgenden missen: »Was ist das soziale Leben anderes als Wellen von Hoffnungen oder Befürchtungen, die ständig aneinander geraten und immer wieder durch neue Ideen erregt werden, welche wiederum neue Bedürfnisse hervorrufen?«[51] Wir zitieren hier aus der deutschen Übersetzung der *Lois de l'imitation*, weil der Satz auch von Musil stammen könnte, aus dem Zusammenhang seines ›Theorems der menschlichen Gestaltlosigkeit‹.

Tarde bezeichnet das unbegrenzte Fortschreiten der Nachahmung als deren höchstes Gesetz. Jede Nachahmungshandlung bewirke die Verbreitung von Bedingungen, durch die neue, freiere und rationalere Nachahmungshandlungen erleichtert und verwirklicht würden, die zugleich genauer und strenger seien. Zu den Nachahmungshandlungen gehört auch das Abtragen von gesellschaftlichen Grenzen, die Bedingungen für neue Nachahmungshandlungen fördern. Zum Äußersten getrieben hätte diese Entwicklung die Folge, dass die Übertragung durch Nachahmung auf die ganze Menschheit fast unverzüglich ablaufen würde. Tarde ist *kein* Hegelianer, denn die Entwicklung kommt nie zu einem Ende: Der absolute Geist kann sich niemals ausruhen, andauernd wird etwas erfunden, das ihn stört. Am Schluss der *Lois de l'imitation* wird Tarde jedoch unvermittelt idealistisch: Die nacheinander auftauchenden Erfindungen folgten nicht zufällig aufeinander, ein rationales Band verbinde sie. Ohne jegliche weitere

Erläuterung verweist er dann auf Auguste Comte und Augustin Cournot. Der Verdacht des sozialstrategischen Verweises liegt nahe.

Weit produktiver als Désir und Croyance sind Tardes dynamische Betrachtungen. Die elementare Typologie der Ergebnisse der sozialen Kämpfe um Erfindungen sieht drei Varianten vor. Erstens: Die Gegner einer Erfindung werden ohne äußere oder innere Unterstützung durch die langsame Verbreitung der Erfindung still beseitigt. Zweitens: Die Erfindung allein löst nicht den Widerspruch auf, den sie veranlasst hat. Die Befürworter und die Gegner greifen zu den Waffen – das können natürlich auch intellektuelle sein –, und eine Partei wird gewaltsam beseitigt. Oder drittens: Eine ganz andere Erfindung gibt den Ausschlag. Es war die Erfindung des Teleskops am Anfang des siebzehnten Jahrhunderts, die den zwei Jahrtausende währenden Streit darüber beendete, ob sich die Sonne um die Erde oder die Erde um die Sonne dreht.

Welche Bedingungen verhindern, welche Bedingungen fördern Erfindungen? Welche Erfindungen sind wichtig und welche weniger wichtig für die Entwicklung von Gesellschaften? Die Überlegungen Baeckers in seinen *Studien zur nächsten Gesellschaft* sind die Fortentwicklung und die perfekte Ergänzung zur Erfindungs-Nachahmungs-Theorie von Tarde. »Die Gesellschaft setzt sich fort; die Gesellschaft erkennt sich wieder; und die Gesellschaft beobachtet sich selbst.«[52] Der Prozess, wie Gesellschaft sich fortentwickelt, soll rekursiv sein, wobei die Form der Rekursion im Kern lediglich aus zwei Elementen besteht: aus einem Sinnüberschuss, dessen Struktur sich in der Zeit verändert, und aus dem zu jedem Zeitpunkt praktizierten Umgang mit dem Sinnüberschuss. Die jeweilige Verarbeitung des Sinnüberschusses bestimmt die Technik der Selbstbeobachtung der Gesellschaft und die Kriterien für ihre Wiedererkennung.

Baecker betrachtet drei zentrale Erfindungen: die Sprache – hier müsste man das Wort Erfindung in Anführungszeichen setzen –, den Buchdruck und die moderne IT. Mit jeder dieser Neuerungen gibt es zu viele mögliche Kommunikationen: Baecker unterscheidet zwischen Referenzüberschuss, Symbolüberschuss und Kontrollüberschuss. Die Stammesgesellschaft nach Einführung der Sprache muss mit der Schwierigkeit fertig werden, dass Kommunikationen nie völlig eindeutig sind, dass es immer auch Bezüge gibt, die aus der konkret gegebenen sozialen Situation hinausführen. Das Mittel zur Beschneidung des Referenzüberschusses ist das Ziehen von Grenzen aller Art: individuelle territoriale Grenzen schützen Eigentum, kollektive territoriale Grenzen bewahren soziale Hierarchien, Grenzen zwischen Verwandten und Grenzen zwischen sozialen Gruppen regeln die zulässigen Interaktionen. Am Beginn der Moderne sorgt der Buchdruck für einen Symbolüberschuss. Niemand ist in der Lage, sich mit allen Kommunikationen und dann auch noch in allen Einzelheiten auseinanderzusetzen. Das Mittel der Wahl zur Eindämmung des Symbolüberschusses ist Kritik: Auf allen Ebenen der Gesellschaft sorgen Kritikfilter dafür, dass die Befassung mit Kommunikationen im gesellschaftlich verträglichen Rahmen bleibt.

Als Hauptproblem nicht der nächsten, sondern bereits der jetzigen Gesellschaft macht Baecker den Kontrollüberschuss aus. Die Vernetzung der Computer führt zu neuen Formkomplexen, die ein Eigenleben gewinnen, das sich aus ihren Komponenten nicht ableiten lässt. Alle Varianten von computerunterstützter beziehungsweise computergesteuerter Arbeit sowie die Unzahl von Internetplattformen greifen auf die Gesellschaft zu und konkurrieren miteinander. Die knappen Ressourcen sind in diesem Fall individuelle und kollektive kognitive Operationen und Bewusstsein.

Die Sinnüberschuss-Theorie ist ein Musterbeispiel für eine abstrakte beziehungsweise hochaggregierte funktionale Betrachtung. Geht man strikt nach Luhmann vor, bestehen die

Produktionen der Gesamtgesellschaft GS_t allein aus Kommunikationen. Sowohl Produktionsfaktoren als auch Ergebnisse sind Produktionen. Ist man etwas liberaler, betrachtet die Sinnüberschuss-Theorie den Ausschnitt aus der Gesamtgesellschaft GS_t, der die Kommunikationen als Produktionen enthält.

Die Grenzen der Stammesgesellschaft, die die Verweise von deren Kommunikationen beschränken, sind Beschränkungen der Produktionsfunktionen der Gesamtstammesgesellschaft. Die Grenzen sind durch die Formen der Produktionsfunktionen und durch nichts anderes gegeben. Auch Stammesgesellschaften können Subgesellschaften aufweisen: Wenn etwa ein bestimmter Teil der Gesellschaft vornehmlich mit mythischen oder religiösen Praktiken befasst ist.

Die Kritikfilter der Buchdruckgesellschaft arbeiten auf der nächsten Ebene. In der Buchdruckgesellschaft sind die Produktionsfunktionen ungleich vielfältiger, und die Vielfalt findet in hohem Maße Anwendung. Es gibt viel mehr Ergebnisse, Intentionen und Aktualisierungen. Aber zusätzlich gibt es produzierte Produktion der Gesamtgesellschaft – produzierte Produktion ist die Produktion von Produktionsfunktionen –: Die Vielzahl der Kommunikationen produziert Kommunikationen, die ebendiese Vielzahl beschränken, nämlich die Kritikfilter.

Der Kontrollüberschuss der Computergesellschaft ist ein Überschuss von produzierter Produktion. Es macht keinen Sinn, das Prinzip der Kritikfilter einfach zu iterieren, weil jede Metaebene formal auf die nächsttiefere Ebene reduziert werden kann. Es ist jedoch mehr als sinnvoll, neue, komplette Produktionsumgebungen zu produzieren, die den Kontrollüberschuss radikal bekämpfen, indem sie nicht nur Filtermöglichkeiten zur Verfügung stellen, sondern gleich Intentionen und Aktualisierungen der Filteranwendung mitliefern. Der Referenzüberschuss wird durch die Formen der Produktionsfunktionen begrenzt, der Symbolüberschuss wird durch produzierte Produktion und der Kontrollüberschuss durch Metaproduktion eingeschränkt.

»Kontrollüberschuss heißt daher und zunächst vor allem, dass auch der Beobachter von Verstehen auf Kontrolle umstellen muss, das heißt vom Versuch hermeneutischer Sinnauslegung, der an der Unzugänglichkeit der Selbstreferenz scheitert, auf die Beobachtung und das Protokoll der eigenen Erfahrungen im Spiegel der eigenen Erwartungen, das heißt auf das eigene Gedächtnis und dessen durchaus misstrauische Überwachung.«[53] Die Computergesellschaft produziert konkludente »eigene Erwartungen« der Beobachter per Metaproduktion.

Die Explosion der Kommunikationen begann übrigens schon lange vor der modernen IT und Luhmann. In den *Lois d'imitation* berichtet Tarde, dass sich in Frankreich die Zahl der Telegramme von 9000 im Jahr 1851 über 4 Millionen in 1859, 10 Millionen in 1869 auf 14 Millionen im Jahr 1879 gesteigert hat.

22 Die Transformation von Gesellschaften

Tarde und Baecker sind Ausnahmen, weil sie sich umfassend mit der Transformation von Gesellschaften beschäftigen. Sonst kommt gesellschaftliche Transformation in der Soziologie eigentlich nur als funktionale Differenzierung vor. Die ist aber lediglich ein Spezialfall.

Soziologische Betrachtungen zur gesellschaftlichen Differenzierung sind nicht notwendig differenziert. Es wird eine anscheinend universale Drift zu funktionaler Differenzierung der Gesellschaften in immer mehr Teileinheiten konstatiert, die in immer mehr Hinsichten voneinander unabhängig werden. Aber dann folgt keine Untersuchung der Differenzierungsmodi. Die Produktionstheorie der Gesellschaft ist dazu in der Lage, durch begriffliche Disziplin differenziertere Betrachtungen anzuregen.

Die Produktionstheorie der Gesellschaft besteht auf der Unterscheidung zwischen interner und externer Transformation von Gesellschaften. Interne Transformation ist identitätsbewahrend, externe Transformation ist identitätssprengend. $\mathbf{G} = \langle \mathbf{G}_1, \ldots, \mathbf{G}_t, \ldots, \mathbf{G}_z \rangle$ ist eine Gesellschaft mit $\mathbf{G}_t = \langle GS_t, \mathsf{GS}_t \rangle$. Zu jedem Zeitpunkt t besteht die Gesellschaft aus der Gesamtgesellschaft GS_t und den Subgesellschaften GS_t. $\mathbf{G}_t$ ist der tatsächliche Zustand der Gesellschaft $\mathbf{G}$ zum Zeitpunkt t, das Paar $\langle GS_t, \mathsf{GS}_t \rangle$ erfasst alle tatsächlichen Beziehungen zwischen der Gesamtgesellschaft und den Subgesellschaften zum Zeitpunkt t. Interne Transformation von Gesellschaften meint den Übergang der Gesellschaft $\mathbf{G}$ vom Zeitpunkt t zum Zeitpunkt t+1, also von $\mathbf{G}_t = \langle GS_t, \mathsf{GS}_t \rangle$ zu $\mathbf{G}_{t+1} = \langle GS_{t+1},$

$GS_{t+1}\rangle$. Externe Transformation ist der Übergang von einer Gesellschaft **G** zu einer Gesellschaft **G'**. Im ersten Fall bleibt die Gesellschaft dieselbe, im zweiten Fall ist es eine andere.

Dynamische Differenzierung bedeutet zunächst einmal interne Transformation. Die einfachste Form von Differenzierung liegt vor, wenn eine Gesellschaft eine im Laufe der Zeit zunehmende Anzahl von Subgesellschaften aufweist. Die Differenzierung kann sich auch rein qualitativ abspielen. Die Anzahl der Subgesellschaften bleibt unverändert, aber sie enthalten mehr Produktionsumgebungen, mehr Produktionsfunktionen, mehr Intentionen oder mehr Aktualisierungen.

Subgesellschaften können sich isoliert in Bezug auf Produktionsumgebungen, Intentionen und Aktualisierungen weiterentwickeln. Zum Beispiel können sich bei konstanten Produktionsmöglichkeiten Intentionen und Aktualisierungen differenzieren. Dies ist etwa der Fall bei Gesellschaften, in denen neue Götter hinzukommen, die zusammen mit den alten Göttern verehrt werden.

Die klassische Diskussion der dynamischen Differenzierung konzentriert sich auf die Entkoppelung von Gesellschaften. Entkoppelung meint, dass die Unterschiede zwischen der Gesamtgesellschaft auf der einen Seite und den Subgesellschaften auf der anderen Seite größer werden oder dass die Beziehungen der Subgesellschaften untereinander lockerer werden. Das sind zwei sehr verschiedene Sachverhalte.

Um die Unterschiede zu erfassen, muss ein Maß für dieselben für Elementargesellschaften[54] definiert werden. Naheliegende Kandidaten dafür sind die Abstände im sozialen Raum und die Ausstattung mit den verschiedenen Kapitalsorten aus der Bourdieu_1-Soziologie. Hier ist zu entscheiden, welcher Stelle die genannten Größen zugerechnet werden: Produktionsfunktionen, Intentionen, Aktualisierungen oder Produktionsumgebungen als Ganzen. Die Bourdieu'schen sozialen Abstände und Kapitalsorten bieten sich auch deshalb an, weil hier kontinuierlich empirische Resultate produziert werden, die im Rahmen der Produktionstheorie der Gesellschaft Verwendung finden können.

Dynamische funktionale Differenzierung führt ausnahmslos zu höherer Komplexität: Die einzelnen Subgesellschaften werden komplexer, die Beziehungen zwischen den Subgesellschaften werden komplexer, die Beziehungen zwischen der Gesamtgesellschaft und den Subgesellschaften weisen einen höheren Komplexitätsgrad auf.

Komplexität und der Umgang damit bilden einen entscheidenden Baustein für die Luhmann'sche Systemtheorie. Man könnte hier von einem bedingten Reflex sprechen: Keine Komplexität ohne Versuch der Komplexitätsreduktion. Das ist die ›logische‹ Folge aus der Systemontologie, nach der sich alles aus der grundlegenden Differenz von System und Umwelt entwickelt. Stets ist die Umwelt komplexer als das System, die Struktur – jawohl – der Relationen zwischen den Elementen der Umwelt wird durch das System mit weniger Elementen und weniger Relationen zwischen ihnen reproduziert. Die Komplexität des Systems besteht darin, dass die Anzahl der Möglichkeiten, die Elemente des Systems miteinander zu verknüpfen, stets größer ist als die Anzahl der jeweils tatsächlich vollzogenen Verknüpfungen. Gesellschaften als soziale Systeme aus Kommunikationen unterliegen einem Selektionszwang: Auf Kommunikationen folgen nicht beliebig mögliche, sondern nur bestimmte Kommunikationen. Die Gesellschaft, das soziale System Luhmanns *ist* der spezifische Selektionszwang.

Der Hinweis allein, dass mit der Zahl der Elemente eines Systems die Verknüpfungsmöglichkeiten exponentiell steigen, kann nicht genügen. Wenn man der Komplexitätsreduktion eine entscheidende Rolle für die Gesellschaftsbildung zuschreibt, muss man den Begriff der Komplexität explizieren. Es ist möglich und notwendig, Maße für Komplexität zu entwickeln. Dies geschieht schon lange für Kunstsprachen, darunter vor allem die Programmiersprachen, die Computerlinguistik versucht es für natürliche Sprachen. Aber auch für andere gesellschaftlich relevante Felder wären Komplexitätsmaße sinnvoll. Insbesondere für die White'schen und die Latour'schen Netzwerke ist das keine Zauberei. Das gilt auch für die Bourdieu$_1$- und die Bourdieu$_2$-Soziologie, für die sozialen Felder und den Habitus.

Sind Komplexitätsmaße verfügbar, lassen sich auch verlässliche Aussagen über den Zusammenhang zwischen Komplexität und Entkoppelung treffen. Fördert zunehmende Komplexität von Subsystemen tatsächlich deren Entkoppelung voneinander, und lockert sie deren Bindung zur Gesamtgesellschaft? Welche Art von Komplexität spielt welche Rolle: Ist jeweils die Komplexität der Produktionsmöglichkeiten, der Produktionsfunktionen, der Intentionen oder der Aktualisierungen ausschlaggebend?

Sich quantitativ differenzierende Gesellschaften

$\mathbf{G} = \langle \mathbf{G}_1, \ldots, \mathbf{G}_t, \ldots, \mathbf{G}_z \rangle$ ist eine Gesellschaft mit $\mathbf{G}_t = \langle GS_t, \mathbf{GS}_t \rangle$. $\mathbf{G}$ ist eine sich stetig quantitativ differenzierende Gesellschaft genau dann, wenn gilt:$_{Def}$ Für alle t und t + 1 mit t < z ist die Mächtigkeit von $\mathbf{GS}_{t+1}$ größer als die Mächtigkeit von $\mathbf{GS}_t$.

Sich qualitativ differenzierende Gesellschaften

$\mathbf{G} = \langle \mathbf{G}_1, \ldots, \mathbf{G}_t, \ldots, \mathbf{G}_z \rangle$ ist eine Gesellschaft mit $\mathbf{G}_t = \langle GS_t, \mathbf{GS}_t \rangle$. $\mathbf{G}$ ist eine sich stetig qualitativ differenzierende Gesellschaft in Bezug auf die Produktionsumgebungen genau dann, wenn gilt:$_{Def}$ Für alle t und t + 1 mit t < z ist die Mächtigkeit von $\mathbf{GS}_t$ gleich der Mächtigkeit von $\mathbf{GS}_{t+1}$, und für jede Subgesellschaft GS' $\in$ $\mathbf{GS}_t$ gibt es eine Subgesellschaft GS" $\in$ $\mathbf{GS}_{t+1}$, so dass es für alle Produktionsumgebungen PU' $\in$ GS' eine Produktionsumgebung PU" $\in$ GS" gibt und PU" inkludiert stark PU'.

Das klingt komplizierter, als es ist. Die starke Inklusion zwischen PU" = ⟨P", I", A"⟩ und PU' = ⟨P', I', A'⟩ heißt, dass gilt: $P' \subset P''$, $I' \subset I''$ und $A' \subset A''$. Die Subgesellschaften entwickeln sich im Zeitablauf so, dass die späteren Produktionsumgebungen die früheren umfassen, aber es kommen jeweils Produktionsmöglichkeiten, Intentionen und Aktualisierungen dazu.

23 Ökonomie

Große Teile der Gesellschaftstheorie sind sich einig, dass in der Gegenwart die Ökonomie die entwickelten Gesellschaften dominiert. Das gilt sowohl für Erscheinungsweise der Gesellschaften als auch für diejenige der Individuen. Im Zeitablauf wurden auf allen Ebenen ökonomische Argumente ständig wichtiger. Das, was üblicherweise als ökonomisches Denken bezeichnet wird, hat in den westlich orientierten Gesellschaften den Sieg davongetragen: über die Götter, über geistige und weltliche Traditionen, über die Ehre etc. Was nicht heißen soll, dass die genannten Personen und Nicht-Personen ersatzlos verschwunden sind. Es gibt ökonomische Götter und Heilige, ökonomische Grale in mannigfacher Zahl, ökonomische Traditionen jeder Art und die Kaufmannsehre oder die Ehre des Traders usw. Es muss allerdings auch bemerkt werden, dass sich der Konflikt zwischen muslimischer und nicht muslimischer Welt wesentlich um Ehre und Ehrverletzung dreht und dass in diesem Zusammenhang Ehrverletzung nicht wirklich ökonomisch geheilt werden kann.

Die einzige Ausnahme ist die Liebe: Es darf keine ökonomische Liebe geben. Wenn Liebe ökonomisch ist, dann ist es keine Liebe. Knappheiten sind interessant. Da regt sich der Verdacht, dass die Ausnahmestellung der Liebe auch etwas ökonomisch Bedingtes an sich hat. Romeo und Julia kamen nicht aus irgendwelchen Familien. Die Montagues und Capulets gehörten zu der Handvoll der wichtigsten und reichsten Familien von Verona. Die von Eva Illouz untersuchte Analogie der Warenproduktion und der Produktion von Gefühlen greift nicht erst in der Gegenwart.[55] Emodities, in oder von der Gesellschaft produzierte Gefühlswaren, gibt es seit jeher.

Wenn Geisteswissenschaftler und Geisteswissenschaftlerinnen das Wort Ökonomie hören, lesen oder denken, dann wird im gerade aktiven Hirnareal sehr häufig das Wort Profit gebildet, und der Begriff der Gier schwappt ins Bewusstsein. Aber tatsächlich hat Ökonomie nur am Rand etwas mit Rolex-Uhren und Porsche Carreras zu tun. Die Ökonomie ist ein System, das bestimmte Absichten und bestimmte Handlungen miteinander kompatibel macht. So, dass man überhaupt von einem System sprechen kann. So, dass das System nicht gleich auseinanderfliegt. Die Formeln für das System lauten:

Ökonomie = Widerspruchsfreiheit + Wiederholung.

Und:

Profit = Logik der Evolution.

Wenn die Absichten der Akteure einander zu sehr widersprechen, dann fällt das System auseinander. Latour spricht von »scripts«, die alle ökonomischen Transaktionen regeln.[56] Die Skripte sind zuerst Wiederholung. Der Einkauf im Hypermarché, das Einstellungs- und das Kündigungsgespräch, der IPO einer Firma folgen jeweils verschiedenen Skripten, die unterschiedliche Freiheitsgrade haben. Technologische Innovationen, neue Regularien und soziale Hintergrundbedingungen sorgen dafür, dass ständig alte Skripte umgeschrieben und neue verfasst werden.

Der Zwang zum Profit ist der Zwang der Evolutionslogik. Nur wer Profit macht, der existiert weiter. Wer keinen Profit macht, kann seine Mitarbeiter und seine Lieferanten nicht bezahlen. Ohne Profit kein Investment. Profit ist nicht notwendig, damit es Porsches und Rolex-Uhren gibt, sondern damit es weiter Firmen gibt.

Das ist die reine Theorie, zu der natürlich unbedingt angemerkt werden muss: Zunächst einmal ist die gesellschaftliche Wirklichkeit unrein. Wer genug geschenkt bekommen oder genug geerbt hat, muss nicht Profit machen. Die reine Theorie ist außerdem nicht geeignet – sie erhebt auch keinen derartigen Anspruch –, die Bewahrung des Planeten zu leisten. Kapitalismus muss jedoch keineswegs automatisch Ausbeutung der Natur bedeuten. Knappe Ressourcen müssen geschont und nachhaltiges Wirtschaften muss gefördert werden. Das geschieht am wirkungsvollsten, indem durch gesellschaftliche Übereinkunft entsprechende ökonomische Bedingungen geschaffen werden. Eine CO_2-Steuer ist eine absolute Notwendigkeit.

Es ist überflüssig zu sagen, dass die relationale Produktionstheorie genau den Rahmen bereitstellt, um die Ökonomie in die Gesellschaftstheorie zu integrieren. Nachdem die Produktionsfunktionen aus der Ökonomie kommen, wird der Kapitalismuskritiker sofort laut »neoliberale Hegemonie!« rufen. Es hilft nichts. Die Anpassungsfähigkeit des Kapitalismus besteht darin: Wenn ein Widerspruch zu einem Arrangement von Produktionsumgebungen aufkommt, der durch ein neues Arrangement von Produktionsumgebungen behoben werden kann, dann wird dieses neue Arrangement auch verwirklicht.

Der Linguistic Turn hat es fertiggebracht, dass die Philosophen und Philosophinnen beim Thema Widersprüche zuerst an Widersprüche zwischen Sätzen dachten. Im Vergleich zum Hegel'schen System ist der Informationsgehalt des Begriffes dadurch stark geschrumpft. Dagegen kann die relationale Produktionstheorie mit einer ganzen Palette von Widerspruchsbegriffen aufwarten. Widersprüche in Bezug auf Produktionsumgebungen treten intern und extern auf. Dabei ist zwischen destruktiven und nicht-destruktiven Widersprüchen zu unterscheiden. Destruktive Widersprüche zerstören Produktionsumgebungen ersatzlos. Nicht-destruktive Widersprüche können neutral oder konstruktiv sein. Konstruktive Widersprüche führen zu neuen Produktionsumgebungen.

Für eine einzelne Produktionsfunktion muss gelten, dass mit denselben Faktoren stets dieselben Ergebnisse erzielt werden, sonst ist es keine Produktionsfunktion. Das wäre ein destruktiver Widerspruch. Im stochastischen Fall wird aus der Sicherheit für *gleiche Faktoren = gleiche Ergebnisse* eine Wahrscheinlichkeit. Ist die Ausbeute zu gering, wird man nach einem Ausweg suchen, nach einem anderen Produktionsprozess, der die gewünschten Ergebnisse mit höherer Wahrscheinlichkeit hervorbringt. Genau so hat es sich in der Frühzeit der Fertigung integrierter Bauelemente abgespielt.

Ein interner P-Widerspruch liegt vor, wenn zwei Produktionsfunktionen auf genau dieselben Faktoren zugreifen und mit genau denselben Kombinationen der Faktoren unterschiedliche Ergebnisse erzeugen. Die beiden Produktionsfunktionen verkörpern unterschiedliche Technologien. Interne P-Widersprüche sind nicht-destruktiv. Ein interner I-Widerspruch tritt auf, wenn zwei Produktionen intendiert sind, die nicht beide aktualisiert werden können. Dafür können entweder die Faktoren oder die Ergebnisse verantwortlich sein. Die Faktoren werden knapp, so dass nur eine von mehreren Produktionen realisiert werden kann, aber nicht alle zusammen. Aber auch Ergebnisse können knapp sein, nicht alle Ergebnisse können in ein und demselben Raum-Zeit-Intervall untergebracht werden. Denkbar ist, dass I-Widersprüche ihren Ausgang bei P-Widersprüchen nehmen. Die P-Widersprüche fungieren dann als Heuristiken. Interne I-Widersprüche sind gleichfalls nicht-destruktiv. Es kann nicht an beiden Intentionen festgehalten werden, entweder es wird eine Intention oder es werden beide Intentionen nicht aktualisiert. A-Widersprüche kann es nicht geben: Die tatsächlich realisierten Produktionen dürfen beziehungsweise können sich nicht widersprechen.

Ein externer P-Widerspruch zwischen einer Produktionsumgebung PU_1 und einer Produktionsumgebung PU_2 tritt auf, wenn eine Produktionsfunktion aus PU_1 und eine Produktionsfunktion aus PU_2 auf die gleichen Faktoren zugreifen und mit den gleichen Kombinationen der Faktoren unterschiedliche Ergebnisse erzeugen. Die beiden Produktionsfunktionen verkörpern unterschiedliche Technologien. Externe P-Widersprüche sind nicht-destruktiv.

Ein externer I-Widerspruch zwischen PU_1 und PU_2 liegt vor, wenn es eine Intention aus PU_1 und eine Intention aus PU_2 gibt und wenn keine Produktionsumgebung PU_3 mit PU_3 inkludiert$_I$ PU_1 und PU_3 inkludiert$_I$ PU_2 existiert, so dass beide Intentionen zusammen in PU_3 aktualisiert werden können.

Interne A-Widersprüche darf es nicht geben. Gibt es externe A-Widersprüche? Der Begriff wäre so zu konstruieren: Ein externer A-Widerspruch zwischen PU_1 und PU_2 liegt vor, wenn es eine Aktualisierung aus PU_1 und eine Aktualisierung aus PU_2 gibt und wenn keine Produktionsumgebung PU_3 mit PU_3 inkludiert$_A$ PU_1 und PU_3 inkludiert$_A$ PU_2 existiert, so dass beide Aktualisierungen zusammen in den Aktualisierungen von PU_3 vorkommen. Wenn man Original-, Rechts- oder Linkshegelianer ist, dann gibt es externe A-Widersprüche.

Die Optimierung im Kapitalismus ist die Art und Weise, wie aus ständig neuen Widersprüchen neue Weltzustände entstehen. Das ist, wenn man so will, kein Links- und kein Rechtshegelianismus, sondern ein ökonomischer Hegelianismus. Welcher allerdings durchaus nicht im Sinne des Erfinders liegt. Denn der dekretiert: »*Der Widerspruch löst sich auf.*«[57] Man muss hinzufügen: Und er kommt nicht wieder. Denn: »Die höchste Wahrheit, die Wahrheit als solche, ist die Auflösung des höchsten Gegensatzes und Widerspruchs. In ihr hat der Gegensatz von Freiheit und Notwendigkeit, von Geist und Natur, von Wissen und Gegenstand, Gesetz und Trieb, der Gegensatz und Widerspruch überhaupt, welche Form er auch annehmen möge, *als* Gegensatz und Widerspruch keine Geltung und Macht mehr. […] Die Philosophie aber tritt mitten in die sich widersprechenden Bestimmungen hinein, erkennt sie ihrem Begriff nach, d.h. als in ihrer Einseitigkeit nicht absolut, sondern sich auflösend, und setzt sie in Harmonie und Einheit, welche die Wahrheit ist.«[58]

Es ist möglich, kein Kantianer zu sein. Ist es möglich, kein Hegelianer zu sein?

Der Kapitalismus braucht keine Einheit und keine Wahrheit. Das ist der große Irrtum von Marx und von fast allen Kapitalismuskritikern, bis hin zu Tomas Piketty und David Graeber. Piketty will die Wahrheit des Kapitalismus in wenigen, fast universalen Gleichungen ausgemacht haben.[59] Graeber sieht die Einheit des Kapitalismus in einem Minimum von sozialen Praktiken, an deren erster Stelle der Akt der Verschuldung.[60] Der Kapitalismus braucht kein Fundament. Ein Fundament würde ihn nur angreifbar machen. Wer das Fundament untergräbt oder zerstört, könnte wirklich eine Revolution anzetteln. Der Kapitalismus wäre angreifbar, wenn er Prinzipien hätte, die wesentlich über die Formeln *Ökonomie = Widerspruchsfreiheit + Wiederholung* sowie *Profit = Logik* hinausgehen würden. Dann könnten diese Prinzipien mit vereinten Kräften oder mit der irgendwie gegebenen Macht eines Einzelnen durch andere ersetzt werden.

Der Kapitalismus hat mit den Geisteswissenschaften die Einsicht gemeinsam, dass ein Fundament etwas strategisch sehr Unkluges wäre. Das Charakteristikum der Geisteswissenschaften ist ihr perennialer Schwebezustand, gegen den nichts und niemand hilft: In den Geisteswissenschaften gibt es keine endgültige Lösung für irgendein Problem, außer das Problem interessiert buchstäblich niemanden mehr. Solange es Geisteswissenschaftler und Geisteswissenschaftlerinnen gibt, produzieren sie neue Probleme und neue Lösungen. Baecker betont die radikale Selbstreferenzialität der Geisteswissenschaften: »Die Wissenschaft vom Geist ist die Wissenschaft eines Bewusstseins, das erst in der Auseinandersetzung mit der Welt, dialektisch, wie man weiß, zum Bewusstsein wird, das seine Vereinzelung überwindet und pflegt zugleich. Das geht klassisch ebenso wie romantisch, wie man ebenfalls weiß, das heißt im vollen Selbstbewusstsein aller menschlichen Kräfte ebenso wie im dunklen Wissen um die Unverständlichkeit der Welt, führt aber so oder so zur Übung einer Fähigkeit, die wesentlich Unruhe ist, Negationsbereitschaft und Spiel.«[61] Im größten Gegensatz dazu ist der Kapitalismus radikal anti-selbstreferenziell: Der Kapitalismus expandiert räumlich, zeitlich und in überhaupt allen denkbaren Dimensionen. Selbstbezug würde dieser Ausdehnungswut widersprechen.

24 Einfachheit, Natürlichkeit, Schönheit

Produktionsumgebungen sind keine Sätze. Produktionsumgebungen sind keine Entitäten, denen man Wahrheit zuschreiben oder absprechen kann. Demgemäß kann es keine richtigen oder falschen Produktionsumgebungen geben. Selbstverständlich kann Wahrheit als Gegenstand in Produktionsumgebungen vorkommen. Metaphysische, essenzialistische, instrumentalistische und kohärenztheoretische Wahrheitsbegriffe können als Produktionsumgebungen aufgefasst werden, die Sätzen nach gewissen Vorgaben Wahrheitswerte zuordnen. Es ist geboten, sich Gedanken über die Adäquatheit der jeweiligen Konstruktion von Systemen, Netzwerken und Produktionsumgebungen zu machen. Doch erscheint es nicht sinnvoll, diese Überlegungen unter der Überschrift *Wahrheit* anzustellen.

Nach dem Turnaround des Linguistic Turn häuften sich die Bemühungen, Wahrheit und Sprache zu entflechten. Vor allem zwei Versuche haben ein breiteres intellektuelles Publikum gefunden. Foucault arbeitet den Begriff der Parrhesia aus. Parrhesia ist keine Eigenschaft, die Sätzen zukommt, sondern Personen. Das Wahrsprechen ist eine Tugend, die vor allem in Offenheit besteht. Es kommt nicht allein darauf an, ob die geäußerten Sätze wahr sind oder nicht, der Sprecher muss das äußern, was gemäß seinen Beziehungen zu den Hörern moralisch geboten ist. Er soll seinen Freunden auch sagen, was sie nicht gerne hören, sofern es ihnen nützt, und er soll dem ungerechten Tyrannen die Stirn bieten.[62]

Gemäß Luhmann ist Wahrheit ein symbolisch generalisiertes Kommunikationsmedium. Damit sind Strukturen gemeint, die erfolgreiche Kommunikationen ermöglichen, indem sie Unwahrscheinlichkeit in Wahrscheinlichkeit transformieren. Etwas einfacher ausgedrückt: Wahrheit ist ein Etikett, das in einer Gemeinschaft an eine Kommunikation angeklebt wird. Verkündet das Etikett *wahr*, kann weiterkommuniziert werden. Steht auf dem Etikett *falsch*, muss erst einmal innegehalten und nachgedacht werden.

Welche Kandidaten gibt es für Adäquatkeitskriterien in Bezug auf Produktionsumgebungen? Hier ist wieder ein Blick in die Physik instruktiv, weil dort regelmäßig die Kriterien Einfachheit, Natürlichkeit und Schönheit für die Aufstellung und die Akzeptanz von Theorien thematisiert werden. In *Das hässliche Universum* beschreibt die Physikerin Sabine Hossenfelder schonungslos – das Adjektiv aus literarischen Rezensionen ist hier wirklich angebracht (ihr Facebook-Account enthält die Selbstcharakterisierung: »Maker of my own Misery«) –, wie in der Physik die Kriterien Schönheit, Einfachheit, Eleganz und Natürlichkeit *nicht* funktionieren.[63] Wer meint, dass Individuen und Firmen pleitegehen, Startups nur selten erfolgreich sind, aber naturwissenschaftliche Forschungsprogramme – vor allem solche, die mit Milliarden gefördert werden – durch die Bank Erfolgsstorys sind, lernt hier etwas fürs Leben.

Hossenfelder schildert detailreich die bis jetzt vergebliche Suche nach supersymmetrischen Teilchen, die das Standardmodell konziser machen sollen. Gemäß der Supersymmetrie bleiben die durch die vier Elementarkräfte erfassten Kraftfelder unverändert, wenn Bosonen gegen Fermionen ausgetauscht werden. Jedes bekannte Boson soll einen fermionischen und jedes bekannte Fermion soll einen bosonischen Partner haben. Aus den Gleichungen der Supersymmetrie lässt sich jedoch nicht die Masse der jeweils gesuchten Partner ablesen. Je schwerer ein Teilchen ist, desto mehr Energie ist notwendig, um es nachzuweisen. Bis jetzt steht nur fest:

Wenn die Superpartner existieren, dann sind sie so schwer, dass die Energie in den bisher durchgeführten Experimenten nicht ausreicht, um sie zu erzeugen.

Einfachheit in der Physik bedeutet ausnahmslos mathematische Einfachheit: möglichst wenige Parameter, möglichst wenige Variablen und möglichst wenige mathematische Beziehungen. Wenn zwei Theorien das Gleiche leisten, ist die einfachere vorzuziehen – um auf diese Maxime zu kommen, muss man kein Theoretiker sein. Das Streben nach Einfachheit ist auch für die Vorliebe der Physiker für Symmetrien verantwortlich: Symmetrien in mathematischen Beziehungen verkürzen die Erfassung derselben ungeheuer. Wenn ein Muster aus Kacheln durch symmetrische Operationen erzeugt ist, muss man nicht mehr alle Kacheln und ihre jeweilige Lage beschreiben.

Mit der Forderung nach Natürlichkeit möchten die Physiker vor allem sich selbst aus ihren Theorien streichen. Die Theorien sollen über der Situation stehen, in der sich die Physiker als Problemlöser befinden oder begeben haben. Die Parameter einer Theorie und ihre mathematischen Beziehungen zueinander sollen nicht das Air von ad hoc haben. Natürlichkeit und Schönheit werden als verbundene Phänomene behandelt: Eine Theorie mit sehr großen oder sehr kleinen Zahlen wird als unnatürlich gesehen. Als natürlich werden vor allem Theorien betrachtet, deren Parameter Werte nahe eins annehmen. Sehr große, sehr kleine und sehr nahe beieinanderliegende Zahlen sind unnatürlich.

Hossenfelder zitiert etwa zwei Dutzend Top Dogs aus der Physik, die mit Nachdruck die Wichtigkeit von Schönheit als Leitlinie für die Entwicklung physikalischer Theorien betonen. Paradigmatisch ist hier der Mathematiker und Physiker Hermann Weyl: »Meine Arbeit versucht immer, das Wahre mit dem Schönen zu vereinen; aber wenn ich mich zwischen beiden entscheiden musste, wählte ich gewöhnlich das Schöne.«[64] Frappierend ist hier: Keiner der Physiker ist willens oder in der Lage, auch nur im Ansatz Kriterien für Schönheit anzugeben.

Eleganz ist in der Mathematik ein Prädikat, das vor allem dann verliehen wird, wenn vorher etwas unelegant war. Das betrifft zuvörderst Beweise. Das eleganteste Buch, das jemals ein Wirtschaftswissenschaftler geschrieben hat, ist *Theory of Value. An Axiomatic Analysis Of Economic Equilibrium.* Gérard Debreu formuliert hier eine elementare Version der Allgemeinen Gleichgewichtstheorie mit einem maximal transparenten Existenzbeweis für das Gleichgewicht – für eine mathematische Science-Fiction-Welt mit Firmen und Konsumenten, die nun wirklich gar nichts mit dem gewöhnlichen Wirtschaften zu tun hat. Verglichen mit *Theory of Value* waren alle Vorgängerbeweise clumsy. Eine große ästhetische Faszination geht auch davon aus, dass Debreu diese Welt mit einer begrifflichen und mathematischen Mühelosigkeit darbietet, die beim mitdenkenden Leser jeden Zweifel darüber ausräumt, diese Welt könnte doch irgendetwas mit seiner Welt gemein haben.

Schönheit in den Naturwissenschaften meint nicht ausschließlich die verwendete Mathematik. Das, was schöne Mathematik erfasst, kann unschön sein. Lange hegten die Astronomen die Überzeugung, eine Theorie des Sonnensystems müsse den Planeten Merkur, Mars und Venus genau die Orte zuweisen, an denen sie sich tatsächlich befinden. Eine bloße Theorie der Planetenbahnen ohne die Klärung, warum die Planeten sich gerade auf diesen und nicht auf anderen Bahnen bewegen, wurde als unschön empfunden. Selbst Kepler bemühte sich, eine entsprechende Theorie aufzustellen. Es dauerte, bis allgemein akzeptiert war, dass die Entfernungen der Planeten von der Sonne das Ergebnis einer Historie darstellen, die auch anders hätte verlaufen können. Häufig ändert sich nicht die physikalische Theorie, sondern der Maßstab, mit der sie gemessen wird. Auch in der Physik ist Schönheit alles andere als eine stabile Kategorie.

Eine weitere Version des Strebens nach Schönheit in der Physik ist die ToE, die Theory of Everything. Viele Physiker und Physikerinnen *glauben* – das ist das einzig adäquate Verb –, es müsse eine fundamentale Theorie geben, aus der sich alles andere ableitet, eine Weltformel. Der Fortschritt der Physik bestehe in der auf lange Frist allmählichen, in der kurzen Frist disruptiven Annäherung an das ultimative Naturgesetz. Eine solche Theorie dürfe – logischerweise – nicht selbstwidersprüchlich sein.

Im Zentrum aller Widersprüche in der Physik der Gegenwart steht die Gravitation. Die Gravitation ist eine klassische Kraft: Sie besitzt keine Quanteneigenschaften. Die Allgemeine Relativitätstheorie mit der Gravitation als Hauptbegriff ist eine selten gut empirisch bestätigte Theorie. Die Quantenmechanik ist ebenfalls äußerst überzeugend empirisch bestätigt. Gemäß der Quantenmechanik und dem Standardmodell können bestimmte Teilchen an zwei Orten gleichzeitig sein. Die Schrödinger'sche Wellenfunktion beschreibt die entsprechenden Wahrscheinlichkeiten. Gemäß der Allgemeinen Relativitätstheorie krümmt die Masse des Teilchens die umgebende Raumzeit. Von der Allgemeinen Relativitätstheorie her gesehen: Ein Teilchen kann nicht an zwei Orten gleichzeitig sein. Aus quantenmechanischer Perspektive: Die Raumkrümmung weist keine Quanteneigenschaften auf.

Gegen die Schrödinger-Gleichung kann man nicht viel sagen. Viele Physiker, darunter auch Albert Einstein, waren der Überzeugung, dass sich die Unbestimmtheit der Quantenwelt im weiteren Fortschritt der Forschung beheben lassen würde. Aber die Suche nach Hidden Variables, nach Faktoren, welche die Mikroweltwelt potenziell so deterministisch aussehen lassen würden wie die Makrowelt, blieb ohne vorzeigbare Ergebnisse. Die Bohm'sche Mechanik ist deterministisch, aber nicht-lokal, räumlich getrennte Objekte können einander beeinflussen. Die Vertreter der Bohm'schen Mechanik bilden jedoch eine sehr kleine Minderheit der Quantenphysiker und -physikerinnen. Es kann keine Vervollständigungen der Quantenmechanik geben, die lokal und deterministisch sind. In den Sozialwissenschaften kann man immer rufen: »Hidden Variables!« Und man hat niemals ganz unrecht. Gegen jede Einteilung in unabhängige und abhängige Variablen kann etwas vorgebracht werden, für jede Korrelation zwischen Variablen liegen Einwendungen nahe, dass es bestimmte verborgene Faktoren gebe, die nicht berücksichtigt sind.

Die Soziologie des 19. Jahrhunderts war in gewisser Hinsicht fortschrittlicher als die theoretische Physik des 21. Jahrhunderts: »L'idéal serait que chaque science distincte fût réducible à une formule unique, et que ces formules différentes eussent pour lien une formule supérieure; qu'en un mot il n'y eut plus les sciences, mais la science; comme dans une religion polythéiste qui est devenue monothéiste par voie de sélection, il n'y a plus les dieux, mais Dieu.«[65] Man beachte: Tarde redet hier nicht etwa einem Reduktionismus – und schon gar nicht einem solchen physikalischer Art – das Wort. Jeder Wissenschaft wird eine eigene Formel zugestanden, und der Charakter der höheren Formel bleibt zunächst offen. Er wird nicht durch die Eigenschaften der niedrigeren Formeln präsupponiert.

Der Verdacht liegt nahe, dass es einen Zusammenhang zwischen Schönheit und God's Eye-Point of View gibt, den die modernen wissenschaftlichen Halbgötter nicht so gern zugeben wollen. Das hässliche Universum passt nicht zu Gott. Ein allwissender und allmächtiger Gott hat eine schöne Aussicht auf alles. Daraus leiten die Halbgötter ab: je schöner die Aussicht, desto wissender und desto mächtiger sie selbst.

Es geht nicht wirklich um Schönheit, sondern um einen Gottesstatus. Dabei tun sich die Physiker und Physikerinnen schwerer und die Gesellschaftswissenschaftler und Gesellschaftswissenschaftlerinnen leichter, weil letztere mit ihren eigenen Theorien dafür sorgen können, dass sie selbst Stimmrecht bei der Abstimmung zu ihrem Gottesstatus haben. Die

Gesellschaftswissenschaftler eifern dem Gott nach, der nur sich selbst braucht. Die Theologen zeigen ihnen, wie das geht. Karl Barth machte sich ein Exemplar der zweiten Auflage seines *Römerbriefes* selbst zum Geschenk, mit der Widmung: »Karl Barth. Seinem lieben Karl Barth. 1922.«[66]

Natürlichkeit und Schönheit taugen nicht als Leitlinien für die Entwicklung physikalischer Theorien. Die einzige auf Natürlichkeit zurückgehende Voraussage im Standardmodell war diejenige des Charm-Quarks aus dem Jahr 1970. Das Standardmodell ist, in Hossenfelders Wort, hässlich, weil es so viele Parameter aufweist, die überwiegend nicht bei eins liegen. Die kosmologische Konstante ist nicht schön und nicht natürlich.

Man zeige jetzt nicht mit dem Finger auf die Physiker und Physikerinnen und sage, aber die naive Natürlichkeit, die elegante Schönheit oder die ephitetlose Einfachheit gebe es in den Gesellschaftswissenschaften als Ideal nicht. Auch in vorsoziologischen Zeiten haben sich Gesellschaften selbst beobachtet, um sich zu perpetuieren. Alle vorindustriellen Gesellschaften, die Stammesgesellschaften von damals und die noch heute existierenden, die antiken und die absolutistischen Gesellschaften sind zu dem gleichen Beobachtungsergebnis gekommen: Die jeweilige Gesellschaft ist natürlich, ein Teil der götter- oder gottgegebenen Natur, die Gesellschaft ist schön – jedenfalls schöner als die Nachbargesellschaft, mit der man im Territorialkrieg liegt –, und die Gesellschaft ist einfach und zweckmäßig, damit ist die Hierarchie und die geringe oder nicht existente soziale Mobilität gemeint. Erst seitdem die Gesellschaften sich mittels des Faches der Soziologie professionell beobachten, sind Einfachheit, Schönheit und Natürlichkeit keine gesellschaftlichen Ideale mehr.

25
Die Adäquatheit von sozialen Produktionsumgebungen

Luhmann, White und Latour verzichten bewusst darauf, Adäquatheitskriterien für die Konstruktionen von Systemen und Netzwerken zu formulieren. Nirgendwo erteilt Luhmann allgemeine Anweisungen, wie Systeme zu konstruieren sind, die eine Gesellschaft oder die Teilgesellschaften darstellen. Obwohl nach der Luhmann'schen Theorie Abgrenzung die Quelle aller Dynamik ist, stellt er keine Betrachtungen darüber an, ob der Gesellschaftstheoretiker oder die Gesellschaftstheoretikerin im konkreten Fall ein einziges Gesellschaftssystem, ob er beziehungsweise sie ein Gesellschaftssystem und ein gesellschaftliches Teilsystem oder ob er beziehungsweise sie zwei gesellschaftliche Teilsysteme definieren soll. Auch White und Latour betrachten lediglich Beispiele von Netzwerken. In den von White und Latour inaugurierten empirischen Studien sind die Netzwerke eindeutig begrenzt, aber weder White noch Latour geben allgemeine Hinweise, wie Netzwerke von anderen Netzwerken beziehungsweise vom Rest der Welt abzugrenzen sind.[67] In dieser Hinsicht kommen soziale Systeme und Netzwerke nicht über die Wittgenstein'schen Sprachspiele hinaus: »Die Konventionen der Grammatik lassen sich nicht durch eine Beschreibung des Dargestellten rechtfertigen. Jede solche Beschreibung setzt schon die Regeln der Grammatik voraus.«[68]

Luhmann geht davon aus, dass es nicht möglich ist, Kriterien für die Konstruktion von Systemen anzugeben, ohne philosophisch Stellung zu beziehen. Genau das widerstrebt ihm jedoch zutiefst. Er sähe sich gezwungen, einen Punkt in dem vom Subjekt und dem Objektivismus aufgespannten Kontinuum zu besetzen. Philosophische Ansichten gehören zu den Kommunikationen, welche die Gesellschaft ausmachen. Luhmann will keine Position *in* der Gesellschaft einnehmen. Die Position des Beobachters zweiter Ordnung mit seinen funktionalen Argumenten ist eine *über* der Gesellschaft. Naturgemäß handelt es sich dabei um eine, wenn auch abgeschwächte, Form des God's Eye-Point of View. Luhmann würde unsere Betrachtungsweise schulterzuckend weder gutheißen noch ablehnen.

Kein Bereich des Lebens, mit dem Luhmann sich nicht beschäftigen würde. Aber der Leser meint doch, im Fall der Untersuchung solcher Aktivitäten, die ein höheres Maß an Invarianz gegenüber dem Gesellschaftlichen aufweisen, ein gewisses Naserümpfen des Denkers wahrzunehmen. Die Naturwissenschaften behandelt Luhmann wie ein intelligenter Verwaltungsbeamter, der eine Bibliothek mit Schachliteratur geerbt hat: Er beschäftigt sich mit den Regeln und mit bemerkenswerten historischen Partien, aber sein theoretisches Interesse für die Strategien bleibt begrenzt. Die Verwaltung der gesellschaftlichen Welt hat Vorrang. Hängt das Naserümpfen möglicherweise auch damit zusammen, dass ihm die Entscheidung zum Nicht-Eingreifen im Fall der Naturwissenschaften häufig abgenommen wird?

Die von White unternommenen beziehungsweise angestoßenen empirischen Netzwerkuntersuchungen gehen jeweils auf konkrete Fragestellungen zurück, die häufig auch einen politischen Hintergrund haben. Der Verzicht auf Kriterien für die Konstruktion von Netzwerken ist bei ihm theoretisch am stimmigsten: Kontroll- und Identitätsprozesse führen dazu, dass Netzwerke in einer bestimmten Weise abgegrenzt und erfasst werden, wobei das Zusammenspiel der Prozesse variiert und ständig neue Ergebnisse generiert.

Latour ist mit einem ganz anderen Problem konfrontiert. Seine Sozialtheorie hat ein klar ausgesprochenes Ziel: den

Planeten, die Schöpfung, Gaia zu bewahren. Seine Netzwerke können nichts anderes als Werkzeuge sein. Damit ist er aber beim Tausendjahresplan aus der *Foundation*-Trilogie von Isaac Asimov: Der Psychohistoriker und Mathematiker Hari Seldon sieht den bevorstehenden Fall des galaktischen Imperiums voraus, das die gesamte Milchstraße umfasst. Erst nach 30000 dunklen Jahren wird ein zweites Imperium entstehen. Seldons Berechnungen ergeben, dass die dunklen Jahre zu 1000 verkürzt werden können. Er kreiert die Foundation, eine Gruppe von fähigen Sozialingenieuren, die an den ›Schaltstellen‹ in der Galaxis diese für die Menschen günstigere gesellschaftliche Transformation bewirken.[69] Das Newton'sche Paradigma lässt grüßen.

Das galaktische Imperium gibt es, egal ob es von den Sozialingenieuren beobachtet wird oder nicht. Die Einwirkung der Sozialingenieure kann genau dosiert werden, sie bewirken genau das, was sie bewirken wollen, nämlich das, was gut ist. Niemand kann sie wirklich hindern. Auch nicht diejenigen, die von den dunklen Jahren profitieren. Ein Traum. Aber wenn der Soziologe oder die Soziologin aufwacht, dann ist ihm beziehungsweise ihr klar: Er oder sie kann solche gesellschaftlichen Prognosen nicht abgeben, weil sie sofort die Rahmenbedingungen für diejenigen oder dasjenige ändern, was Agency ausübt. Die Berücksichtigung der prognosebedingten Änderungen würde zu einer unbegrenzten Iteration führen. Die Gesellschaften der Gegenwart verhindern aktiv, dass ein Hari Seldon sowohl kompetent als auch im Geheimen operiert. Auch stellt sich die Wertfrage: Wer bestimmt, was gut und böse ist? Selbst wenn Hari Seldon geheim bleiben könnte, erscheint es trotzdem noch sehr unwahrscheinlich, dass Hari Seldon die gesellschaftliche Transformation derart deterministisch und dosiert bewirken kann.

Latours Problem ist, dass er als Folge seines Ziels, die Schöpfung zu bewahren – die dunklen Jahre abzukürzen –, unweigerlich in irgendeiner Weise eine Version von Hari

Seldon ist. Das ändert sich auch nicht, wenn man die eine Welt Asimovs durch die vielen Welten von Markus Gabriel ersetzt.[70] Dann gewichtet Hari Seldon die vielen Welten und bewirkt die gesellschaftliche Transformation entsprechend der Gewichtung. Latour weiß: Wenn er Kriterien für die Konstruktion von Netzwerken angeben würde, die über den lockeren Konnex zu der Absicht hinausgehen, Gaia zu bewahren, dann müsste er sich offiziell einem strikten Objektivismus verpflichten. Das wäre aber der maximale Widerspruch zu seiner Anfangsposition, dass die Erfassung der Netzwerke das Ergebnis von Verhandlungen ist, die der Sozialtheoretiker oder die Sozialtheoretikerin und diejenigen führen, die in den Netzwerken auftauchen.

Latours Sozialtheorie ist das absolute Gegenteil derjenigen Adornos, welche die epistemische und ethische Unzugänglichkeit der sozialen Welt zum Prinzip erklärt und zur Struktur eines quasireligiösen Rituals macht. Man muss kein kapitalistischer Akteur sein, um diese Art von Untergangsphantasie uncool zu finden. Die aktuellen Dystopien in Literatur, Film und Fernsehserie zeigen im Regelfall zumindest die Möglichkeit eines Happy Endings auf.

Latour folgt den Maximen Natürlichkeit und Einfachheit in modifizierter Form. Er fordert explizit, dass jede Sozialtheorie an das Ziel anschlussfähig sein muss, Gaia zu retten. Gaia ist ohne Zweifel eine sehr wirksame Ausprägung von Natürlichkeit. In seinen *Modes d'existence* lässt Latour die Vermittlung zwischen seiner Theorie, ihm selbst und dem Leser von einer fiktiven Anthropologin besorgen. Egal, wie einfach oder kompliziert die Theorie an sich ist, sie wird auf eine Weise verbreitet, dass der Adressat nicht sagen kann: Aber ich habe nicht verstanden. Im Gegensatz zu Luhmann ist Latour durchaus rechthaberisch. Er ist etwa tief davon überzeugt, dass Bourdieus Distinction genau der falsche universale Unterscheidungsmechanismus ist, weil sich der Autor und seine Bücher weigern, ihre eigene Position in *allem* zu bedenken.

Latour findet, er darf rechthaberisch sein, denn er verfolgt ja ein wirklich übergeordnetes Ziel.

Die Gefahr, dass sich Sozialtheoretiker und Sozialtheoretikerinnen an der Schönheit der von ihnen verwendeten Mathematik berauschen, existiert nicht. Die Statistik wird von Hilfskräften erledigt, Systeme und Netzwerke sind zu unauffällig, als dass sich die Frage nach Schönheit überhaupt stellen würde. Was die endgültige Theorie betrifft: Während die Physiker und Physikerinnen von der ToE träumen, sind die Sozialtheoretiker und Sozialtheoretikerinnen jeweils der Überzeugung, sie haben die ToE schon.

Die Weigerung Luhmanns, Whites und Latours, Adäquatheitskriterien für die Konstruktion von Systemen und Netzwerken anzugeben, bedeutet keineswegs, dass die tatsächlichen Konstruktionen nicht bestimmten Zielvorstellungen entsprechen. Bei White sind diese pluralistisch, bei Latour monistisch vorgegeben, wobei Latour sich jedoch in bourdieusche Widersprüche verwickelt. Der ins Paradox verliebte Luhmann hat die Zielvorstellung, bei der Konstruktion von Systemen keine Zielvorstellung zu haben. Das ist für die Praxis ein bisschen wenig. Die tatsächliche Konstruktion von Systemen muss deshalb zwei implizit präsenten Bedingungen gehorchen: Die Systeme sollen anschlussfähig sein für möglichst gehaltvolle Beobachtungen zweiter Ordnung und für möglichst aussagefähige funktionale Betrachtungen. Alle drei Sozialtheoretiker sind gleichermaßen davon überzeugt, dass ihren Zielvorstellungen besser gedient ist, wenn sie eben *keine* klaren Kriterien für die Konstruktion von Systemen beziehungsweise Netzwerken angeben. Kantisch könnte man formulieren, ihre Zielvorstellungen sind nicht konstitutiv – das würde zu notwendigen und hinreichenden Bedingungen führen –, sondern regulativ.

In Analogie zu sozialen Systemen und Netzwerken wollen wir die verschiedenen Begriffsbildungen der Produktionstheorie der Gesellschaft als soziale Produktionsumgebungen bezeichnen. Ist es angeraten, Adäquatheitsbedingungen für soziale Produktionsumgebungen aufzustellen? In jedem Fall ist es sinnvoll, sich Gedanken über die Adäquatheit einer solchen Bemühung zu machen. Der Theoretiker oder die Theoretikerin, der beziehungsweise die die soziale Produktionsumgebungen produziert, hat Ziele und Mittel. Die Ziele variieren viel stärker als in den Naturwissenschaften, wo häufig der Versuch der Lösung bestimmter historisch vorgegebener empirischer und begrifflicher Probleme für den Zusammenhalt der Scientific Community konstitutiv ist. Ein gelöstes empirisches Problem ist etwa die Planetenbewegung, ein ungelöstes begriffliches Problem die Interpretation der Quantenmechanik. Das Ziel der Nichteinmischung in die Gesellschaft ist ein *gesellschaftstheoretisch* genauso legitimes Ziel wie dasjenige der Rettung von Gaia. Die sozialen Produktionsumgebungen, die ein Luhmaniac konstruiert, werden sich sehr von denjenigen unterscheiden, auf die sich ein Latour-Anhänger konzentriert. Der Luhmann-Anhänger wird solche Produktionsumgebungen ins Auge fassen, die funktionales Denken verkörpern. Der Latour-Anhänger wird Produktionsumgebungen untersuchen und anprangern, die Faktoren verwenden, bei deren Verbrauch Gaia stirbt, und Produktionen, die Gaia aktiv zerstören. Aber auch innerhalb der jeweiligen Paradigmen kann man nicht von richtig oder falsch sprechen. Man kann und wird sich über die Gewichtung streiten: Welche sozialen Produktionsumgebungen einen größeren Einfluss auf die Zerstörung oder das Wohlergehen von Gaia ausüben, welche funktionalen Zusammenhänge wichtiger, das heißt untersuchenswerter, und welche weniger wichtig sind. Doch selbst wenn man sich über die Ziele einig ist: Wie umfangreich und wie komplex eine soziale Produktionsumgebung ausfällt, hängt natürlich auch ab von den zur Verfügung stehenden finanziellen Mitteln, Daten, Manpower etc.

Wir schlagen vor, die Handlungsalternativen bei der Konstruktion von sozialen Produktionsumgebungen aufzufächern als Inkorporation, Gleichgültigkeit oder Feindseligkeit. Inkorporation meint die Einbeziehung, die Anverwandlung und den Einbau von Elementen in eine Produktionsumgebung, die noch nicht in der Produktionsumgebung aufscheinen. Inkorporation ist eine positive Haltung. Inkorporation bedeutet Teilnahme und Enthusiasmus. Der Gesellschaftswissenschaftler und die Gesellschaftswissenschaftlerin – doch, ja: begeistern sich für noch nicht berücksichtigte Produktionsmöglichkeiten. Das gilt sowohl für die Objekt- als auch für die Metaebene. Sie sind nicht nur offen gegenüber anderen Produktionsmöglichkeiten, sie halten nach ihnen Ausschau, und sie beziehen sie eifrig in ihre Konstruktionen von gesellschaftstheoretischen Produktionsumgebungen ein. Die Tatsache, dass eine Produktionsumgebung mehrere Produktionsfunktionen enthält, erleichtert das Vorgehen: Man muss nicht als Erstes daran denken, dass man für die Einbeziehung etwas zu opfern gezwungen wäre.

Gleichgültigkeit ist nicht eine per se negative Haltung. Bei der Konstruktion von sozialen Produktionsumgebungen kann nicht *alles* berücksichtigt werden. Wir sind hier wieder bei Zielen und Mitteln. Gleichgültigkeit kann die Folge knapper Mittel oder nicht ausreichend präziser Werkzeuge sein. Es ist offensichtlich, dass sich ein Gesellschaftstheoretiker oder eine Gesellschaftstheoretikerin, dem oder der als Werkzeuge lediglich kariertes Papier, Bleistift und Rechenschieber zur Verfügung stehen, gegenüber vielen Gegenständen und Vorgängen viel gleichgültiger zeigen wird als ein Gesellschaftswissenschaftler oder eine Gesellschaftswissenschaftlerin, der oder die Regressionsanalyse benutzen und neuronale Netzwerke verwenden kann. Solche Elemente, die weder mit den Zielen noch mit den Mitteln vereinbar sind, müssen gleichgültig bleiben.

Die Inkorporation ist der natürliche Mindset des Gesellschaftstheoretikers oder der Gesellschaftstheoretikerin, der beziehungsweise die die relationale Produktionstheorie anwendet. Darf ein Gesellschaftstheoretiker oder eine Gesellschaftstheoretikerin feindselig agieren? Hier muss strikt zwischen Objekt- und Metaebene unterschieden werden. Feindseligkeit zielt auf Zerstörung. Es gibt etwas, das es nicht mehr geben soll. Zerstörung ist das Gegenteil von Herstellung: Zerstörung liegt vor, wenn keine der drei Inklusionsmöglichkeiten greift. Wenn das Ziel darin besteht, Gaia zu retten, dann ist Feindseligkeit auf der Objektebene unabdingbar: Diejenigen materiellen und nicht materiellen Produktionsumgebungen, die Gaia gefährden, müssen zerstört und durch solche ersetzt werden, die das Weiterleben von Gaia ermöglichen. Anders die Metaebene: Es gibt keinen Grund, warum eine soziale Produktionsumgebung von vornherein, ohne weitere Prüfung, darauf verzichten sollte, Elemente aus als feindselig betrachteten sozialen Produktionsumgebungen zu inkorporieren. Die Geschichte sowohl der Naturwissenschaften als auch diejenige der Geisteswissenschaften lehrt, dass immer wieder bestimmte Gedankenbausteine aus in toto obsoleten Zusammenhängen in neuen Zusammenhängen gute Dienste leisten.

Unsere Maximen für die Konstruktion von sozialen Produktionsumgebungen lauten dementsprechend:

Don't be evil = vermeide Feindseligkeit.

und

Be good = sei inkorporierend.

26
Die Sprachen der Gesellschaften

Alle modernen und nachmodernen Gesellschaftstheorien betrachten Sprache als notwendige Bedingung für Gesellschaft. Ohne Sprache keine Gesellschaft. Bemerkenswerterweise ist das die einzige notwendige Bedingung, die sich in allen Gesellschaftstheorien wiederfindet.

Die Bourdieu-Soziologien und die Netzwerktheorien unterhalten sehr unterschiedliche Verhältnisse zur Sprache. In der Bourdieu$_1$-Soziologie ist Sprache nur in der Form von tatsächlichen Sprachäußerungen relevant: Die Sprachäußerungen stellen ein wichtiges Distinktionskriterium dar. Die Positionen im sozialen Raum verlangen ein bestimmtes Sprachverhalten. Dabei gibt es viele glatte Unvereinbarkeiten zwischen sozialen Positionen und Sprachverhalten. In der Bourdieu$_3$-Soziologie ist Sprache nicht nur ein wichtiges Unterscheidungskriterium, sondern eine unerlässliche Dimension der Charakterisierung des Habitus: Die Beschreibung eines bestimmten Habitus ist unvollständig, wenn sie das sprachliche Verhalten des Habitusträgers außer Acht lässt. Die Bourdieu$_2$-Soziologie behandelt Sprache lediglich als einen Unterdrückungsmechanismus unter vielen. Seltsamerweise wird die Möglichkeit von Sprache als Befreiungsmechanismus nicht erwogen.

Die Bourdieu$_4$-Soziologie betrachtet die Sprache als etwas, das zum Körper gehört. Die Sprache ist eines unter mehreren Mitteln, denen eine expressive Funktion zukommt. Die deskriptive Kommunikationsfunktion der Sprache ist nebensächlich. In den White'schen und Latour'schen Netzwerken spielt Sprache eine sehr ähnliche Rolle als Lieferantin von Erzählmustern beziehungsweise Skripten für die Individuen beziehungsweise für die Akteure, die die Knoten der Netzwerke bilden. Das geschieht aus gutem Grund: Strukturierte Kommunikation generiert, stabilisiert und perpetuiert Netzwerke.

Es wäre falsch zu sagen, Sprache setzt Gesellschaft voraus. Tiere verständigen sich untereinander, Menschen kommunizieren mit Tieren. Aber derartige Kommunikationssituationen sind nicht das, was üblicherweise mit Gesellschaft gemeint ist. Mit Hilfe der Produktionstheorie der Gesellschaft lässt sich der Unterschied einfach festmachen: Die Ersetzungsmöglichkeiten in diesen Kommunikationsverbänden sind zu begrenzt. Die absolut einzigen möglichen Ersetzungen sind solche, welche die Akteure betreffen, und die Ersetzung erfolgt eins zu eins. Wo liegt der Unterschied zu Gleichgewichtsgesellschaften, in denen ebenfalls nur Individuen ersetzt werden? In den nicht menschlichen Kommunikationsverbänden bleiben die Intentionen und damit die Aktualisierungen unverrückbar dieselben. Wobei sich in einem solchen Fall die Frage stellt, ob eine produktionstheoretische Modellierung wirklich sinnvoll ist. In Gleichgewichtsgesellschaften können sich Intentionen und Aktualisierungen ändern. Deswegen gibt es unsere Gesellschaften, deswegen gibt es uns.

Andersherum ist es immer richtig: Gesellschaft setzt Sprache voraus. Die spezifische gesellschaftstheoretische Verschärfung dieser Erkenntnis führt zu der These: Gesellschaft *ist* Sprache. Zwei Optionen bieten sich an, die Gleichsetzung zu operationalisieren: Gesellschaft ist das Regelwerk der Sprache, der Strukturalismus, oder Gesellschaft ist alle Sprachäußerungen, Luhmann. Der Strukturalismus als Gesellschaftstheorie scheitert auch wesentlich daran, dass er sich ein viel zu einfaches statisches Bild von der Sprache macht. Das Differenzprogramm von de Saussure erfasst nur einen sehr begrenzten Aspekt von Sprache, der in einer Pars-pro-universo-Argumentation den Strukturalismus begründen soll.

Luhmann hingegen setzt Gesellschaft mit sprachlichen Äußerungen gleich, ohne auch nur im mindesten nahezulegen, wie das Regelwerk der Sprache funktioniert, ob es überhaupt ein Regelwerk gibt. Er hütet sich festzulegen, wie im Einzelnen die Kommunikation funktioniert, die doch nach seiner Gesellschaftstheorie alles ist.

Nicht nur die Astrophysiker und Astrophysikerinnen und Kosmologen und Kosmologinnen sind mit dunkler Materie befasst. Es ist durchaus merkwürdig, dass es nach allen Sprachphilosophien und linguistischen Theorien nicht auch nur eine Spur von Einigkeit bei der Beantwortung der Frage »Was ist das eigentlich, Sprache?« gibt. In der jüngeren Zeit hatte zu diesem Thema der Fight zwischen der Chomsky-Linguistik und der Konstruktionsgrammatik die meisten Klicks. Keiner von beiden hat gewonnen. The winner is: die Computerlinguistik.

Die Ausgangsfrage Noam Chomskys war: Wie ist es möglich, dass Menschen eine unbegrenzte Menge von grammatisch korrekten Sätzen bilden können – darunter auch solche, die noch nie ein Mensch vorher geäußert hat –, ohne die einschlägigen Grammatikregeln angeben zu können? Die Antwort der generativen Transformationsgrammatik ist eine Mischung aus Hilbert'scher Axiomatik und klassischer Programmierung: Hinter den Oberflächenstrukturen sprachlicher Äußerungen stehen Tiefenstrukturen. Die Oberflächenstrukturen sind konkret beobachtbar, die abstrakten Tiefenstrukturen bilden die eigentlichen syntaktischen Formen und die tatsächlich relevanten semantischen Relationen der Bestandteile sprachlicher Äußerungen ab. Die verschiedenen natürlichen und künstlichen Sprachen transformieren die Tiefenstrukturen jeweils verschieden in Oberflächenstrukturen. Den Tiefenstrukturen liegt eine Universalgrammatik zugrunde, die jedem Menschen angeboren ist. Man tut dem frühen Chomsky kein Unrecht, wenn man die generative Transformationsgrammatik als Versuch betrachtet, die Erzeugung von Sätzen in vollkommener Analogie zur Anwendung eines klassischen Computerprogramms zu erklären: Die Universal Grammar ist der unveränderliche Kern des Programms, der als Innate Idea nahezu Hardwarestatus hat, die Transformationsregeln sind die situationelle Komponente des Programms.

Die generative Transformationsgrammatik[71] ist sowohl aus formalen wie aus pragmatischen Gründen gescheitert. Die Einbindung der vorgefundenen Sprachen in die jeweiligen Lebenswirklichkeiten der Sprecher macht das Projekt einer davon unabhängigen Grammatik zu einem mehr als fragwürdigen Vorhaben. Das, was üblicherweise als die deskriptive Funktion von Sprache bezeichnet wird, ist nur eine unter vielen Funktionen. Man muss hier gar nicht besonders empirisch werden, eigentlich genügt schon der Verweis auf die Sprechakttheorie von John L. Austin. Zum Verständnis der sprachlichen Äußerung »Beware of Bair« ist es unerlässlich zu wissen: Der Sprecher war Samuel Beckett, Deirdre Bair hat eine Biographie über den Sprecher geschrieben, die nach Bekunden des Sprechers wesentliche biographische Fakten nicht korrekt wiedergibt.[72]

Das formale Problem der generativen Transformationsgrammatik besteht darin, dass sie Turing-vollständig ist. Abgekürzt bedeutet das: Es gelten die Unvollständigkeitssätze Gödels, die generative Transformationsgrammatik ist entweder widersprüchlich oder unvollständig, und sie kann ihre eigene Widerspruchsfreiheit nicht beweisen. Das war nicht im Sinne des Erfinders, der darauf die generative Transformationsgrammatik als *Principles and Parameters* neu fasste:[73] Die Syntax einer natürlichen Sprache soll durch allgemeine Prinzipien beschrieben werden, die bestimmte Parameter enthalten. Die verschiedenen Sprachen justieren die Parameter jeweils verschieden. Die allgemeinen Prinzipien sollten eine Anzahl von Bedingungen erfüllen, damit die Turing-Vollständigkeit der generativen Transformationsgrammatik verhindert wird.

Die Barriers auf der allgemeinen Ebene sind jedoch sichtlich vom Zweck her gedacht und sprachlich wenig intuitiv.

Mit dem minimalistischen Programm vollzieht Chomsky einen radikalen Kurswechsel: Er rückt von der Unterscheidung zwischen Oberflächen- und Tiefenstruktur ab. Die aktuelle Version ist in dem Aufsatz *Some simple evo devo theses: how true might they be for language?* aus dem Jahr 2010[74] und in *What Kind of Creatures Are We?* aus dem Jahr 2016 zusammengefasst. Die beiden zentralen Formeln sind:

(T) Interfaces + Recursion = Language.

(SMT) Interfaces + Merge = Language.[75]

T meint die minimalistische These, SMT bedeutet Strong Minimalist Thesis. Natürliche Sprachen stellen eine unbegrenzte Anzahl hierarchisch strukturierter Ausdrücke zur Verfügung. Die einfachste Operation zur Erzeugung derselben ist *Merge*: Zwei Ausdrücke werden unverändert zu einem dritten kombiniert. Alle weiteren Operationen sollen auf dieser Operation aufsetzen. SMT behauptet, dass die Erzeugung von sprachlichen Ausdrücken allein durch die Operation Merge erfolgt und streng rekursiv ist. Die sprachlichen Ausdrücke werden an zwei Interfaces interpretiert: an einer sensomotorischen Schnittstelle zum Zwecke der Externalisierung, der Interaktion mit der Außenwelt, und an einer konzeptuell-intentionalen Schnittstelle mit dem Ziel der Internalisierung, dem Anschluss an im weitesten Sinn geistige Prozesse.

Welche sind aber nun die Ausgangspunkte für die Anwendung der Operation Merge? »The atoms of computation – call them ›atomic concepts‹ – are word-like objects but not words. Words are constructed by the ancilliary process of externalization, which does not feed the systems of thought. [...] The atoms are sometimes called ›lexical items‹, but that is not quite right either. The atoms of syntactic computations that reach the conceptual-intentional interface do not have phonological properties, as lexical items do. [...] More significantly, the ›atomic concepts‹ for human language and thought seem to be quite different from anything found in the systems of animal communication.«[76]

Chomsky führt explizit aus, dass die Basis für die universale Rekursion fehlt. Er kann die Frage nicht beantworten, welche die erste Stufe ist, auf die die Operation Merge aufsetzt, die durch wiederholte Anwendung die vertrauten sprachlichen Ausdrücke generiert. Es würde naheliegen zu diskutieren, ob die Operation Merge so spezifiziert werden kann, dass sie tatsächlich das Verlangte leistet. Aber diese Diskussion ist durch ein empirisches Resultat überflüssig geworden, das auch außerhalb der Linguistik Berühmtheit erlangt hat. Der zunächst als Missionar angetretene Sprachforscher Daniel Everett beschreibt in dem 2008 veröffentlichten Bericht *Don't Sleep there Are Snakes* sein Leben bei den Pirahãs. Das ist ein kleiner indigener Stamm im Amazonasgebiet, der trotz Kontakten zur Außenwelt seine herkömmliche Lebensweise unverändert fortführt. Die Pirahãs stellen das Musterbeispiel einer Gleichgewichtsgesellschaft in dem von der Produktionstheorie der Gesellschaft definierten Sinn dar.

Die Pirahãs lagern keine Nahrung, sie planen nicht über den nächsten Tag hinaus. Sie sprechen nicht von der ferneren Zukunft oder der weiter zurückliegenden Vergangenheit, sie sind auf das pure Jetzt fokussiert. Everett bezeichnet dieses Verhaltenscluster als »immediate experience principle«.

Die Pirahãs machen nur solche sprachlichen Äußerungen, die in dem Augenblick verankert sind, in dem sie sprechen. Sie benutzen das Präsens, das Präteritum und das Futur, wobei der Bezugspunkt jeweils die aktuelle Sprachsituation ist. Die Pirahãs kennen keine Zahlen und keine Form des Zählens. Es gibt keine Worte für *alles* und *jeder*, Quantoren sind unbekannt. Die Pirahãs kennen keinerlei sprachliche Rekursion: Alle sprachlichen Ausdrücke entstehen durch das Aneinanderfügen gleichrangiger sprachlicher Elemente.

Ein Beispiel: Kóhoi fertigt einen Pfeil für das Fischen. Er sagt zu seinem Sohn Paitá nicht: Paitá, bringe mir die Nägel, die Dan gekauft hat. Er sagt: Paitá, bringe mir die Nägel. Dan hat die Nägel gekauft. Es sind dieselben Nägel.[77]

Als Everett seine Ergebnisse präsentierte, wurde er von den Vertretern der Chomsky-Linguistik auf allen Ebenen und mit allen Mitteln angefeindet. Chomsky selbst nannte ihn einen Scharlatan. Hier zeigt sich anschaulich, wie der Social Index am Werk ist. Aber Everetts Ergebnisse haben bis jetzt jeder Nachprüfung standgehalten.

Zwar war das Chomsky-Paradigma enorm einflussreich. Trotzdem wurden parallel zu jeder Zeit konträre linguistische Ansätze vorgeschlagen und verfolgt. Die wirkmächtigsten Konkurrenten sind die kognitive Linguistik und die Konstruktionsgrammatik. Die kognitive Linguistik bestreitet die Existenz eines separaten Sprachmoduls. Vielmehr sieht sie die sprachlichen Fähigkeiten des Menschen in die Gesamtheit seiner kognitiven Fähigkeiten eingebettet. Kognitive Linguisten beziehen insbesondere psychologische und philosophische Theoriebildungen in ihre Untersuchungen ein. George Lakoff etwa versucht, eine Semantik auf der Basis von Metaphern zu konstruieren.[78]

Die Konstruktionsgrammatik ist ein Teilbereich der kognitiven Linguistik. Eine grammatische Konstruktion ist ein Paar aus Form und Bedeutung. Der formale Teil umfasst ein syntaktisches Schema und eine phonologische Umsetzung des Schemas. Der Bedeutungsteil erfasst die zum Verständnis des formalen Teils notwendigen semantischen und pragmatischen Relationen. Eine Konstruktion wird als *ein* Zeichen behandelt. Alle Aspekte, die für die Verwendung des Zeichens wichtig sind, sind in dem Zeichen selbst enthalten und nicht, wie etwa bei der Chomsky-Grammatik, in Kategorien für die formalen Komponenten. In der Chomsky-Grammatik ist das Wort der kleinste nachweisbare Baustein. Alle Konstruktionsgrammatiken erlauben syntaktische Bausteine, die größer sind als Worte.

Eine Konstruktion, das kann sein: ein Wort, ein Satz, eine idiomatische Wendung. Wie zum Beispiel: »X hat einen Vogel.« Wenn jemand einen Vogel als Haustier hält, dann sagt man im Deutschen in der Regel, er hat einen Kanarienvogel oder einen Papagei. Sagt man von jemandem, er habe einen Vogel, meint man üblicherweise, er hat einen Knall, er ist nicht ganz bei Trost.

Die Chomsky-Grammatik hält Syntax und Bedeutung strikt auseinander. Ein Lexikon ordnet den Wörtern Bedeutungen zu. Die syntaktischen Regeln kombinieren die Wörter zu Sätzen. Die Bedeutung der Sätze ergibt sich allein aus den Bedeutungen der Wörter. Dagegen nimmt die Konstruktionsgrammatik ein Kontinuum mit den Endpunkten Syntax und Lexikon an: Jede Konstruktion ist ein Paar aus Syntax und Bedeutung, das gilt sowohl für einzelne Wörter wie auch für Sätze. Das Entscheidende ist: Die Bedeutung eines Satzes ergibt sich nicht notwendig aus der Bedeutung der Wörter, der Satz als Ganzes kann etwas bedeuten, was in keiner Weise in den Bedeutungen der ihn konstituierenden Wörter angelegt ist. Die Konstruktionsgrammatik unterscheidet nicht zwischen zentralen und peripheren Elementen. In der Konstruktionsgrammatik gibt es nicht die in fast allen anderen Grammatiken übliche unbefriedigende Einteilung in Regeln, die systematisch erklärt werden, und Ausnahmen, die unerklärt bleiben.

Für den Konstruktionstheoretiker ist Grammatik kein Regelwerk, das Sprecher und Sprecher einhalten müssen, um richtig zu sprechen, oder das allgemein die Generierung von Sätzen regiert. Sprache wird nicht nur als ein geistiges Phänomen, als eine abstrakte Entität gesehen, sondern als »fait social«, als eine genuin gesellschaftliche Tatsache. Sprache setzt nicht nur individuelle kognitive Fähigkeiten voraus, unabdingbar ist auch eine soziale Verankerung. Nach der Kritik an der fehlenden Basis des Chomsky'schen Unterfangens muss die Frage gestellt werden: Was genau sind Konstruktionen? Die Antworten auf diese Frage fallen einigermaßen verschieden aus:

> »Each construction will be a form-meaning pair (F, M), where F is a set of conditions on syntactic and phonological form and M is a set of conditions on meaning and use.«[79]

Oder:

> »Any linguistic pattern is recognized as a construction as long as some aspect of its form or function is not strictly predictable from its component parts or from other constructions recognized to exist. In addition, patterns are stored even if they are fully predictable as long as they occur with sufficient frequency.«[80]

Oder:

> »Constructions are like lexical items in the componential model: they link together idiosyncratic or arbitrary phonological, syntactic, and semantic information. The difference between lexical items and constructions is that lexical items are substantive and atomic (that is, minimal syntactic units), while constructions can at least be partially schematic and complex (consisting of more than one syntactic element).«[81]

Die Antworten relativieren die Kritik an Chomsky. Chomsky kann nicht angeben, welche seine atomaren Begriffe sind. Aber auch die Konstruktionstheoretiker sind weit weg von einem Konsens über die atomaren Begriffe der Konstruktionsgrammatik. Ein Bild, das mittlerweile vertraut sein sollte.

Nicht die Ontologie sucht sich die Theorie, die Theorie sucht sich die Ontologie. Es kommt auf die Relationen und Funktionen an, nicht auf die Substanz der Begriffe einer Theorie. Oswald Wiener formuliert das in *Die Verbesserung von Mitteleuropa, Roman* auf Seite XXXVIII so: »was gesetzen folgt muss eben drum vorhanden sein.«

In Bezug auf einen Aspekt ist die Konstruktionsgrammatik der Chomsky-Grammatik in jedem Fall überlegen: Nach allen Maßstäben sind die empirischen Untersuchungen zum kindlichen Spracherwerb weit besser mit der Konstruktionsgrammatik als mit der generativen Grammatik vereinbar. Michael Tomasello fasst die Lage prägnant zusammen: Die generative Grammatik behauptet einen zweistufigen Lernprozess. In einem ersten Schritt erfasse das Kind das Sprachmaterial seiner Umgebung wie alle anderen Eindrücke. Im zweiten Schritt werde das angeborene Sprachmodul relevant: Das Kind verbinde das Sprachmaterial mit der ihm angeborenen Universalgrammatik und sei so in der Lage, sprachliche Äußerungen nicht nur zu verstehen, sondern auch neue sprachliche Äußerungen zu tun. Hier gibt es zwei Probleme: Zum einen kann die generative Grammatik die Frage nicht beantworten, auf welche Weise das vorliegende Sprachmaterial mit der Universalgrammatik verbunden wird. Zum anderen verändert sich die kindliche Sprache während des Lernprozesses, sie wird syntaktisch komplexer und inhaltlich tendenziell abstrakter.[82] Auch Wittgenstein hat nicht erst jahrelang geschwiegen und dann gleich den *Tractatus* verfasst. Die Universalgrammatik bleibt jedoch immer die gleiche, sie kann die Veränderungen nicht erklären.

Auf die Konstruktionsgrammatik gestützte Theorien des sprachlichen Ersterwerbs lehnen die Annahme eines spezifischen Sprachmoduls ab. Das Kind erlernt Sprache nicht anders als andere Fähigkeiten. Zuerst lernt es den Gebrauch von Sprachmaterial, das konkret anwendbar ist, einzelne Wörter für Gegenstände in seiner Umgebung und zusammengesetzte, situationell anwendbare Ausdrücke wie Ich-will-das-machen. Erst danach leitet das Kind aus dem vorliegenden und von ihm benutzten Sprachmaterial abstrakte Kategorien und Konstruktionsschemata für komplexe Ausdrücke ab. Der Prozess braucht Zeit, sein Verlauf hängt wesentlich von der Umgebung ab. Selbst wenn es eine Universalgrammatik gäbe, müsste das Kind trotzdem die geschilderten Aufgaben meistern. Die Universalgrammatik kann in keinem Fall etwas zur Erklärung des kindlichen Erstspracherwerbs beitragen.

Die Chomsky-Grammatiker reagieren auf diese kaum abweisbaren Erkenntnisse mit dem Umzug ins Transzendente. Juan Uriagereka schreibt in seiner wegen ihrer Klarheit sehr lesenswerten Einführung *Rhyme and Reason. An Introduction to Minimalist Syntax* von 1998 kurz und bündig: »Remember, we're modeling linguistic knowledge, not linguistic performance.«[83] Damit wird der Anspruch aufgegeben, den tatsächlichen Spracherwerb und das tatsächliche Sprechen zu erklären. Ziel der generativen Transformationsgrammatik ist jetzt allein das Herauspräparieren der logischen Form von Sprache. Die Sprache wäre dann eine Art kantische Kategorie.

Der Begriff der Computerlinguistik umfasst alle Sprachanalysen, bei denen Rechner zum Einsatz kommen, egal auf welchen Überlegungen die eingesetzten Programme basieren. Für die Gegenwart muss festgestellt werden: Die Ausgangspunkte für computergestützte Sprachanalysen sind in der Regel konkrete Aufgaben. Ein Beispiel für eine konkrete Aufgabe ist die Spracherkennung, wie sie etwa für das Geben von Kommandos für das Telefon im Auto oder die Kommunikation mit Siri von Apple oder Alexa von Amazon verwendet wird. Hier hat sich die Performance der Programme in der jüngsten Zeit deutlich verbessert. Das gilt auch für automatische Übersetzungsprogramme wie Google Translate. Ein anderes Beispiel ist die statistische Analyse von Texten mit dem Ziel der automatischen Weiterverarbeitung. Im Augenblick boomt die Anwendung von Programmen, die allgemein künstliche Intelligenz verkörpern, auf sprachliche Probleme.

Unter den Aufgaben, die in der Computerlinguistik bearbeitet werden, ist diejenige nicht vertreten, die fordern würde: Erkläre, wie Sprache generell funktioniert. Die Paradigmen der Chomsky-Grammatik und der Konstruktionsgrammatik kommen in der gegenwärtigen Computerlinguistik so gut wie nicht vor. Wenn empirisches Sprachmaterial untersucht wird, dann werden – völlig theorielos – die Häufigkeiten oder Wahrscheinlichkeiten bestimmt, mit denen bestimmte Wörter beziehungsweise Satzkomponenten auf andere folgen. Generative oder konstruktionsgrammatische Überlegungen spielen nicht einmal als Heuristiken eine Rolle. Insbesondere das Wissen um die logische Form sprachlicher Äußerungen wird nicht als Hilfe bei der Bewältigung der konkret gestellten Aufgaben gesehen. Hier zeigt sich im Übrigen eine Parallele zur ökonomischen Theorie. Der Anstoß zu empirischen Untersuchungen wird in der Regel durch bestimmte gesellschaftlich oder politisch relevante Fragestellungen gegeben. Das Instrumentarium, das verwendet wird, ist ein rein statistisches. Hypothesen aus der klassischen ökonomischen Theorie finden nicht einmal als Heuristiken Verwendung.

Einen völlig anderen Weg der Analyse von Sprache schlägt die Typentheorie ein. Die sprachliche Typentheorie ist nicht sehr bekannt, weil ihr Fundament nicht die Mengenlehre, sondern die Kategorientheorie ist, die Community der Typentheorie besteht aus Mathematikern. Richtungsweisend war die Abhandlung *Intuitionistic Type Theory* von Per Martin-Löf aus dem Jahr 1984. Einen ausgezeichneten Überblick über den aktuellen Stand der Typentheorie gibt David Corfield mit *Modal Homotopy Type Theory*.

Der Mindset der Kategorientheorie ist ein völlig anderer als derjenige der Mengenlehre. Die Mengenlehre betrachtet die Identitäten von Mengen und deren Elementen. Die Kategorientheorie richtet den Fokus nicht auf Identitäten, sondern auf Handlungen. Eine Kategorie ist eine algebraische Struktur aus Objekten, die durch Pfeile oder Morphismen verbunden sind. Das vertrauteste Beispiel für eine Kategorie stellt die Klasse aller Mengen mit allen Funktionen zwischen den Mengen dar. Ein Morphismus ist eine mathematische Operation und nichts sonst. Aus der Sicht der Kategorientheorie ist es irrelevant, ob oder inwieweit durch die Morphismen Identitäten konstituiert werden. Eine kategorientheoretisch rekonstruierte Gleichung verlangt keineswegs, dass das, was auf der linken Seite steht, in einem ontologischen Sinn genau das ist, was auf der rechten Seite steht.

Am Anfang der sprachlichen Typentheorie steht die Einsicht, dass die auf der Mengenlehre basierende Prädikatenlogik das tatsächliche Funktionieren von Sprache in keiner Weise einfangen kann. Die Typentheorie versucht, für *alle* zulässigen sprachlichen Äußerungen, gleich welcher Komplexität, Typen zu definieren. Dabei spielt der herkömmliche Unterschied zwischen Syntax und Semantik keine Rolle mehr. Das soll nicht heißen, dass die Typentheorie so etwas wie ein Modell der Welt konstruieren will. Robert Brandom möchte in *Making It Explicit* zeigen, dass sich die Bedeutung eines sprachlichen Ausdrucks aus den logischen Schlussfolgerungen ergibt, in denen der Ausdruck eine Rolle spielt. Diese Position wird semantischer Inferentialismus genannt. Sehr elementar: Wenn ein Gegenstand unifarben blau ist, kann er nicht unifarben grün sein, und umgekehrt. Der sprachliche Ausdruck *der Gegenstand ist unifarben blau und unifarben grün* ist kein gültiger Typ. Die Typentheorie versucht, das in der Sprache vorhandene inferentialistische Potential eins-zu-eins abzubilden.

27
Das Symbol Grounding Problem

Beim gegenwärtigen Stand der Diskussion darüber, was Sprache ausmacht, ist die hypothetische Gleichsetzung von Sprache und Gesellschaft unproduktiv. Sie würde die Gesellschaftstheorie unnötigerweise mit jeder Menge zusätzlicher Probleme belasten. Indem Luhmann methodisch darauf verzichtet, Sprache als grundlegende Einflussgröße zu postulieren, hat er eine, so scheint es, weise strategische Entscheidung getroffen.

Es ist nicht gelungen zu klären, was Sprache ist. Da liegt der Gedanke nahe, die Frage auszuklammern und das zu untersuchen, worauf sich Sprache bezieht. Was wird in den Kommunikationen, die nach Luhmann das Ganze der Gesellschaft sind, kommuniziert? Eine für die Gesellschaft relevante Rolle der Sprache könnte diejenige sein, bestimmte außersprachliche Entitäten zu selektieren. Das Problem dabei ist: Es wird nichts Außersprachliches kommuniziert. Chomsky spricht es klar aus: »Human language […] doesn't have names for things. […] The atomic concepts of human language do not pick out entities of the extramental world. There is apparently no notion of ›reference‹ or ›denotation‹ for human language, though there are of course actions of referring and denoting.«[84]

Es wirkt ein wenig so, als ob sich das Chomsky-Paradigma an anderer Stelle dafür rächen möchte, dass es seine ursprünglichen Ansprüche nicht einlösen kann. Chomsky selbst und seine strikten, aber auch seine weniger strikten Gefolgsleute führen extensiv die Schwierigkeit aus, sprachliche Ausdrücke mit der nicht sprachlichen Außenwelt in Verbindung zu bringen. In der Folge ziehen sie die radikale Konsequenz: Es sei unmöglich, eine nichtsprachliche Referenz zu fixieren. Das hat Konsequenzen für die Gesellschaftstheorie: Wenn sich die Kommunikationen einer Gesellschaft auf nichts außerhalb der Kommunikationen beziehen, dann ist die Identifikation der Gesellschaft mit ihren Kommunikationen ein problematisches Manöver, weil die Unterscheidung zwischen verschiedenen Gesellschaften und Subgesellschaften arbiträr wird. Ein massiver Tautologieverdacht stellt sich ein.

Der Sprachphilosoph Wolfram Hinzen exerziert die Standardargumentation an dem Beispiel *London* durch.[85] London ist die Hauptstadt des Vereinigten Königreiches, die Luft in London ist schadstoffbelastet, in London kann man sich gut amüsieren, London ist korrupt, keine Stadt ist lauter als London, London ist eine große Stadt. Das sind sechs sehr verschiedene Aspekte, unter denen man London sehen kann. Keine dieser Eigenschaften ist jedoch eine notwendige Bedingung dafür, dass man es mit London zu tun hat. Manchester könnte zur Hauptstadt ernannt werden, und London bliebe London. Analoges gilt für die anderen Eigenschaften.

Carnap würde es sich einfach machen und sagen, kein Problem: London ist ein Ort, den man räumlich abgrenzen kann. Alle Eigenschaften, die man London zuschreibt, beziehen sich auf einen bestimmten Ort. Chomsky kontert hier mit einem ›Vorschlag‹:

> »London is so unhappy, ugly, and polluted that it should be destroyed and rebuilt 100 miles away.«[86]

Doch es gibt ja nicht nur das London der Gegenwart. Dr. Johnson dekretierte: »When a man is tired of London, he is tired of life.« Was ist mit dem London von Charles Dickens? Ist es dasselbe, auf das sich Dr. Johnson bezieht? Man kann keine Eigenschaften angeben, die für London essenziell sind, und es macht keinen Sinn, die Referenz von London als räumliche zu konstruieren, wie das Beispiel Chomskys und das Beispiel der Dickens'schen Romane zeigt.

Nach den herkömmlichen Maßstäben ist London eine einigermaßen konkrete Entität. Wenn man schon in diesem Fall die Referenz nicht festmachen kann, dann sieht es natürlich für genuin abstrakte Begriffe besonders düster aus. Hinzen macht die interessante Beobachtung, dass keine Sprache die Differenz zwischen Existenz und Nichtexistenz in ihrem Grundgerüst berücksichtigt. Ob eine Entität tatsächlich existiert oder nicht, ist eine A-posteriori-Information, die in der Grammatik der Sprache – gleich wie man diese konstruiert – nicht aufscheint. Wenn es unmöglich ist, eine nicht sprachliche Referenz zu konstruieren, dann ist das natürlich auch das Aus für die vulgär-evolutionstheoretische Epistemologie, nach welcher der Mensch so erfolgreich ist, weil er dazu imstande sei, sich ein ›richtiges‹ Bild von seiner Umwelt zu machen.

Hinzen erteilt der Außenwelt jedoch keine Komplettabsage: »Language-world relations exist, […] but they seem to be rather indirect and complex. Lexical uses have to be looked at carefully on a case-by-case basis to figure out how precisely we use a lexical item to refer on an occasion, and what we actually refer to.«[87] Das ist allerdings nichts anderes als eine Variation des Wittgenstein'schen »Die Bedeutung eines Wortes ist sein Gebrauch in der Sprache« aus den *Philosophischen Untersuchungen*. Der Satz kann nie ganz falsch sein.

Hinzen gibt einen Hinweis, welchen Bedingungen eine Sprache-Welt-Beziehung genügen müsste, ohne allerdings diesen Weg auszuarbeiten. »The point of language in its ordinary use, to put it somewhat drastically, is not to relate us to the external world, but actually to *free* our mind from the control of the external stimulus, from having to talk about the world as it actually is, as opposed to how it might be, was or will be.«[88]

Uriagereka versucht, sich dem Thema Referenz mit einem Gleichnis zu nähern. Im vorletzten Jahrhundert wurden europäische Bienen nach Japan eingeführt. Pionierhornissen markierten Bienenstöcke mit Pheromonen. Darauf griffen die einheimischen Hornissen die Bienenstöcke an und vernichteten ganze Bienenvölker binnen weniger Stunden. Mittlerweile haben die Bienen eine Verteidigungstaktik entwickelt: Erreicht die Pionierhornisse ihr Ziel, wird sie von einigen Arbeitsbienen in einen Hinterhalt gelockt. Dort stürzen sich bis zu tausend Bienen auf die Hornisse. Sie versuchen, die Hornisse zu verschlingen. Dabei lassen die Bienen die Muskeln, mit denen sie die Flügel bewegen, vibrieren. Auf diese Weise erzeugen sie eine so hohe Temperatur, dass die Hornisse in einer Viertelstunde buchstäblich gebacken wird. Anschließend ›entscheiden‹ die Bienen, ob die Hornisse eine Einzelgängerin oder eine Kundschafterin war. War sie eine Einzelgängerin, findet ihre Botschaft, die Markierung des Bienenstocks, keine Adressaten. War sie eine Kundschafterin und gaben andere Hornissen ihre Botschaft weiter, verlässt das ganze Bienenvolk den Bienenstock und errichtet an anderer Stelle einen neuen. Uriagereka vergleicht die Sprache mit der Verteidigungstaktik der Bienen. Die Sprache als Ganzes ist eine kooperative Strategie, die dem Menschen einen evolutionären Vorteil gegenüber der Natur und anderen Lebewesen verschafft.[89]

Trotz aller Schwierigkeiten, die Referenz zu bestimmen, muss man das Außersprachliche nicht gänzlich abschaffen. Zwei Vorgaben für die Erkundung des Verhältnisses von Sprache und Welt bieten sich an. Erstens: Die Sprache insgesamt bezieht sich auf die Welt. Die Referenz hat Folgen: Die Sprache übt eine Wirkung auf die Außenwelt aus. Das ist die Bedeutung der Sprache. Es wäre jetzt übertrieben zu sagen, die einzelnen Sprachäußerungen hätten gar keine Bedeutung. Es ist jedoch nicht möglich, einzelne Bedeutungen zu isolieren: »But what is it that's communicated? […] That's a meaningless question, really.«[90] Es gäbe dann ein Grounding nicht für einzelne Symbole, sondern nur für die Gesamtheit aller Symbole.

Zweitens: Sprache und Gesellschaft sind untrennbar verbunden. Das muss aber noch nicht heißen, dass Gesellschaft Sprache und nichts mehr ist, gleich ob in der strukturalistischen oder in der Luhmann-Version. Sprache ist auch nicht automatisch Gesellschaft, wie der spätere Wittgenstein mit dem Sprachspiel wähnte. Untrennbar verbunden bedeutet unter anderem: Der Versuch herauszupräparieren, was zuerst da war, Sprache oder Gesellschaft, macht wenig Sinn. Sprache ist genau dann da, wenn Gesellschaft da ist.

Daniel Everett sieht Sprache als kulturelles Werkzeug. Seine Formel in *Language. The Cultural Tool* lautet:

Cognition + Culture + Communication = Language.[91]

Das klingt zunächst nicht sehr vielversprechend, weil mit zu vielen Freiheitsgraden behaftet. Das Gefühl verstärkt sich bei Erläuterungen wie solchen, dass Bedeutung allgegenwärtig sei, dass Kultur Bedeutung liefere und die Mitglieder einer Gesellschaft lernen müssen, Bedeutung als solche zu erkennen, dass Bedeutung die Roadmap unserer Existenz sei.

Daniel Everett ist jedoch dann interessant, wenn er konkret wird: Die Verschiedenheit der Sprachen sei auch nichts anderes als die Vielfalt der Modelle von Pfeil und Bogen, die sich auf dem Globus finden. »The principles [...] are easy: what we choose to say, how we say it, and what we choose not to say are all largely determined by our culture, that is, the values we share with our community. Culture is present throughout our conversations and stories.«[92] Und: »Our grammars follow our values.«[93] Kultur ist bei Daniel Everett ein eher hilfloser Ausdruck dafür, dass sprachliche Aktivitäten Teil einer gesellschaftlichen Praxis darstellen, dass das Umgehen mit sprachlichen Artefakten nicht isoliert werden kann, wie es das Chomsky-Paradigma versucht hat.

In der relationalen Produktionstheorie und in der Produktionstheorie der Gesellschaft gibt es kein Symbol Grounding

Problem. Zunächst einmal sind die Gegenstände der relationalen Produktionstheorie nicht auf Gedeih und Verderb an die Sprache gebunden. Einfache und auch komplexere vorindustrielle Gesellschaften kennen Produktionsprozesse und damit Produktionsumgebungen, die in einem hohen Ausmaß nicht sprachlich gefasst sind und die auch nicht sprachlich weitergegeben werden, sondern die sich auf dem Weg des Modelllernens durch den tatsächlichen Vollzug ›fortpflanzen‹.

In der Produktionstheorie scheint keine Notwendigkeit auf, eine Instanz zu postulieren, die nicht Teil des Produktionszusammenhangs ist. Die Produktionstheorie ist in keiner Weise darauf angewiesen, dass es etwas geben muss, was aus ihr hinausführt. Die Produktionstheorie muss sich nicht für ein Außen ihrer selbst interessieren, oder es existiert kein Außen – das ist das Gleiche.

Das heißt nicht, dass die relationale Produktionstheorie das Thema Sprache negierte. Im industriellen Fall sind Konstruktionszeichnungen sowie Stücklisten Produktionsfaktoren und Fertigungsanweisungen zusammen mit der jeweiligen Technik Produktionsfunktionen. Dasselbe gilt für die Produktionstheorie der Gesellschaft. Wir haben die Beziehungen von Sprache zum Strukturalismus, zu den Bourdieu-Soziologien, zu den Netzwerktheorien und zur Luhmann'schen Systemtheorie geschildert. Sprache und Gesellschaft sind unauflöslich verbunden, allerdings ist die Verbindung je nach Theorie eine ganz andere. Die Konsequenz ist klar: Sprache ist grundsätzlich bei den Produktionsfaktoren und beziehungsweise oder bei den Produktionsfunktionen zu berücksichtigen, die für die Gesamtgesellschaft konstitutiv sind.

In der Produktionstheorie der Gesellschaft verliert die Sprache die beherrschende Position, die sie in strukturalistischen Gesellschaftstheorien – und bei Wittgenstein – innehat. Auch die sprachlich realisierten Manifestationen, die Kommunikationen Luhmanns, sind nicht mehr privilegiert. Die

Sprache ist nur *eine* Sorte von Relationen und Funktionen. Die Sprache ist nur *eine* Sorte von Produktionsfaktoren und Produktionsergebnissen. Anstelle der erwünschten Außenreferenz der Sprache tritt die tatsächliche Selbstreferenz der Produktionsumgebungen.

Das heißt auch nicht, dass die relationale Produktionstheorie keinen Zugang zu dem Thema Abbildung hätte. Sprachliche und alle anderen Formen von Abbildungen können durch eine entsprechende Produktionsumgebung erfasst werden. Nelson Goodman hat in *Languages of Art* und *Ways of Worldmaking* Parallelitäten von künstlerischen Bildsprachen und der Normalsprache aufgewiesen. Dabei ist die relationale Produktionstheorie nicht von der Zwangsvorstellung affiziert, das, was abgebildet wird, von der Abbildung zu trennen.

Wenn etwas ein Bild von etwas anderem ist, dann meint das: Es gibt mindestens einen sinnvollen Zusammenhang, in dem das vorliegende Bild und ein *anderes Bild* als Elemente aufscheinen, und die Elemente sind austauschbar. Die relationale Produktionstheorie nähert sich dem Problem mit Ersetzbarkeit: Es existiert eine Produktionsumgebung, in der das vorliegende Bild und ein *anderes Bild* entweder als Produktionsfaktoren oder als Ergebnisse aufscheinen, und die beiden Produktionsfaktoren oder die beiden Ergebnisse sind jeweils austauschbar.

Von Greater London nach Süddeutschland und Österreich: In Kirchen und Klöstern, in Feuerwehrgebäuden und bei Feuerwehrleuten zu Hause finden sich Bildnisse des heiligen Florian, mit dem oder ohne den Spruch »Heiliger St. Florian verschon mein Haus, zünd andre an!« Beziehen sich diese Zeugnisse auf den historischen römischen Offizier Florian von Lorch, der im vierten Jahrhundert nach Christus in Aelium Cetium, dem heutigen Sankt Pölten, den Märtyrertod starb, weil er dem christlichen Glauben nicht abschwören wollte, oder auf die mit dem Namen verbundene Legende?

Man benötigt keinen Referenzmechanismus, den man auf die Bilder und Texte in den Kirchen und Feuerwehren anwenden muss, um die Texte und Bilder einzuordnen, die sich mit dem heiligen Florian beschäftigen. Man hat die Kirchen, die Klöster und die Feuerwehren, sie beziehen sich so aufeinander, dass der Status des heiligen Florian für den Leser beziehungsweise den Betrachter hinreichend geklärt ist. Man braucht nicht mehr als die Kirchen, die Klöster und die Feuerwehren, so, wie sie gegeben sind. Man braucht kein Außen der Sprache.

28
Sehr kurzer Exkurs über die Gesellschaft der deutschen Gesellschaft

In der zweiten Hälfte des vorigen Jahrhunderts waren im deutschen Sprachraum die überwölbenden theoretischen Denklinien zur Erfassung von Gesellschaft die Kritische Theorie, der Machtbegriff von Michel Foucault und die Luhmann'sche Systemtheorie. Nach dem Millennium sind keine neuen Paradigmen dazugekommen.

Von der Kritischen Theorie ist in der Gegenwart nur der Appell übrig geblieben, dass Gesellschaftstheorie nicht deskriptiv, sondern normativ sein soll. Jede Aussage über Gesellschaft hat eine Wirkung auf die Gesellschaft, die nicht vernachlässigt werden kann. Wer das bestreite, handle persönlich interessengeleitet oder amoralisch. Wer sich theoretisch mit Gesellschaft befasst, verändert sie auch praktisch. Deswegen sei es unmoralisch, nicht von vornherein moralische, also normative Prinzipien bei der Beschäftigung mit Gesellschaft anzuwenden.

Der Stil Theodor W. Adornos, besonders natürlich derjenige in den *Minima Moralia*, verführt dazu, die Geschichte der Kritischen Theorie als den sorgfältigen Vollzug des in sie eingebauten Untergangs ihrer selbst zu interpretieren. Adornos Formel ist:

Maximale Einsicht führt metaphysisch notwendig zu maximalem Scheitern.

Das ist ein intelligenter Beitrag zur Behandlung der Frage: Wie war Auschwitz nach Kant und Goethe möglich? Doch Adorno befindet sich eigentlich mehr in der Nähe einschlägiger Schriftsteller und Schriftstellerinnen und Dichter und Dichterinnen als in derjenigen anderer Philosophen und Philosophinnen. Seine Einsicht ist sehr personengebunden. Vor allem an ihn selbst. Die beiden anderen prominenten Advokaten des Scheiterns waren Beckett und Emile M. Cioran. Das Beckett'sche *Fail better* ist mittlerweile fester Bestandteil desjenigen Teiles des Kapitalismus geworden, der Innovation über alles stellt: Wer nicht wagt und nicht verliert, der nicht gewinnt. Ciorans Scheitern ist eine religiöse Messe. Er vollzieht eine einfache kognitive Operation: Er setzt das Scheitern an die Stelle der Schöpfung und singt das Loblied des Scheiterns, als wäre es die Schöpfung. Cioran verehrt nicht Gott, den Schöpfer, sondern den Demiurgen, den bösartigen Untergott. Die Psychogenese des Cioran'schen Scheiterns erschließt sich aus seiner frühen Bewunderung des Faschismus. Warum Adorno unbedingt der größte Scheiterer sein wollte, den er kannte, dafür gibt es keine vergleichbar schlüssige Erklärung.

Man könnte argumentieren, dass die Kritische Theorie Opfer ihres Erfolgs geworden ist: Weil sich die Aufklärung durch die Kritische Theorie ihrer dunklen Seiten bewusst wurde, beherrscht sie diese jetzt. Aus der negativen Dialektik der Aufklärung ist eine superpositive Dialektik geworden. Die Natur muss sich nicht mehr gegen ihre Beherrschung durch Technologie wehren, sie wird nur mit Hilfe von Technologie als Natur überleben. Die Einheit von formaler und instrumenteller Vernunft ist nicht mehr kritisch zu sehen, da sie nicht mehr den Herrschenden dient, sondern der Bewahrung des Planeten und seines Lebens. Die Aufklärung muss sich nicht mehr gegen die Mythen zur Wehr setzen. Die Mythen sind rehabilitiert und als Menschheitserbe offiziell anerkannt. Schließlich braucht die Menschheit eine Spur, die sie hinterlassen hat, eine Geschichte. Auch die Produzenten von Fantasy- und Science-Fiction-Fernsehserien haben ideellen Nachschub nötig. Die Aufklärung selbst hat sich mittlerweile jeden mythischen Gehalts entledigt, sie dient ausschließlich dem Wohlergehen und der Fortexistenz der Menschheit.

Die Kulturindustrie hat eine Kehre vollzogen, wie sie radikaler nicht möglich ist. Während ihre zentrale Aufgabe nach Adorno der Massenbetrug war, besteht ihr Task jetzt darin, einen solchen bereits im Ansatz zu ersticken. Aus dem Verblendungszusammenhang, der die wahren Machtverhältnisse der Gesellschaft verbarg, ist ein Entdeckungs- und Aufdeckungszusammenhang geworden: Es ist gar keine kritische Position mehr denkbar, die nicht auf irgendeine Weise artikuliert wird, sei es direkt im akademischen Zusammenhang, in den Feuilletons der Qualitätspresse, in Internetforen, sei es indirekt als literarisches oder Werk der bildenden Kunst oder als Film beziehungsweise als Fernsehserie. Die von Adorno angeprangerten nicht authentischen Kunstwerke gibt es nicht mehr. Der Qualitätsunterschied zwischen High und Low in der Kultur ist völlig verschwunden. Dem Konsumenten von Hochkultur und Kultur jeder Art ist es gar nicht mehr möglich, nicht emanzipiert zu sein. Adorno schreibt in den *Minima Moralia*: »Es gehört zum Mechanismus der Herrschaft, die Erkenntnis des Leidens, das sie produziert, zu verbieten […]«[94] Es wäre falsch zu sagen, es gebe keine Herrschaft mehr, die Leiden produziert. Aber es gibt kein Leiden mehr, das die Kulturindustrie nicht erkunden würde. Steven Pinker (however pink you may think, Steven thinks pinker) stellt mit *Enlightenment Now* die Erfolgsbilanz der Kritischen Theorie – pardon, des Kapitalismus auf.

Foucault wollte Ideengeschichte betreiben und ist damit zusammen mit Bourdieu der wirkmächtigste Gesellschaftstheoretiker der zweiten Hälfte des 20. Jahrhunderts gewesen, mit Folgen für die deutschsprachige Universitätslandschaft. Foucault war Mode, aber er ist danach nicht in das übliche Vergessensloch gefallen. Seine zentralen Thesen halten den naheliegenden Einwendungen vergleichsweise gut stand. Epistemologisch ist Foucault Luhmann durchaus nahe, weil es für ihn keine Erkenntnis außerhalb der gesellschaftlichen Produktion von Diskursen gibt. Diskurse öffnen und begrenzen die kognitiven Möglichkeiten menschlichen Lebens. Das gilt auch methodologisch. Luhmann scheut sich, genauer zu bestimmen, was Kommunikation ist, Foucault legt nicht fest, was genau unter dem Diskurs der Gesellschaft zu verstehen ist. In Parenthese: Sowohl Luhmann wie Foucault sind mit ihrem Ausgangspunkt Zusammenhang menschlicher Äußerungen Philosophen wie Ernst Cassirer oder Charles W. Morris überlegen, die vom einzelnen Zeichen ausgehen und dann gesellschaftliche Zusammenhänge aus den einzelnen Zeichen basteln.

Für Foucault sind Wissen und Macht unauflöslich verbunden. Wissen erzeugt Macht, und Macht erzeugt Wissen. Das gilt für die Inhalte wie die Formen. In jeder historischen Epoche ist das Wissen Ausdruck der Machtverhältnisse, aber zugleich wären die Machtverhältnisse andere ohne das Wissen der Epoche. Dabei konstruiert Foucault Macht nicht posttheologisch als strenge Hierarchie, sondern als Medium im Sinne Luhmanns: Macht ist etwas, was die gesamte Gesellschaft durchdringt und das sich an verschiedenen Stellen in unterschiedlicher Quantität und Qualität konzentriert. Macht sickert durch die gesamte Gesellschaft durch und sammelt sich an unterschiedlichen Stellen, nicht unbedingt dort, wo man es erwarten würde. Bei Foucault ist das Individuum nicht Ursache, sondern Wirkung der Macht- und Wissensverhältnisse, in denen es vorkommt. Macht ist überall. Die Macht- und Wissensverhältnisse *produzieren* das Individuum. Foucault zeigt das besonders anschaulich in *Surveiller et punir*. Wie Luhmann kann Foucault mit dem Begriff der Vernunft schlicht nichts anfangen, das gilt gleichermaßen für instrumentelle wie universale, für individuelle wie kollektive Vernunft. Schon der bayerische Psychiater und Schriftsteller Oskar Panizza stellte fest: »Der Wahnsinn, wenn er epidemisch wird, heißt Vernunft.«

Foucault nimmt eine Ausnahmestellung auch insofern ein, als er die Rolle des Sex bei der Produktion des Individuums untersucht. Das versuchen andere Gesellschaftstheoretiker erst gar nicht. Man möchte sie sich auch nicht unbedingt dabei vorstellen. Foucault ridikülisiert das gängige Narrativ, in den westlichen Gesellschaften werde die Sexualität grundsätzlich unterdrückt. Zwar gibt es im westlichen Diskurs keine Ars erotica, sondern lediglich eine Scientia sexualis. Aber die angeblich oppressive christliche Tradition fordert unablässig von den Individuen Geständnisse ein, die ihre Sexualität betreffen. Nun ist es aber eine Binsenweisheit, dass Reden über Sex in sehr vielen Fällen auch Sex ist. Der Sex ist also genauso wie andere Lebensgebiete von den Macht- und Wissensverhältnissen erzeugt. Im Sex in irgendeiner Weise persönliche oder gar politische Befreiung zu suchen – das muss schiefgehen. Die Repressionshypothese ist falsch. Vielmehr hat die Art des Diskurses über Sexualität die anderen Diskurse des Abendlands wesentlich geprägt.

Zur Luhmann-Rezeption im deutschen Sprachraum muss leider die Feststellung getroffen werden, dass sie in der weiteren intellektuellen Öffentlichkeit ziemlich unproduktiv ist. Man hat das Gefühl, dass zwar alle Luhmann kennen, dass ihn aber kaum jemand gelesen hat. Die Rezeption spaltet sich klar in zwei Richtungen auf. Die intelligenteren Interessenten nehmen Luhmanns radikal funktionales Denken auf und seine Einzelanalysen ernst, indem sie diese ausbauen. Die weniger intelligenten Interessenten versuchen, einzelne Systeme zu identifizieren. Wenn sie meinen, dass ihnen das gelungen ist, rufen sie sich selbst *Bingo!* zu.

29
Thesen für diese Gesellschaft und für die folgenden Gesellschaften

These eins: Die Produktionsmöglichkeiten bestimmen immer weitgehender die gesellschaftlichen Absichten. Sowohl in der Gesamtgesellschaft als auch in den Subgesellschaften determinieren die Produktionsfunktionen tendenziell die Intentionen.

Der Gedanke der Dominanz der Produktionsmöglichkeiten wird oft falsch formuliert: Wenn etwas produziert werden kann, dann wird es auch produziert. Das trifft nicht zu. Mit den Technologien der Gegenwart können um Größenordnungen mehr und verschiedenere Produkte hergestellt werden als mit der Technik zu Beginn der Industrialisierung. Die Ökonomie, individuelle und kollektive Präferenzen sorgen dafür, dass nur ein Bruchteil der möglichen Produkte tatsächlich erzeugt wird. Der technische Fortschritt hat vielmehr in folgendem Sinne das Kommando übernommen: Die neuen Produktionsmöglichkeiten generieren ständig neue Selektionsmöglichkeiten. Bevor die Gesellschaft oder Subgesellschaft dazu kommt, die Intentionen bei gegebenen Produktionsmöglichkeiten wesentlich zu variieren, stehen schon neue Produktionsmöglichkeiten bereit, die neue Variationen der Intentionen erlauben. Dementsprechend kann die These der Dominanz der Produktionsmöglichkeiten nicht allein mit Hilfe von Produktionsconstraints modelliert werden. Die Constraints müssen sich auch auf die Intentionen beziehen.

These zwei: Wirklichkeit und bloße Möglichkeit bilden keine Dichotomie mehr, sondern ein Kontinuum. Sowohl in der Gesamtgesellschaft als auch in den Subgesellschaften determinieren Intentionsconstraints tendenziell die Aktualisierungen.

Ulrich, der Mann ohne Eigenschaften, ist der Prototyp des Möglichkeitsmenschen: »Wenn es einen Wirklichkeitssinn gibt, muss es auch einen Möglichkeitssinn geben. [...] Wer ihn besitzt, sagt beispielsweise nicht: Hier ist dies oder das geschehen, wird geschehen, muß geschehen; sondern er erfindet: Hier könnte, sollte oder müßte geschehen; und wenn man ihm von irgendetwas erklärt, daß es so sei wie es sei, dann denkt er: Nun, es könnte wahrscheinlich auch anders sein. So ließe sich der Möglichkeitssinn geradezu als die Fähigkeit definieren, alles, was ebensogut sein könnte, zu denken und das, was ist, nicht wichtiger zu nehmen als das, was nicht ist.«[95]

Wir Gegenwärtige sind alle Möglichkeitsmenschen im Sinne Musils geworden. Die Künste bieten seit jeher nicht realisierte Möglichkeiten an. In der Gegenwart sind die Naturwissenschaften, die Philosophie und die Ökonomie zu ständig ergiebigeren Quellen von Möglichkeiten geworden.

Nicht nur die Physik, auch die Philosophie beschäftigt sich mit dem Gedanken unendlich vieler Parallelwelten. Der modale Realismus von David Lewis stützt sich auf die Analyse des allgemeinen Sprachverhaltens. Die vertraute Welt ist lediglich eine aus der Vielzahl aller möglichen Welten. Man kann nicht alle möglichen Welten kennen. Der modale Realismus behauptet: Wenn man imstande ist, eine mögliche Welt widerspruchsfrei zu beschreiben, dann gibt es diese Welt. So existiert z.B. eine mögliche Welt, in der Feen vorkommen. Von der vertrauten Welt aus besteht kein Zugang zu den bloß möglichen Welten, zwischen zwei Welten gibt es weder räumliche, zeitliche noch kausale Beziehungen. Die möglichen Welten von Lewis sind komplett voneinander isoliert.[96] Wie die Stringtheorie und die Many-Worlds-Interpretation der Quantenphysik führt die *Plurality of Worlds* von Lewis zu einer ungeheuren Inflation von Welten. Der modale Realismus ist weit davon entfernt, eine philosophische Mehrheitsposition zu sein. Die meisten Philosophen und Philosophinnen halten sich an Occam's Razor, »Numquam ponenda est pluralitas sine necessitate«. Sie glauben, dass es keine Notwendigkeit für die vielen Welten gibt.

Über die Notwendigkeit der Generierung von ökonomischen Möglichkeiten in der Gegenwart muss kein Wort verloren werden. Wer nicht in Möglichkeiten denkt, kann nur durch das ökonomische Raster fallen.

Musil kommt beim Versuch der Erfassung des Möglichkeitsmenschen und des Möglichkeitssinns niemals an ein Ende. In einem Fragment aus der blauen Nachlassmappe zum *Mann ohne Eigenschaften* heißt es: »Was heute böse ist, wird morgen vielleicht zum Teil schon gut sein, und das Schöne häßlich, unbeachtete Gedanken werden zu großen Ideen geworden sein, und würdevolle der Gleichgültigkeit verfallen. Jede Ordnung ist irgendwie absurd und wachsfigurenhaft, wenn man sie zu ernst nimmt, jedes Ding ist ein erstarrter Einzelfall seiner Möglichkeiten. Aber das sind nicht Zweifel, sondern es ist eine bewegte, elastische Unbestimmtheit, die sich zu allem fähig fühlt.«[97]

Bereits bei Musil sind die Möglichkeiten auch eine Reaktion auf die Auflösung in Relationen und Funktionen. Während das, was man im Blickfeld hat, zunehmend unanschaulicher wird, erweitert man das Blickfeld dorthin, wo man zunächst nichts sieht, aber unbedingt etwas sehen möchte. Die bloßen Möglichkeiten ersuchen um Verschonung: Behandelte man Möglichkeiten mit der gleichen Unerbittlichkeit wie Wirklichkeiten – was würde überhaupt von ihnen übrig bleiben?

Die Möglichkeiten stellen auch eine Makrostrategie dar, mit der Auflösung in Relationen und Funktionen umzugehen. Eine Mikrostrategie besteht darin, die jeweils unvermeidlichen Funktionen und Relationen customized mit Bedeutung aufzuladen. Man kann Mengenlehre nicht ohne die leere Menge betreiben. Alain Badiou nähert sich der leeren Menge folgendermaßen: »L'imprésentable est présenté, comme terme soustractif de la présentation de la présentation. Ou: un multiple est, qui n'est pas sous l'Idee du multiple. Ou: l'être se laisse nommer, dans la situation ontologique, comme ce dont l'existenc n'existe pas.«[98] Er erläutert: »L'unicité de l'ensemble vide est immédiate, de ce que rien ne le différencie, et non de ce que sa différence est attestable. A l'unicité selon la différence est ici substituée l'irrémediable unicité de l'in-différence.«[99] Man könnte auf den Gedanken kommen, die Auflösung der Welt in Relationen und Funktionen vorzuziehen.

Natürlich ist Möglichkeit nicht gleich Möglichkeit. Die vielen Welten der Quantenmechanik, die Stringlandschaft, die möglichen Welten des modalen Realismus, Businesspläne und gesamtwirtschaftliche Szenarien, das sind sehr verschiedene Welten. Gemeinsam ist ihnen, dass sie Produkte der jeweiligen elastischen Unbestimmtheit in den jeweiligen Subgesellschaften sind.

Tendenzielle Determinierung der Aktualisierungen durch Intentionsconstraints meint, dass in der Gesellschaft und in den Subgesellschaften das Verhältnis von Intentionen und Aktualisierungen mit Druck von den Intentionen – man muss wohl sagen: verhandelt wird.

These drei: Zeit und Raum entkoppeln sich zunehmend in der Lebenswelt. Die wechselseitige Abhängigkeit von Zeit- und Raumconstraints nimmt ab.

Die Globalisierung ist keine Erfindung der Gegenwart. Auf den Kontinentalmassen sind die ökonomisch interessanten Punkte seit langem verbunden. Die Seidenstraße existierte bereits in der Antike. Das physische Verkehrsnetz ist viel dichter geworden. Die Entfernungen sind physisch viel schneller zu überwinden. Eine weitere Zunahme der Geschwindigkeit kann nur marginal sein.

Bei lokalen technischen Prozessen wird die Zeit unverändert beschleunigt. Das Moore'sche Gesetz, nach dem sich die Rechenleistung integrierter Schaltkreise zu marktfähigen Preisen im Zeitraum von eineinhalb Jahren jeweils verdoppelt, wird noch in die nächste Dekade hinein gelten. Parallel dazu werden Hochgeschwindigkeitsrechner-Solitäre konstruiert, die jedes Jahr neue Rekorde aufstellen. Das High Frequency Trading musste reguliert werden, sprich, es mussten Bremsen eingebaut werden, weil die überlegene Geschwindigkeit einiger weniger Akteure jenen übergroße, ökonomisch nicht zu rechtfertigende Profite einbrachte. Im Alltag beschleunigt sich die Übertragung großer Datenmengen weiter.

Der Raum – der Atto-Teil des Universums, zur dem der Mensch Zugang hat – ist stabil und kaum formbar. Die Zeit ist beeinflussbar. In der Lebenswelt, nicht in der Allgemeinen Relativitätstheorie, entkoppeln sich Raum und Zeit. Aber es verhält sich nicht so, dass der Mensch auf diese Situation geistig nicht vorbereitet wäre. Die Mathematik und die Philosophie haben Raum und Zeit schon lange methodisch isoliert und jeweils für sich betrachtet. Die Mathematik an sich – das jetzt nicht im Hegel'schen Sinn – ist zeitlos. Der philosophische Idealismus ist raumlos.

Die platonischen Ideen sind ewig im Sinn von unvergänglich und unveränderlich. Der Platz der Ideen ist außerhalb der Welt. Die Ideen interagieren jedoch auf zwei Weisen mit der Welt: Sie sind Schablonen für die Gegenstände der sinnlich wahrnehmbaren Welt und generieren diese. Zugleich ermächtigen sie den menschlichen Verstand, dieses Verhältnis zu erkennen. In der Anschauung der sinnlich wahrnehmbaren Gegenstände erinnert sich die Vernunft an deren ewige Formen. Weder die Einzelheiten des Generierungsprozesses noch diejenigen der Wiedererinnerung werden in Platons Philosophie ausgeführt. Die Ideen sind und bleiben raumlos, aber die platonische Philosophie ist nicht zeitlos, weil die Ideen in der Zeit realisiert werden.

Die Mathematik ist alles andere als raumlos. Die Raumvorstellung spielt eine große Rolle, der Versuch der Zurückführung abstrakter Zusammenhänge auf konkretere räumliche Beziehungen ist eine häufig angewendete Heuristik. Zeit existiert in der Mathematik nicht. Es gibt nur die Reihe, das Aufeinander-folgen. Auch im Raum folgen Punkte aufeinander, ohne dass das irgendetwas Zeitliches an sich hätte.

Die mathematischen Erkenntnisse sollen zeitlos sein. Allerdings haben sich im Laufe der Zeit die Maßstäbe geändert, was als Beweis gilt, und was nicht. Es scheint jedoch schwer vorstellbar, dass jetzt anerkannte Beweise in einer Zukunft nicht mehr gültig sein sollten. Dabei ist die Philosophie zu berücksichtigen. Anhänger des mathematischen Intuitionismus werden zu allen Zeiten nicht konstruktive Beweise ablehnen. Das sind vor allem Beweise, die die Existenz einer Entität als gesichert betrachten, obwohl nur die Widerlegung der Nicht-Existenz der Entität abgeleitet wird.

Welche sind die Konsequenzen für die Gesellschaftstheorie? Die triviale Folge besteht darin, dass die Abgrenzung von Gesellschaft und Subgesellschaften sowie der Subgesellschaften untereinander schwieriger wird, weil sie sich stets weniger inkremental auf frühere räumliche und zeitliche Grenzen beziehen kann.

Die nicht triviale Folge ist eine andere. Das Problem ist nicht die gegenwartsspezifische Verbindung von räumlichem Stillstand und zeitlicher Beschleunigung, sondern das davon prinzipiell unabhängige Faktum der Entkoppelung von Raum und Zeit. Bis in die jüngste Zeit hinein hat der Raum Ordnung in die Zeit gebracht. Die Zeit der Gesellschaft und das individuelle Zeitempfinden waren wesentlich mitbestimmt von den Zeitintervallen, die notwendig waren, um Raumabschnitte zu durchmessen. Wenn Raum und Zeit entkoppelt sind, muss die Zeit der Gesellschaft anders konstruiert werden.

Die gesellschaftliche Sehnsucht – sit venia verbo –, dass der Raum die Zeit ordne, ist groß. Sie diffundiert sogar in die Physik hinein. Wer in die Mathematik eingetreten ist, für den gibt es keine Zeit mehr. Für ihn gibt es nur noch Raum.

John Barbour beschreibt in *The End of Time* das Universum als zeitlos. Das Blockuniversum hat vier Dimensionen: drei räumliche und eine zeitliche. Ein Punkt im Blockuniversum ist ein Punkt in der nicht weiter aufspaltbaren Raumzeit. Eine separate Zeit existiert nicht, genauso wenig wie ein separater Raum. Alles ist Raum. Das Universum ist ein für alle Male – es gibt keine Male – als Ganzes gegeben. Ein Zeitintervall ist eine Scheibe im Blockuniversum. Das Vergehen der Zeit ist eine kognitive Illusion.[100] Es sei angemerkt, dass die Vierdimensionalität des Blockuniversums keineswegs mit der Vierdimensionalität der Allgemeinen Relativitätstheorie gleichzusetzen ist. Das Blockuniversum kann, muss aber nicht relativistisch sein.

In diesem Zusammenhang drängt sich das Bild eines gesellschaftlichen Blockuniversums als Luhmann-Interpretation auf. Das Luhmann-Blockuniversum enthält alle sozialen und psychischen Systeme zu allen Zeiten gleichzeitig. Kausale Betrachtungen machen hier keinen Sinn, weil Kausalität ja Abfolge in der Zeit voraussetzt. Erlaubt sind nur funktionale Betrachtungen als eine Art zärtlicher, aber unbedingt berührungsloser Zuwendung zu der statischen gesellschaftlichen Ewigkeit. Für Normen gibt es keinen Platz im gesellschaftlichen Blockuniversum, denn das kann nicht anders sein, als es ist.

Der Kosmologe Max Tegmark stellt in *Our Mathematical Universe* kurz und schmerzlos die These auf, dass die Mathematik die einzige Wirklichkeit sei. Ernster kann man die Musil'schen Funktionen und Relationen nicht nehmen. Alles, was Ding- oder Ereignischarakter besitzt, verschwinde, wenn man ihm auf den mathematischen Grund gehe. Gibt es einen solchen mathematischen Grund nicht, sei das Ding oder das Ereignis eine Chimäre.[101]

Das Blockuniversum stellt die imaginierte Aussicht von einem God's Eye-Point of View dar. Man muss unwillkürlich an die vierdimensionale Version einer Modelleisenbahn auf einer großen Holzplatte in einem deutschen Hobbykeller denken, mit Wiesen, Bergen, Tunneln und Dörfern. Aber das ist natürlich eine Chimäre. Die Funktion des Blockuniversums ist diejenige, der Entkoppelung von Raum und Zeit ein für alle Male – als Chimären gibt es auch die Male – einen Riegel vorzuschieben.

Das rein mathematische Universum geht strategisch anders vor: Der God's Eye-Point of View passt hier nicht in den Hobbykeller. Er besteht in einem beispiellosen Kontrollwahn. Für das rein mathematische Universum wäre es ein Klacks, die Entkoppelung von Raum und Zeit rückgängig zu machen oder die Verbindung von Raum und Zeit beliebig zu gestalten. Aber das rein mathematische Universum hat ein Problem: Es kann nicht existieren. Denn in der Mathematik gibt es keinen Zufall. Das ist wörtlich zu nehmen: Zwar rechnet die Mathematik mit dem Zufall, aber sie ist nicht in der Lage, ihn zu produzieren. Es gibt keine mathematische Methode, mit der man Zufallszahlen konstruieren könnte. Man kann nur Pseudozufallszahlen berechnen. Das sind Zahlenreihen, deren Erzeugungsparameter nicht ganz einfach zu ermitteln sind. Man ist hier bei der Kryptologie. Aber die Zahlen sind deterministisch: Bei den gleichen Parametern und bei den gleichen Ausgangsbedingungen liefern die Algorithmen die gleichen Ergebnisse. Wenn man richtige Zufallszahlen haben will, muss man aus der Mathematik hinausgehen, in die Natur oder in Firmenbilanzen. Das Zufallsargument widerlegt definitiv das rein mathematische Universum. Es kann nicht den dahinterstehenden Kontrollwahn widerlegen.

Raum und Zeit sind keine Voraussetzungen für Gesellschaft. Vielmehr generiert Gesellschaft Zeit und Raum. Formal sind Raum- und Zeitbegriffe Constraints für Gesellschaften. Die Entkoppelung von Raum und Zeit bedeutet einfach die Entkoppelung von Raum- und Zeitconstraints. Eine Folge davon ist, dass identitäre Produktions-, Intentions- und Aktualisierungsconstraints für die Gesellschaftstheorie zunehmend unattraktiver werden. Denn Identität ist ja immer an Raum und Zeit gebunden.

Existieren die vielen Welten der Quantenmechanik und des modalen Realismus, die Stringlandschaft und das Blockuniversum? Von einem God's Eye-Point of View aus wäre die Frage natürlich zu entscheiden. Die Möglichkeit des God's Eye-Point of View ist in den Gesellschaften der Gegenwart nach wie vor sehr virulent. Das gilt keineswegs nur für nichtchristliche Gesellschaften, auch die Kreationisten weisen jeden Zweifel an der Möglichkeit eines solchen Standpunktes empört zurück. Bei genauer Betrachtung sind es eigentlich nur die Philosophen und Philosophinnen und die aktuellen Gesellschaftstheoretiker und Gesellschaftstheoretikerinnen, die die Möglichkeit eines God's Eye-Point of View nachhaltig bestreiten. Wer die Möglichkeit einer solchen Betrachtungsweise annimmt, muss sie noch nicht anwenden. Weder die Kreationisten noch die radikalen nichtchristlichen Religiösen interessieren sich für die Stringtheorie. Ihnen ist es völlig egal, ob die Stringlandschaft existiert oder nicht. Es gibt auch keinen Grund, warum sich die Religiösen für die Stringtheorie interessieren sollten.

Die Gesellschaft der Pirahãs produziert keine Zahlen. Für die Pirahãs gibt es keine Zahlen. Die Stringtheoretiker produzieren die Stringlandschaft. Die Stringlandschaft existiert *für* die Stringtheoretiker. Damit ist man wieder beim Social Index für kognitive Inhalte.

These vier: Die gesellschaftliche Differenzierung nimmt weiter zu, und zwar in den Dimensionen der Produktionsmöglichkeiten, der Intentionen und der Aktualisierungen. Die Dimensionen, in denen die Differenzierung zunimmt, sind grundsätzlich voneinander unabhängig.

In der Gesellschaftstheorie war das Thema funktionale Differenzierung stets verbunden mit dem Thema Arbeitsteilung. Eine effektive Arbeitsteilung in einer Gesellschaft stabilisiert die Gesellschaft in folgendem Sinn: Wenn die funktional differenzierte Gesellschaft insgesamt mehr erwirtschaftet und das Erwirtschaftete ohne zu gewaltsame Auseinandersetzungen verteilt, dann ist die Gesellschaft im Vorteil gegenüber einer anderen Gesellschaft, die weniger erwirtschaftet. Die Elemente aus der weniger effektiven Gesellschaft sind nicht imstande, die effektivere Gesellschaft in ihrem Bestand zu gefährden.

In der Gegenwart nimmt die Arbeitsteilung weiter zu. Die Arbeitsteilung folgt der Determination der gesellschaftlichen Absichten durch die Produktionsmöglichkeiten. Damit nimmt auch die funktionale Differenzierung zu, und zwar in einem Ausmaß, das die Erfassung der Gesellschaft durch die Luhmann'schen Großsysteme stark in Frage stellt. Sicherlich macht es Sinn, etwa das juristische System unverändert als ein einheitliches zu behandeln, weil da die Transformationen weiterhin piecemeal geschehen. Neue Gesetze kommen hinzu und alte werden abgeschafft, aber es gelten nicht auf einmal völlig andere Gesetze. Neue Richter und Richterinnen ersetzen die alten, aber es werden keine neuen Gerichte aufgemacht.

Dagegen ist es nicht erkenntnisfördernd, die Wirtschaft als ein einziges System zu behandeln. Die ›Gesetze der Wirtschaft‹ sind die in unterschiedlichen Bereichen völlig unterschiedlichen Spielregeln. Beiläufig bemerkt, es mutet fast absurd an, den privaten und den öffentlichen Bereich der Wirtschaft unter einem Systemdach unterzubringen. Ray Dalio, der Gründer von Bridgewater, des im Augenblick größten Hedge Fund der Welt, schildert die völlig verschiedenen Mindsets der beiden Bereiche in seinem geistvollen Ratgeberbuch *Life & Work Principles* anschaulich: »Investors think independently, anticipate things that haven't happened yet, and put real money at stake with their bets. Policymakers come from environments that nurture consensus, not dissent, that train them to react to things that have already occurred, and that prepare them for negotiations, not placing bets. Because they don't benefit from the constant feedback about the quality of their decisions that investors get, it's not clear who the good and the bad decision makers among them are.«[102]

30
Agency

Es wäre zu einfach, als These fünf für diese Gesellschaft und für die nächsten Gesellschaften zu formulieren: Agency flackert. Eine Gesellschaftstheorie muss eine Antwort auf die Frage nach Agency geben. Die deutsche Übersetzung wäre Handlungsmacht. Aber das Kompositum passt nirgendwohin: nicht zur Erfindungs-Nachahmungs-Soziologie von Tarde, nicht zu Foucault, nicht zu Bourdieu und nicht zu Luhmann. Man kann nicht wirklich sagen, dass der Differenz *System–Umwelt* Agency zukommt. Latour verteilt in der Actor Network Theory Agency auf Menschen und Dinge, aber er hält sich mit präzisen Spezifizierungen zurück. Harrison White drückt sich rhetorisch brillant um das Thema.

Der Strukturalismus ist an dem Thema Agency zerschellt. Klaus Birnstiel leistet in *Wie am Meeresufer ein Gesicht im Sand* eine sehr einfühlsame Einbettung des strukturalistischen und poststrukturalistischen Gedankengutes in die allgemeine soziale und politische Situation der damaligen Zeit. Après la lettre versucht er am Schluss seines Buches, den Strukturalismus mit Agency zu versöhnen. Der Versuch muss scheitern, weil der Strukturalismus geradezu aus der Negation von Agency besteht.[103]

Bis zu Nietzsche galt in der europäischen Philosophiegeschichte:

Agency = Subjekt = Ich = Selbst.

Nietzsche weist nachdrücklich darauf hin, in welchem Ausmaß die Grammatik der europäischen Sprachen die Selbstinterpretation des Menschen beeinflusst. Die Subjekt-Prädikat-Struktur wohlgeformter Sätze wird geradewegs als Kausalität in die Wirklichkeit hineininterpretiert: »Die Sprache gehört ihrer Entstehung nach in die Zeit der rudimentärsten Form von Psychologie: wir kommen in ein grobes Fetischwesen hinein, wenn wir uns die Grundvoraussetzungen der Sprach-Metaphysik, auf deutsch: der V e r n u n f t, zum Bewusstsein bringen. D a s sieht überall Thäter und Thun: das glaubt an Willen als Ursache überhaupt; das glaubt an's ›Ich‹, an's Ich als Sein, an's Ich als Substanz und p r o j i c i r t den Glauben an die Ich-Substanz auf alle Dinge [...]«.[104]

Nietzsche besitzt nicht nur das Copyright auf den Linguistic Turn, sondern auch dasjenige auf die moderne Kognitionsforschung. Denn: »Das Ich-bewußtsein ist das letzte, was hinzukommt, wenn ein Organismus fertig fungirt, f a s t etwas Überflüssiges: das Bewußtsein der E i n h e i t, jedenfalls etwas höchst Unvollkommenes und Oft-Fehlgreifendes im Vergleich zu der wirklich eingeborenen einverleibten arbeitenden Einheit aller Funktionen. Unbewußt ist die große Hauptthätigkeit.«[105] Alle Denklinien der Kognitionsforschung bestätigen den Philologen auf voller Linie. »[...] das ›Subjekt‹ ist nichts Gegebenes, sondern etwas Hinzu-Erdichtetes, Dahinter-Gestecktes. – Ist es zuletzt nöthig, den Interpreten noch hinter die Interpretation zu setzen? Schon das ist Dichtung, Hypothese.«[106] Wenn man Grammatik und Lexikon einer Sprache als die einzigen Produktionsfaktoren für Epistemologie nimmt, dann kommt der Linguistic Turn heraus. Doch Nietzsche hat stets zugleich die eingeborene und einverleibte Einheit aller körperlichen Funktionen in seinem Fokus. Die Gleichsetzung von Grammatik und realer Kausalität sieht er als Vernunftirrtum. Er ist nicht nur Erfinder, sondern auch erster Kritiker des Linguistic Turn.

Zu Nietzsches Zeiten gab es noch kein High Frequency Trading. Galen Strawson, der Sohn von Sir Peter Strawson, des Vaters der normalsprachlich orientierten deskriptiven Metaphysik, ist der Philosoph der Pop Up Selves. Im Bewusstseinsstrom jeder Person blitzen ständig unvollständige Ichs auf, man beschreibt sie am besten als nicht vollständig ausgeführte Ich-Entwürfe oder Rudimente früherer Ich-Fassungen. Die Ichs dauern meist nicht länger als eine Stunde, kein Ich schafft es, den ganzen Tag durchzuhalten. Das letzte Tages- oder Nacht-Selbst wird durch den Schlaf annihiliert. Jeden Morgen erwacht ein neues kartesianisches Ich. Die Pop Up Selves sind durchaus kanonisch, sie haben Eingang in das *Oxford Handbook of the Philosophy of Mind* gefunden.[107] Eins sollte an dieser Stelle endgültig klar sein: Mit Individuen allein ist kein Staat mehr – keine Gesellschaft mehr zu machen.

Es gibt eine klare Absetzbewegung von Agency vom Individuum. Warum tauchen nach Wittgenstein, Heidegger, Luhmann, Lévi-Strauss, Foucault und Jacques Derrida keine neuen Großsysteme mehr auf? In der Geschichte der Philosophie ist noch nie ein System schneller aus der Mode gekommen als die negative Theologie, die Apotheose der Abwesenheit in der Form der *différance* von Derrida. Der *große Philosoph* ist Agency par excellence. Nur wenige Individuen kommen als Produzenten von solchen Systemen in Frage. Möglicherweise verschreiben sich die Kandidaten dafür in der Gegenwart anderen Produktionszusammenhängen, in denen sie selbst eine für ihr Gefühl größere oder wichtigere Differenz für die Welt bewirken, als sie es sich mit der Entwicklung eines solitären philosophischen Systems zutrauen. Es wäre jedoch engstirnig zu sagen, dass Individuen keine Agency mehr besitzen. Wobei die berühmtesten Individuen der akuten Gegenwart – nach Rihanna, Taylor Swift, Justin Bieber und Justin Timberlake –, die Gründer der führenden Techfirmen und Internetplattformen, möglicherweise gar keine guten Beispiele für Agency sind. Es muss wohl eine führende Suchmaschine geben, aber das muss nicht Google mit Sergey Brin und Larry Page sein.

Die Notwendigkeit, dass sich die Gesellschaftstheorie mit

Agency auseinandersetzt, ist nicht mehr durch die Abstimmung mit einem Subjektbegriff begründet, die vermeiden soll, dass das Subjekt unmotiviert neben der Gesellschaft steht. Zwei andere Gründe sind maßgeblich. Egal, wie Agency gefasst und wo Agency platziert wird, Agency macht einen Unterschied. Natürlich hofft man, dass die Klärung von Agency einen Aufschluss darüber gibt, welche die für die vorliegende Gesellschaft entscheidenden synchronen und diachronen Relationen sind. Welche sind die im Augenblick wichtigen gesellschaftlichen Beziehungen, und wie entwickelt sich die Gesellschaft fort. Der zweite Grund führt zur Eingangsbetrachtung zurück. Der Gegenwartsmensch ist überzeugt, dass er Agency an die Gesellschaft abgibt. Die Frage, ob das tatsächlich zutrifft, ist eine mehr als sinnvolle. Aber gleich, wie die Beantwortung der Frage ausfällt: Agency ist dadurch in der gesellschaftlichen Welt. Beide Gründe für die Befassung mit Agency haben nicht das Geringste mit dem klassischen Subjekt zu tun.

Die Produktionstheorie der Gesellschaft ist dazu in der Lage, mit dem Thema Agency sehr flexibel umzugehen. Es existiert kein Zwang wie bei den White'schen und Latour'schen Netzwerken, die Knoten als aktiv oder passiv zu klassifizieren. Es gibt auch keinen Komment wie bei den Luhmann'schen Systemen, alles Begriffliche zu vermeiden, was die Wirkung der Differenz von System und Umwelt abschwächen würde. Die folgende Klassifikation liegt nahe:

Agency 1.0: Agency-Faktorengesellschaften.

Agency 2.0: Agency-Intentionengesellschaften.

Agency 3.0: Agency-Aktualisierungsgesellschaften.

Agency 4.0: agencyproduzierte Gesellschaften.

Die Liste wird fortgeführt. Agency-Faktorengesellschaften sind Gesellschaften, in denen ausschließlich den Produktionsfaktoren Agency zukommt. Als Spezialfall enthält die Produktionstheorie der Gesellschaft solche Gesellschaften, in denen die Produktionsfaktoren allein Individuen sind. Natürliche Gesellschaften sind ausnahmslos Agency-Faktorengesellschaften. Hier wäre zu diskutieren, ob und in welchem Ausmaß Werkzeugen Agency zukommt, wenn die Werkzeuge komplizierter herzustellen sind und wenn die Verwendungszusammenhänge komplexer werden. Gleichfalls sollte geklärt werden, ob es möglicherweise sinnvoll ist, den jeweils verehrten Gottheiten Agency zuzuschreiben.

Agency-Intentionengesellschaften sind dadurch gekennzeichnet, dass bestimmten Intentionen Agency zukommt. Intentionen suchen sich sehr aktiv Produktionsmöglichkeiten. Das prominenteste Beispiel ist hier die territoriale Eroberungsidee. Für die Gesellschaft ist konstitutiv, dass das beherrschte Territorium ausgedehnt werden soll.

Agency-Intentionengesellschaften setzen ein nicht geringes Maß an Arbeitsteilung voraus, denn die Eroberer müssen ja ernährt werden.

Die Tabelle ist so zu lesen: Agency 2.0 setzt Agency 1.0 historisch voraus. Die Vorgängergesellschaft der Agency-Intentionengesellschaft muss eine Agency-Faktorengesellschaft gewesen sein. Der Tatsache, dass den Intentionen Agency zukommt, heißt nicht, dass es keine Faktoren mit Agency mehr gibt. Aber der Agency-Erwerb der Intentionen schmälert regelmäßig die Agency der Faktoren.

In Agency-Aktualisierungsgesellschaften gewinnen Aktualisierungen Agency. Der Begriff der Agency-Aktualisierungsgesellschaft macht erst im Zusammenhang mit der Industrialisierung Sinn. Materielle oder immaterielle Artefakte werden *ungeplant* zu gesellschaftlichen Treibern. Es sei an die Erfindung des PC erinnert, über den der Board von IBM zunächst urteilte: »Who needs that?« Die ersten Kunden waren dann Salesmen von großen Firmen, die mit Hilfe des PC ihre Verkaufserfolge attraktiv präsentieren konnten – sie mussten nicht mehr über ihren Vorgesetzten, der sie nicht hochkommen lassen wollte, Zeit am IBM-Mainframe der Firma beantragen.

Agencyproduzierte Gesellschaften sind die – sachlogische – Weiterentwicklung von Agency-Aktualisierungsgesellschaften. In agencyproduzierten Gesellschaften kommt produzierter Produktion Agency zu. Um im PC-Beispiel zu bleiben: Microsoft hat die Bürosoftware entwickelt, die die Salesmen dann auf ihren PCs zu ihrer Selbstdarstellung benutzt haben und die sich global durchgesetzt hat. Die erste Bürosoftware von der Stange war Lotus. Nicht einmal die Marke existiert mehr. Bürosoftware ist produzierte Produktion, welche die Gesellschaft enorm verändert hat. Man sehe sich die Büroberufe vor und nach der Verbreitung des PC an. Die Veränderung war ungleich einschneidender als bei der Einführung der Mainframes, weil diese zunächst nur von ausgebildeten Spezialisten bedient wurden.

Die Latoursche Actor Network Theory in ihrer ursprünglichen Version erfasst eine Agency-Aktualisierungsgesellschaft: Alle Arten von Produktionsfaktoren, darunter selbstverständlich Individuen, Intentionen und Aktualisierungen können aktive Knoten im Netzwerk sein. In der weiterentwickelten Form berücksichtigt die Actor Network Theory auch produzierte Produktion, also die agencyproduzierte Gesellschaft.

31
Komplexität

Wie viele andere menschliche Unternehmungen ist auch die Mathematik arbeitsteilig. Der bis jetzt längste Beweis der Mathematik ist auf über 500 Papers verteilt, die zusammen etwa 15 000 Druckseiten ergeben. Dabei lässt sich das »enormous theorem« in einem einzigen leicht verständlichen Satz wiedergeben: Jede endliche einfache Gruppe ist entweder zyklisch gemäß der Primzahlordnung, eine alternierende Gruppe, eine endliche einfache Gruppe vom Lie-Typ oder eine der 26 sporadischen Gruppen. Eine Gruppe ist eine Menge von Objekten, die durch eine mathematische Operation miteinander verknüpft werden, wobei zwei miteinander verknüpfte Elemente wieder ein Element der Gruppe ergeben. In jeder Gruppe gibt es ein neutrales Element, das, mit jedem anderen Element verknüpft, wieder das Ausgangselement ergibt. Jedes Element hat ein Gegenstück, das inverse Element, welches, mit dem Ausgangselement verknüpft, das neutrale Element ergibt. Zum Beispiel bilden die ganzen Zahlen zusammen mit der Operation der Addition eine Gruppe. Das Enormous Theorem ist dem Periodensystem der Elemente vergleichbar, denn es besagt, dass es genau vier Typen von endlichen Gruppen gibt, die jeweils durch bestimmte Merkmale ausgezeichnet sind, und dass sich jede endliche Gruppe aus – unzerlegbaren – Bausteinen dieser Typen zusammensetzen lässt.[108]

Die Gruppentheoretiker lösen sich so weit wie möglich von dem Objekt, dessen Symmetrien den Anlass für die Begriffsbildung geben, und konzentrieren sich auf die Struktur der Operationen, die die Symmetrien generieren. Symmetrie bedeutet, dass bestimmte Elemente unter einer Menge von Transformationen, die zumeist eine Gruppe bilden, invariant bleiben. Die Menge der Transformationen wird als Symmetriegruppe bezeichnet. Zahlreiche Relationen im beobachtbaren Universum haben den Charakter von Symmetrien oder deren präziser Verletzung, von den Beziehungen der Quarks untereinander bis zur Anordnung der Galaxien. Das in letzter Zeit prominenteste Elementarteilchen, das Higgs-Boson, verdankt seine Existenz einer auf der Quantenebene gestörten Symmetrie.

Dreht man etwa ein regelmäßiges Fünfeck fünf Mal um ein Fünftel des Vollwinkels von 72 Grad um seinen Mittelpunkt, dann wird wieder die Ausgangslage erreicht. Zyklische Gruppen bestehen aus derartigen Wiederholungen einer einzigen Transformation. Eine Abbildung, die die n Glieder einer endlichen Folge in eine andere Reihenfolge bringt, ist eine Permutation. Die Menge aller Permutationen einer Folge ist eine Gruppe. Jede Permutation kann aus Transpositionen, aus Vertauschungen von nur zwei Elementen, zusammengesetzt werden. Die alternierende Gruppe ist die Gruppe aller Permutationen, die aus einer geraden Anzahl von Transpositionen bestehen. Die endlichen einfachen Gruppen vom Lie-Typ sind die endlichen Versionen der unendlichen Lie-Gruppen, sie bilden die reichhaltigste der vier Familien. Eine der einfachsten Gruppen enthält alle Drehungen um den Nullpunkt im gewöhnlichen dreidimensionalen Raum. Die sporadischen Gruppen bilden keine Familie im Sinne der anderen Familien. Es bleiben 26 einzelgängerische Gruppenarten übrig. Die größte unter ihnen, das Monster, enthält – ungefähr – 8×10^{53} Elemente. Sie lässt sich als Gruppe von Kongruenzabbildungen erfassen, in einem Raum von 196 883 Dimensionen.[109] Warum sollte Physik immer schön sein, wenn Mathematik so unschön sein kann?

In ihrem Buch *Classification of finite simple groups: groups of charcteristic 2-type* aus dem Jahr 2011 skizzieren die Mathematiker Michael G. Aschbacher, Richard Lyons, Stephen D. Smith und Ronald Solomon den Beweis des Enormous Theorem lediglich in groben Zügen. Das Vorhaben, ihn komplett aufzuschreiben, könnte scheitern, der Jüngste der vier ist zum jetzigen Zeitpunkt – 2021 – 70 Jahre alt. Die vier Mathematiker sind im Augenblick die einzigen auf dem Planeten, die den Beweis vollständig verstehen. Andere Mathematiker, die das Beweisvorhaben verfolgen, zeigen sich skeptisch, ob der Beweis überhaupt einmal zusammenhängend niedergeschrieben sein wird und ob jemals ihn ein einzelner Mensch nachvollziehen kann.[110]

Gibt es die zyklischen Gruppen, die alternierenden Gruppen, die Gruppen vom Lie-Typ und die 26 sporadischen Gruppen? Die Frage kann nur sinnvoll gestellt werden für soziale Einheiten, die über den Zahlbegriff verfügen. Ohne Mathematiker mit Interessen und Fähigkeiten wie diejenigen der Genannten gäbe es das Enormous Theorem nicht. Die Mathematiker haben das Theorem mit der Monstergruppe konstruiert, die – genau – 808 017 424 794 512 875 886 459 904 961 710 757 005 754 368 000 000 000 Elemente hat. Aber das heißt noch lange nicht, dass der Konstruktivismus gegenüber dem Realismus im Recht ist, wenn er behauptet, *dass die Wirklichkeit des Theorems konstruiert ist.* Das Enormous Theorem wird von Mathematikern produziert. Konstruktivisten und Realisten sind Philosophen, die philosophische Theorien entwerfen. Der Realismus und der Konstruktivismus werden von Philosophen produziert. Das ist das, was man mit Sicherheit sagen kann.

Für das Enormous Theorem wird die mathematische Arbeitsteilung auf die Spitze getrieben. Die Entwicklung hin zu den White'schen und Latour'schen Netzwerken schiebt das Thema der funktionalen Differenzierung auf das Abstellgleis. Aber Arbeitsteilung ist funktionale Differenzierung. Das ist invariant gegenüber dem gegenwärtig regierenden kapitalistischen Wirtschaftssystem. Arbeitsteilung gehört zum Kern des Bedeutungsinhalts von Gesellschaft as we know it. Das Enormous Theorem und die Mathematiker, die an ihm arbeiten, belegen die generelle produktionstheoretische Drift der Gegenwart: Alle Produktionsfunktionen, sowohl der Gesamtgesellschaft als auch der Subgesellschaften, egal, ob materiell oder nicht materiell, werden ständig komplexer.

Was ist Komplexität? Die vergleichsweise genaueste Bestimmung von Komplexität wird in der theoretischen Informatik vorgenommen. Maße für die Komplexität von Algorithmen nehmen Bezug auf Größen wie Rechenzeit, Speicherplatzbedarf oder auf die Anzahl von Hardwarekomponenten, die für die Durchführung der Algorithmen notwendig sind. Die Komplexität eines Problems ist in diesem Fall gleich der Komplexität desjenigen Algorithmus, der das Problem mit dem geringsten Verbrauch von Ressourcen löst.

Algorithmen sind ein Spezialfall. Aber auch hier zeigt sich eine charakteristische Eigenschaft von Komplexität: Es gibt keine intrinsische Komplexität. Komplexität ist immer relativ zu vorhandenen nutzbaren Ressourcen. Die Lektion für Gesellschaftstheorie ist klar: Demselben Problem eignet für zwei Individuen oder zwei soziale Verbände unterschiedliche Komplexität, wenn die verfügbaren Ressourcen der beiden Individuen beziehungsweise der beiden Verbände deutlich unterschiedliche sind. Komplexität hat, wie alle anderen kognitiven Inhalte, einen Social Index.

Für einen God's Eye-Point of View gibt es dagegen keine Komplexität, weil von dem Punkt aus alles instantan übersehbar ist. Gott kann auch nicht unlogisch sein, denn er *ist* die Logik, wie Hegel in der Einleitung zur *Wissenschaft der Logik* schreibt: »Die Logik ist sonach als das System der reinen Vernunft, als das Reich der reinen Gedanken zu fassen. *Dieses Reich ist die Wahrheit, wie sie ohne Hülle und für sich selbst ist.* Man kann sich deswegen ausdrücken, daß dieser Inhalt *die Darstellung Gottes ist, wie er in seinem ewigen Wesen vor der Erschaffung der Natur und eines endlichen Geistes ist.*«[111]

Mittlerweile ist akzeptiert, dass nicht nur Individuen und sozialen Verbänden, sondern nach Latour auch Dingen und

Ideen – vor allem auch Computern und Programmen – Agency zukommt. Ist es sinnvoll, Komplexität Agency zuzuschreiben?

Die in der Gegenwart ständig zunehmende gesellschaftliche Differenzierung macht eine Differenzierung der verschiedenen Arten und Funktionen von Komplexität unabdinglich. In diesem Sinne ist der eindimensionale Luhmann'sche Umgang mit Komplexität obsolet, der alles dem Oberziel Reduktion von Komplexität unterordnet. Die Produktionstheorie der Gesellschaft liefert eine operationale Differenzierung des Komplexitätsbegriffes. Auf diese Weise lenkt die Produktionstheorie der Gesellschaft den Blick auf das *Wie* der Beherrschung von Komplexität als Voraussetzung dafür, dass Gesellschaften und Subgesellschaften sich ausdifferenzieren und zugleich reproduzieren können.

Die relationale Produktionstheorie unterscheidet zwischen Produktions-, Intentions- und Aktualisierungskomplexität. Hier können Komplexitätsmaße in Anlehnung an die Begriffsbildungen der Informatik konstruiert werden. Gemäß der Produktionstheorie der Gesellschaft sind gesellschaftliche Komplexitäten Kombinationen von Produktions-, Intentions- und Aktualisierungskomplexitäten. In den Industriegesellschaften der Gegenwart gehen mit größerer Produktionskomplexität in der Regel größere Intentionskomplexität und größere Aktualisierungskomplexität einher. Wenn man das Napa Valley mit dem Weinanbau und das Santa Clara Valley mit den Techfirmen jeweils als Subgesellschaften modelliert, dann ist nicht nur die Produktionskomplexität des Silicon Valley ungleich höher, auch die entsprechende Intentions- und Aktualisierungskapazität ist deutlich größer. Zu berücksichtigen ist allerdings, dass die Techfirmen viele Vorprodukte aus der ganzen Welt beziehen. Im Gegensatz zum Napa Valley gibt es im Silicon Valley auch produzierte Produktion. Produzierte Produktionskomplexität bezieht sich auf das Vorliegen von produzierter Produktion.

Ein Beispiel für eine Gesellschaft mit sehr hoher Intentionskomplexität bilden die orthodoxen Juden. Hat sich die jüdische Religion wegen der hohen Intentionskomplexität als einzige Religion im westlichen Kulturkreis fast unverändert erhalten? Wehrt hohe Intentionskomplexität von gesellschaftlichen Produktionsumgebungen andere gesellschaftliche Produktionsumgebungen ab? Das gemäßigte Judentum ist ein Beispiel für die Gleichgültigkeit einer Produktionsumgebung gegenüber anderen Produktionsumgebungen, das radikale orthodoxe Judentum stellt eine feindselige Produktionsumgebung dar.

Baecker behandelt in *4.0 oder Die Lücke die der Rechner lässt* die gesamte Bandbreite von Komplexität.[112] Wir erlauben uns eine Reformulierung von Baeckers Perspektiven im Rahmen der Produktionstheorie der Gesellschaft.

Komplexität impliziert Selektivität: Die relationale Produktionstheorie impliziert ausnahmslos Selektivität. Aus der Menge der möglichen Produktionen werden die intendierten Produktionen ausgewählt, aus der Menge der intendierten Produktionen ergeben sich die aktualisierten Produktionen. Im Falle großer Produktionskomplexität liegt es nahe, Vor-Auswahlmechanismen zu konstruieren, welche die Auswahl der Produktionen besorgen. Das kann auf zweierlei Weise erfolgen: Die Vor-Auswahlmechanismen werden als weitere Produktionsfunktionen in die Produktionsumgebung eingebaut, und die Intentionen rekrutieren sich aus diesen Produktionsfunktionen. Die Alternative ist produzierte Produktion: Die ursprüngliche Produktionsumgebung produziert eine modifizierte Produktionsumgebung, in welcher der Vor-Auswahlmechanismus berücksichtigt ist.

Die gesellschaftstheoretisch herausragenden Selektionsmechanismen für Intentionskomplexität sind grundsätzlich Ethik und Ästhetik, auf der Ebene der Individuen – so noch vorhanden und noch mit Agency ausgestattet – Moral und Geschmack. Die Bewahrung der Schöpfung und die Menschenrechte sind tatsächlich wirkungsvolle Selektionsmechanismen für Intentionen. Das zeigt sich schon daran, dass die Gegenstrategien der Partikularinteressenten in der Regel darauf abzielen, die Komplexität der Mittel-Zweck-Relationen zur Erreichung des ökologischen Oberziels maximal aufzubauschen. Auch die Gegner der Menschenrechte operieren mit Komplexität: Die Gesellschaft, die sich aus der Vereinigung ihrer Gesellschaft mit einer Menschenrechtsgesellschaft ergibt, sei zu komplex. In den bürgerlichen westlichen Gesellschaften der Vergangenheit waren Ästhetik und Geschmack äußerst effiziente Selektionsmechanismen.

Unabhängig von der Komplexität stehen ethische und ästhetische Dilemmata jederzeit auf der Tagesordnung. Zwar ist der Handlungsdruck bei Intentionskomplexität meist groß, aber es lassen sich dazu kaum weiterführende Betrachtungen auf der theoretischen Ebene anstellen. Die Lösungen sind hier vor allem kontingent – leider ist Kontingenz nur ein anderes Wort für Unwissen. Die bei mehreren Beteiligten naheliegende Machtausübung ist ein Unterfall der Budgetgrenze.

Komplexität formatiert Unzuverlässigkeit: Hier wird kausal gedacht. Wenn gesellschaftliche Relationen unzuverlässig sind, versucht man, auf Gründe für die Unzuverlässigkeit zu kommen und die Unzuverlässigkeit durch den Wegfall der Gründe zu beheben. Ist die Unzuverlässigkeit Folge von Komplexität, muss diese erkundet und klassifiziert werden. Die relationale Produktionstheorie ist durch ihre Konstruktion antiunzuverlässig: Sie zwingt den Konstrukteur von vornherein, Komplexitäten aufzulösen, die bei Netzwerken und Systemen möglicherweise zu Unzuverlässigkeiten führen.

Komplexität verknüpft Unterschiede, die Unterschiede machen: Diese Maxime Baeckers ist natürlich nicht von den strukturalistischen Unterschieden de Saussures und Lévi-Strauss' her gedacht. Es geht um Differenzen als Ergebnis von Codierung im Beobachtungsbereich des Beobachters zweiter

Ordnung. Das Problem für die Luhmann'sche Systemtheorie ist hier: Weder determiniert die Differenz zwischen System und Umwelt diese Differenzen, noch liefert sie Anhaltspunkte für eine Heuristik für deren Behandlung. Auch diese Art von Komplexität kann in der relationalen Produktionstheorie zergliedert und derart in die Produktionsumgebungen eingebaut werden, dass diese Komplexität auf Produktions- und Intentionskomplexität sowie auf produzierte Produktionskomplexität zurückgeführt werden kann. In Parenthese: Die Konstruktion von Produktionsumgebungen, die Differenzmaschinen darstellen, würde deutlich mehr Klarheit in die Positionen von de Saussure, Gregory Bateson – »Information is a difference that makes a difference« –, Lévi-Strauss, Luhmann und die *différance* von Derrida bringen.

Komplexität hat die Form des Einschlusses des Ausgeschlossenen, des Zusammenhangs des Unterschiedenen. Und: Komplexität unterstützt die operationale Mehrwertigkeit der wechselseitigen Annahme und Ablehnung von Operationen der Verknüpfung: Hier wird von der Urunterscheidung *System–Umwelt* her argumentiert. Aus der Perspektive der Produktionstheorie der Gesellschaft muss jedoch festgestellt werden, dass mit dem Fortschreiten der Gesellschaften die Differenz *System–Umwelt* an Erklärungsmächtigkeit einbüßt.

Komplexität hat Raum für Systeme ebenso wie für Netzwerke: In der Tat.

Baecker misst der kulturellen Form eine Schlüsselfunktion bei der Komplexitätsreduktion zu. Die Komplexität der Gegenwartsgesellschaften rufe nach einem übergreifenden Selektionsmechanismus: »Gegenläufig zum Netzwerk läuft Komplexität, verstanden als kulturelle Form, darauf hinaus, die Faktizität und Möglichkeit einer Verknüpfung körperlicher, mentaler, sozialer und technischer Operationen als solche und als Überraschung oder uralte Bestätigung zu feiern: Einheit einer Vielfalt, Vielfalt von Einheit.«[113] Mindestens an diesem Punkt wird Baecker zum Hegelianer.

Beim Thema Komplexität ist ein wichtiges Caveat angebracht. Komplexität impliziert grundsätzlich Unwissen in irgendeiner Form. Wenn jemand oder etwas alles über einen bestimmten Gegenstandsbereich weiß, dann ist in dem Verhältnis des Kenntnisträgers zu dem Gegenstandsbereich kein Platz mehr für Komplexität. Aber umgekehrt impliziert Unwissen keineswegs Komplexität.

Wer Wissenschaft gleich welcher Provenienz betreibt, begegnet auf Schritt und Tritt dem Phänomen der Emergenz. Es gibt kaum ein absurderes philosophisches Programm als den physikalischen Reduktionismus, die Forderung, alle Phänomene als Spezialfälle aus fundamentalen physikalischen Phänomenen abzuleiten. Die Physik selbst ist voller Emergenzen. Die Elektronen sind auf separaten Schalen rund um den Atomkern angeordnet, der aus Protonen und Neutronen besteht. Das Periodensystem der Elemente nimmt allein auf die Struktur der Elektronenschalen Bezug. So kompliziert die Interaktionen der Teilchen, die den Atomkern bilden, nach dem Standardmodell auch sein mögen, sie haben keinerlei Einfluss auf die Interaktionen der Atome untereinander. Alle Prozesse der räumlichen Anordnung der Atome, etwa zu Gittern, und der Vereinigung von Atomen sind Konsequenzen der Interaktionen der Elektronenschalen. Das Periodensystem ist eine Auflistung der Atome gemäß ihren beobachteten Eigenschaften. Das Standardmodell der Teilchenphysik kann nicht erklären, warum die Vorgänge in den Atomkernen keine Folgen für die jeweiligen Eigenschaften der Atome haben, und warum die Gestalt der Elektronenschalen genau die jeweiligen Eigenschaften der Atome zur Folge haben. Die Eigenschaften der Atome sind emergent.

Eine Zelle ist aus etwa 42 Millionen Molekülen zusammengesetzt, der menschliche Körper besteht aus etwa 37 Billionen Zellen. Das Periodensystem der Elemente kann nicht erklären, warum sich Moleküle zu Zellen und Zellen zu Organismen zusammenschließen. Das menschliche Gehirn besteht aus 100 Milliarden Zellen. Die Bewusstseinsfunktionen des Gehirns lassen sich nicht in dem Sinn auf Eigenschaften der Gehirnzellen zurückführen, dass aus Beschreibungen der Eigenschaften, die den einzelnen Gehirnzellen zukommen, die Eigenschaften und Wirkungen des Gehirns, darunter Bewusstsein, folgen.

Das übliche Vorgehen bei Unwissen als Folge von Komplexität besteht darin: Man fertigt eine Landkarte verschiedener Komplexitäten und macht Pläne für Feldzüge, um die verschiedenen Territorien in der geeigneten Reihenfolge zu unterwerfen. Am Ende möchte man die Landkarte regieren. Am schönsten wäre es, wenn in dem Reich die Sonne nicht untergeht. Dann ist das Unwissen endgültig besiegt. Das Problem der Emergenz besteht darin: Man kann keine Kriegskarte anfertigen, wenn man nicht einmal angeben kann, wo das zu erobernde Territorium liegt. Emergenz ist an das Komplexitätsthema nicht anschlussfähig.

Auf der Metaebene ist Emergenz in weit höherem Maß akzeptiert als auf der Objektebene. An den Universitäten gibt es keine Vorlesungen oder Seminare, in denen revolutionäre Wissenschaft im Sinne von Thomas Kuhn gelehrt wird. Niemand bekommt beigebracht, wie er eine revolutionäre natur- oder geisteswissenschaftliche Theorie aufstellt. Ein Zustand, in dem die Mehrheit der Wissenschaftler und Wissenschaftlerinnen revolutionäre natur- oder geisteswissenschaftliche Theorien ersinnt, wäre allerdings gegenwärtig auch dysfunktional. Bis jetzt sind es noch die Individuen, die darüber entscheiden, ob eine Theorie oder eine Methode in den Pool der diskutierten Varianten aufgenommen wird oder nicht. Die menschlichen Mitglieder der Scientific Communities verfügen nicht über genügend informationsverarbeitende Kapazität, um sowohl selbst revolutionäre Theorien zu entwickeln als auch die revolutionären Vorschläge anderer zu überprüfen. Da müssen keine sogenannten kognitiven Verzerrungen wie diejenigen aus der klassischen Sammlung *Thinking, Fast and Slow* von Daniel Kahnemann bemüht werden. Normale Wissenschaft ist eine Notwendigkeit bei einem bestimmten Stand kognitiver menschlicher Fähigkeiten und der gegebenen Kommunikationsmöglichkeiten der Menschen. Wem es unter diesen Bedingungen doch gelingt, revolutionäre Wissenschaft zu treiben, dem wird ein Halbgott-Status zugebilligt.

Aus mehreren Perspektiven heraus erscheint es nicht sinnvoll, Komplexität Agency zuzusprechen. *Den* Komplexitätsbegriff gibt es nicht, also auch kein entsprechendes Handlungspotenzial. Die Produktionstheorie der Gesellschaft ist in der Lage, die verschiedenen Formen von Komplexität sauber auseinanderzuhalten. Aber sie liefert keinen Anlass, bestimmte Komplexitäten oder Kombinationen davon durch die Ausstattung mit Agency auszuzeichnen. Komplexität ist, altmodisch formuliert, eine Kraft, die in zahlreiche Richtungen wirkt, die aber keine Handlungsmacht besitzt.

Musil schreibt im *Mann ohne Eigenschaften*: »Das Mögliche umfaßt […] nicht nur die Träume nervenschwacher Personen, sondern auch die noch nicht erwachten Absichten Gottes.«[114] Sowohl die Träume nervenschwacher Personen als auch die noch nicht erwachten Absichten Gottes werden von den Gesellschaften mitproduziert.

32
Agency-Metaproduktionsgesellschaften

Die Voraussetzung für Agency ist Identität in einem gewissen Zeitintervall. Daran scheitert letztlich die Zuschreibung von Agency im Falle der Komplexität. Gleich welche Maßstäbe man anlegt, die relevanten Komplexitätsarten und ihre jeweilige quantitative Ausprägung ändern sich zu schnell. Reminder: Hinter Identitäten stehen grundsätzlich Ersetzungsschemata. Die tatsächlichen qualitativen und quantitativen Komplexitätsbewegungen boykottieren jedes sinnvolle Ersetzungsschema.

Die Produktionstheorie der Gesellschaft ist in der Lage, einen Kandidaten zu präsentieren, der alle Voraussetzungen für Agency mitbringt: Metaproduktion. Wir führen jetzt unsere Agency-Liste fort (und schließen sie ab):

Agency 5.0: Agency-Metaproduktionsgesellschaften.

Agency-Metaproduktionsgesellschaften sind solche Gesellschaften, in denen Metaproduktion Agency zukommt. Keine Missverständnisse: Die Fabrik, die komplette Fabriken samt Kunden für deren Produkte erzeugt, wird es noch länger nicht geben. Auch die vollautomatische Fabrik aus der Story *Autofac* von Philip K. Dick existiert noch nicht. Was es gibt, sind vollautomatische Fertigungslinien für Massenprodukte. Aber die Vollautomation ist keineswegs auf dem Vormarsch, weil die Variantenfertigung ständig zunimmt. Die Auslieferung von zwei Autos, die in jeder Ausstattungshinsicht identisch sind, ist die Ausnahme. Keine anspruchsvolle Werkzeugmaschine ist genau wie die andere. Die deutsche Automobilindustrie und der deutsche Maschinenbau sind unter anderem so erfolgreich, weil sie die Variantenfertigung besser als ihre Konkurrenten beherrschen. Der Wohlstandsverlust für Deutschland bei der Umstellung auf E-Autos wird daher rühren, dass die Substitution von Verbrennungsmotoren durch Batterien auch eine Substitution von Variantenfertigung durch Massenfertigung bedeutet, die in anderen Ländern günstiger ist. Künstliche Intelligenz bei der Fertigungsplanung gleicht die Fertigungskapazitäten mit den industriellen Bestelleingängen ab, aber sie produziert keine Kundenentscheidungen, die Bestellungen zur Folge haben.

Vor der modernen IT fand Metaproduktion lediglich in Mythos und Religion und in der philosophischen Ontologie statt. In der Gegenwart entwickelt sich Metaproduktion vorzugsweise in IT und Kunst.

Soziale Medien sind keine Medien, sondern ›Fabriken‹ für Metaproduktion. *Instagram* ist nicht einfach ein Forum, in dem jeder Bilder und Clips mit möglichst kurzen Kommentaren ausstellt. Die Produktionsumgebung *Instagram* produziert – keineswegs ausschließlich, aber in bemerkenswertem Ausmaß – komplette Produktionsumgebungen. Die Produktionsfaktoren der Produktionsumgebung *Instagram* sind: die Hardware mit den Mobiltelefonen und den Netzen, die Software, die eine bestimmte Ästhetik zur Folge hat, und die User, die in undeklariert aktive und deklariert aktive, die Influencer, aufzuteilen sind. Die Funktion der Influencer besteht nicht darin, einfach Werbung für bestimmte Produkte zu machen und deren Verkäufe anzukurbeln. Indem die Influencer Follower an sich binden, produzieren sie neue Produktionsumgebungen mit den Followern als Produktionsfaktoren sowie den Intentionen und Aktualisierungen der Follower.

Als Einwand gegen diese Betrachtung könnte vorgebracht werden, dass es seit jeher Promis gab, die in Zeitungen und Zeitschriften, im Radio und im Fernsehen Reklame gemacht haben. Wenn Promis Reklame für Kraut und Rüben machen, sind sie noch keine Influencer. Die Influencer sind keineswegs alle Promis. Die vorgängig nicht prominenten Influencer hätten als Werbeträger in den klassischen Print- und elektronischen Medien keine Chance gehabt. Ein Influencer muss sich stimmig darbieten. Aber Stimmigkeit ist eine Forderung, die viel zu viele Freiheitsgrade lässt. Was macht etwa den Status der megaerfolgreichen Rihanna aus? Die Sängerin wird üblicherweise als Stilikone bezeichnet. Was meint das? Es kann nicht Nachahmung in toto bedeuten. Da stehen jede Menge Unmöglichkeiten davor. Aber auch Nachahmung in parum rebus ist keine gute Erklärung. Man ist nicht Follower von Rihanna, nur um den gleichen Nagellack zu verwenden. Hier ist noch viel Analysearbeit veranlasst.

Ein weiterer Einwand könnte lauten: Agency kommt eben jetzt den Influencern zu. Das ist nicht falsch. Aber dabei ist noch nicht berücksichtigt: Die *Instagram*-Stimmigkeit gibt es erst, seit es *Instagram* gibt. Und: Es gab auch in Bezug auf die klassischen Medien Stimmigkeiten. Aber die hatten nichts mit der Produktion kompletter neuer Produktionsumgebungen zu tun.

Aktuell sind die umsatzstärksten kommerziellen Kunstgalerien der Welt Gagosian, Pace, Hauser & Wirth sowie Zwirner. Die Firmen haben jeweils mindestens zweihundert Angestellte. Die Umsätze werden nicht veröffentlicht, die Schätzungen bewegen sich in Richtung einer Milliarde Dollar oder darüber. Wobei Gagosian noch einmal in einer anderen Liga spielt. Larry Gagosian lässt gute Kunden in seinem Privatjet einfliegen. Die Megagalerien verkaufen nicht einfach Kunst oder vermarkten Künstler und Künstlerinnen. Jede Galerie bietet ein Separatuniversum von Kunst an, das bestimmte interne Gesetzmäßigkeiten aufweist und dessen Gestalt mit dem Ziel der definitiven Unverwechselbarkeit erzeugt und aufrechterhalten wird. Die Megagalerien verlassen sich nicht mehr auf kunsthistorische Zulieferungen und Handreichungen. Sie produzieren ihr eigenes wissenschaftliches Schrifttum, und sie beeinflussen, mit finanziellen Mitteln, die Ausstellungspolitik öffentlicher Museen und die Auswahlen von wiederkehrenden Kunstevents.

Die Rolle der Megagalerien ist vor dem Hintergrund des ständig weiter zunehmenden Angebots an Kunstwerken zu sehen. Grundsätzlich bewahren von allen auf dem Primärmarkt angebotenen Kunstwerken nur drei Prozent ihren Wert für den Zeitraum einer Generation. Von hundert jetzt in privaten Galerien gezeigten Arbeiten werden siebenundneunzig in spätestens fünfundzwanzig Jahren wertlos sein. Die Wette, die die Megagalerien anbieten, ist diejenige: Für die Kunst, die *wir* verkaufen, gelten die drei Prozent nicht. *Unsere* Kunst bleibt. Die Kunstkäufer und Kunstkäuferinnen nehmen die Wette an und kaufen bei den Megagalerien. Die Künstlerinnen und Künstler reißen sich darum, von den Megagalerien vertreten zu werden, weil sie auf diese Weise ihr Einkommen maximieren. Aber nicht allein deswegen. Nicht nur die Käufer und Käuferinnen möchten, dass die von ihnen erworbene Kunst bleibt, auch die Künstler und Künstlerinnen wollen, dass ihre Kunst bleibt. Im Kunstbereich gibt es so gut wie keine unabhängige geschriebene Kritik mehr. Das Maß für das Ansehen einer Künstlerin oder eines Künstlers und ihrer oder seiner Kunst ist der Marktpreis für die Kunst und die gewichtete Anzahl der Einladungen zu öffentlich verantworteten Ausstellungen. Das sind keineswegs parallele Kriterien. Für das Zusammenspiel der beiden Ansehenssäulen gilt jedoch in der Regel: Die Ausstellungen kommen an den Marktpreisen nicht vorbei, und die Marktpreise nehmen die Ausstellungen zur Kenntnis und als Argument.

Es wäre ein großer Irrtum anzunehmen, die Megagalerien seien einfach besonders erfolgreich dabei, die Künstler und Künstlerinnen und die Kunst zu propagieren, die nachgefragt werden. Eine derartige Argumentation setzt voraus, dass es Kriterien für gute oder schlechte Kunst oder für erfolgreiche Kunst gibt. Für den Begriffsinhalt von Kunst ist es wesentlich, dass es solche Kriterien *nicht* gibt. Die Megagalerien schreiben den Malern und Malerinnen nicht vor, wie sie malen sollen, und sie können die Käufer und Käuferinnen nicht dazu zwingen, solche zu werden. Trotzdem produzieren sie Künstler und Künstlerinnen, Kunst, Kunstkäufer und Kunstkäuferinnen. Es geht nicht nur um Werkmöglichkeiten und um Kaufmöglichkeiten, sondern immer auch um Intentionen und deren Aktualisierungen.

Damit wollen wir unsere abschließende These für diese Gesellschaft und die folgenden Gesellschaften formulieren:

These fünf: Die sozialen Medien wie Instagram und der Kunstbetrieb mit den High-End-Galerien bilden die Vorhut. Die nächsten Gesellschaften werden in einem hohen Ausmaß Agency-Metaproduktionsgesellschaften sein, also solche Gesellschaften, in denen Metaproduktionsumgebungen eine tragende Rolle spielen.

33
Die eine Bedrohung

Die Vorstellungen von Latour und Luhmann zur Ethik könnten nicht gegensätzlicher sein. Während gemäß Latour das Oberziel jeder Sozialtheorie die Rettung von Gaia sein muss, erlaubt Luhmann Ethik nur auf der Metaebene. Ethik sei die Reflexion von Moral. Die für ihn einzig relevante Funktion von Moral liegt in der Vergangenheit: In Gesellschaften mit geringen materiellen und intellektuellen Ressourcen war eine einheitliche Moral ein wesentliches Element der Stabilisierung von Gesellschaften. Moral schreibe gesellschaftlichen Akteuren die Prädikate gut oder böse zu, Ethik diskutiere darüber, ob bestimmte moralische Prinzipien, also Zuordnungskriterien für Gut und Böse, ›gut‹ oder ›böse‹ seien. Als Folge der funktionalen gesellschaftlichen Differenzierung sei der Gedanke einer für alle gesellschaftlichen Teilsysteme verbindlichen Moral irreal.

Nach Luhmann gibt es nichts, was die verschiedenen gesellschaftlichen Teilsysteme wirkungsvoll einigen könnte. Das ist ein empirischer Irrtum. In der Gegenwart ist die Bedrohung der biologischen Lebensgrundlagen der Menschheit und des Ökosystems Planet Erde eine auf viele Weisen wissenschaftlich belegte Tatsache. Der Klimawandel und der Rückgang der Artenvielfalt gefährden die Existenz *aller* Gesellschaften und Subgesellschaften gleichermaßen. Die einheitliche Bedrohung ermöglicht eine einheitliche Moral. Latour und Donna Haraway sind der Auffassung, dass die generelle Gefährdung eine entsprechende Vermeidungsmoral dringend notwendig macht.

Donna Haraway ist weit radikaler als Latour. Haraways Gegenstand ist die Welt als Ganzes. Für Haraway macht das

Zerschneiden der Welt in einzelne Systeme höchstens heuristischen Sinn. Die Welt: Das ist das biologische Leben auf dem Planeten Erde. Haraway erkennt nur sympoietische Systeme und nur als Arbeitsgrundlage an. In *Staying with the trouble* zitiert sie die Examensarbeit von M. Beth Dempster: Sympoiesis bedeutet »collectively-producing systems that do not have self-defined spatial or temporal boundaries. Information and control are distributed among components. The systems are evolutionary and have the potential for surprising change.«[115]

Das Vorbild für die Luhmann'schen Gesellschafts- und Bewusstseinssysteme sind die autopoietischen Systeme Humberto Maturanas. Autopoietische Systeme sind autonome, selbstreproduzierende Einheiten mit selbstdefinierten räumlichen und zeitlichen Grenzen, die zu einem Gleichgewichtszustand tendieren. Sympoietische Systeme sind das glatte Gegenteil von autopoietischen Systemen. Dempster argumentiert, dass Systeme sehr häufig als autopoietisch klassifiziert werden, obwohl sie es gar nicht sind. Auch die Luhmann'schen Systeme sind keine streng autopoietischen: Kommunikationen generieren nicht direkt Kommunikationen, Menschen oder andere gesellschaftlich relevanten Entitäten kommunizieren miteinander. Gedanken produzieren nicht unmittelbar Gedanken, das Denken vollzieht sich in einem biologischen Zusammenhang.

Gemäß Haraway besteht der Fundamentalirrtum der gegenwärtigen Lebensweise in den Industriegesellschaften und der sie begleitenden Theorien darin, dem Menschen zu große Bedeutung zuzumessen. Sie würde nicht nur die Luhmann'sche Gesellschaftstheorie ablehnen. Ihr geht es nicht in erster Linie um das Thema Ressourcen – das ist schon die Denkweise des Capitalocene, der gegenwärtigen Erscheinungsform des Anthropocene. Der Mensch gestaltet die Erde in einer Weise um, dass die Auswirkungen de facto eine neue geologische Epoche bedeuten.

Der Mensch überschätzt sich in jeder Beziehung und richtet dabei nicht nur seine Umwelt, sondern überhaupt die Welt zugrunde. Heidegger formulierte: Der Mensch »vernutzt«. Haraway liefert ein feministisch begündetes Motiv für die Vernutzung: »Species Man did not shape the conditions for the Third Carbon Age or the Nuclear Age. The Story of Species Man as the agent of the Anthropocene is an almost laughable rerun of the Great phallic humanizing and modernizing adventure, where man, made in the image of a vanished god, takes own superpowers in his secular-sacred ascent, only to end in tragic detumescence, once again. Autopoietic, self-making man came down once again, this time in tragic system failure, turning biodiverse ecosystems into flipped-out deserts of slimy mats and stinking jellyfish.«[116]

Es sei dahingestellt, ob das Phallische der zentrale Grund für die Vernutzung des Planeten ist. Bei Heidegger ist die Verbindung mit diesem Motiv durchaus bedenkenswert. Seine Frau war nicht jedes Mal im Schwarzwald dabei. Eher häufig als selten empfing er Bäuerinnen und Mägde aus der Gegend in der Hütte. Die Treffen endeten mit der Übergabe eines Autographen des berühmten Philosophen.[117]

Haraway will die Welt in ihrer Vielfalt bewahren. Die Welt in ihrer Vielfalt: Das ist die Biodiversität. Aber auch in der nicht industrialisierten Welt ist der Untergang bereits eingebaut. Viele Lebensformen sind wohl tatsächlich unwiederbringlich verlorengegangen. *Jurassic Park* ist ein Film, keine wissenschaftliche Perspektive. Aber mit der Industrialisierung hat sich das Artensterben ungeheuer beschleunigt. Haraways Formel lautet:

Make kin, not babies! It matters how kin generate kin.[118]

Der abschließende Teil von *Staying with the trouble* ist die Geschichte von Camille 1 bis 5. Camille 1 ist im Jahr 2025 geboren, Camille 5 stirbt im Jahr 2425. »In 2025, the community felt ready to birth their first new babies to be bonded with animal symbionts.«[119] Camilles »Partner« ist ein Monarchfalter. Mit fünf Jahren ist Camilles Haut gelb und schwarz wie die der Raupe des Monarchfalters. Mit fünfzehn zeigt ihre Haut die zurückhaltendere Tönung und die Muster des Kokons eines Monarchfalters. Als Erwachsene weist ihre Haut das Muster und die lebhaften Farben des ausgewachsenen Monarchfalters auf, ihr Körper ist noch androgyner als derjenige der sexuell dimorphen Monarchfalter. Camille 5 ist ein *Speaker for the Dead.* Das Motiv stammt aus dem gleichnamigen Buch von Orson Scott Card aus der *Ender*-Serie: »Crucial to the work was not to forget the stink in the air from the burning of the witches, not to forget the murders of human and nonhuman beings in the Great Catastrophes named the Plantationocene, Anthropocene, Capitalocene, ›to keen and mourn for the dismembering of the world‹. Moving through mourning through representing, to the practice of vital memory, was the work of the Speakers for the Dead.«[120] Plantationocene ist der Ausdruck für die Transformation von landwirtschaftlichen Flächen und Wäldern mit Hilfe von versklavender und ausbeutender Arbeit in quasiindustrielle Einheiten. Haraway bezieht sich auf die Science-Fiction von Octavia E. Butler, Orson Scott Card, Ursula K. Le Guin, Joanna Russ, James Tiptree jr sowie auf die Inuit-Sängerin Tanya Tagaq.

Bei Haraway gibt es keine Sozialwissenschaften und keine Gesellschaftstheorie. Sie rechnet die Sozialwissenschaften in toto dem Capitalocene zu. »The human social apparatus of the Anthropocene tends to be top-heavy and bureaucracy prone.«[121] Das trifft schlicht nicht zu. Die ökonomische Gegenwart ist unter anderem geprägt durch die ständige Zunahme von Prozessen der Selbstorganisation auf allen Ebenen. Damit ist nicht nur der zunehmende Umfang von Freelance-Tätigkeiten gemeint, die nicht notwendigerweise prekär sein müssen. In den großen Firmen wird eine zunehmende Anzahl von Prozessen über Selbstorganisation strukturiert, von der Montagegruppe in der Fertigung bis zum Vorstand. Der Vorstand beziehungsweise der Board war seit jeher selbstorganisierend. Zum Leidwesen der Berater spielen Organisationsparadigmen keine quasireligiöse Rolle mehr. Bis zum Millennium war eine der Hauptaufgaben der Beratung die Transformation von bestehenden Organisationen. Ob das Ziel erreicht oder absichtlich nicht erreicht wurde – die Aufträge der Berater waren jedenfalls lukrativ. Heute ist Organisation ein Produktionsfaktor unter mehreren gleich relevanten.

Haraways Organisationsmodell ist der Komposthaufen, österreichisch: der Misthaufen. »The unfinished Chtulucene must collect up the trash of the Anthropocene, the exterminism of the Capitalocene, and chipping and shredding and layering like a mad gardener, make a much hotter compost pile for still possible pasts, presents, and futures.«[122] Das Chtulucene hat nichts mit den grauenhaften Wesen des nicht unsubtil fremdenfeindlichen und misogynen Fantasyautors H. P. Lovecraft aus dem neugotischen Neuengland zu tun. Vielmehr ist es die Verbindung der griechischen Begriffe *khthon* und *kainos*. Die khthonischen Wesen umfassen alle Erdlinge, keineswegs nur die Menschen, kainos ist der inspirierte Neubeginn.[123] Haraway verwendet gerne den Ausdruck *critters*, der nicht den akademischen Appeal von creatures hat.

Wie wird die Verbindung von Camilla 1 mit dem Monarchfalter etabliert? Durch Genmanipulation des Embryos. Woher kommt das Know-how dazu? Wo sonst könnte es herkommen als aus dem Capitalocene? Kann der Komposthaufen ein Modell für die Organisation naturwissenschaftlicher Forschung und deren Anwendung sein? Nein. Die natürliche Biologie kann weder die kleinteilige Forschung noch Big Science ersetzen, weil sie keine Sozialtheorie anbieten kann.

Das wird auch an anderer Stelle sehr deutlich. Haraway setzt sich mit dem Adolf Eichmann auseinander, den Hannah

Arendt in *Eichmann in Jerusalem* beschreibt. »Arendt witnessed in Eichmann not an incomprehensible monster, but something much more terrifying – she saw commonplace thoughtlessness. [...] Function mattered, duty mattered, but the world did not matter for Eichmann. The world does not matter in ordinary thoughtlessness.«[124] Gewöhnliche Gedankenlosigkeit ist hier und auch bei sehr vielen anderen moralischen Problemlagen keine weiterführende Erklärung. Die Gedanken der Akteure sind nicht der Ausfluss eines transzendentalen Subjekts und in Eichmanns Fall nicht eines bösen Demiurgen. Sie werden zum größten Teil von der jeweiligen Gesellschaft erzeugt und verwaltet.

Der Kapitalismus braucht keine Wahrheit und keine Einheit. Es liegt mehr als nahe, dass die gegenwärtigen kapitalismusdominierten Gesellschaften nicht nach einer einheitlichen und wahren Theorie ihrer selbst rufen. Es gibt keine Götter mehr, die direkt oder indirekt eine einheitliche Gesellschaft und deren einheitliche Theorie stiften. Aber es gibt die einheitliche Bedrohung des Planeten und der Lebensgrundlage aller möglichen Gesellschaften. Diese Gefahr verursacht eine Drift hin zur Gesellschaftstheorie und zu einer größeren Einheitlichkeit der Gesellschaftstheorie. Nicht jede denkbare Gesellschaft ist mit der Vorgabe der Bewahrung des Planeten vereinbar: Zahlreiche Partikularethiken sind definitiv obsolet. Die Produktionstheorie der Gesellschaft setzt weder einzelne Ethiken noch den Begriff der Ethik absolut. Sie stellt Ethik in einen Produktionszusammenhang. Die Produktionstheorie der Gesellschaft sorgt für ein nichtdoktrinäres Maß an Einheitlichkeit in der Gesellschaftstheorie.

Literatur

Theodor W. Adorno: *Minima Moralia*. In: *Gesammelte Schriften 4*. 1980.

Negative Dialektik. In: *Gesammelte Schriften 6*. 1984.

Michael G. Aschbacher, Richard Lyons, Stephen D. Smith und Ronald Solomon: *Classification of finite simple groups: groups of characteristic 2-type*. 2011.

Isaac Asimov: *Foundation*. 1951.

Foundation and Empire. 1952.

Second Foundation. 1953.

John Langshaw Austin: *How to Do Things with Words. The William James Lectures Delivered at Harvard Universtity in 1955*. 1962.

Dirk Baecker: *Studien zur nächsten Gesellschaft*. 2007.

4.0 oder Die Lücke die der Rechner lässt. 2018.

Der Geist wirkt, wo er will. In: *Frankfurter Allgemeine Zeitung*, 28.11.2018, S. N 4.

Dirk Baecker, Niklas Luhmann: *Einführung in die Systemtheorie*. 2009.

Alain Badiou: *L'être et l'événement*. 1988.

Deidre Bair: *Samuel Beckett: A Biography*. 1978.

Claudio Baraldi, Giancarlo Corsi, Elena Esposito: *GLU. Glossar zu Niklas Luhmanns Theorie sozialer Systeme*. 1998.

John Barbour: *The End of Time: The Next Revolution in Physics*. 1999.

Samuel Beckett: *Le dépeupleur*. 1970.

Thomas Bernhard: *Gehen*. 1971.

Klaus Birnstiel: *Wie am Meeresufer ein Gesicht im Sand*. 2016.

Pierre Bourdieu: *La distinction*. 1979.

Raisons pratiques. 1994.

Le sens pratique. 1980.

Robert B. Brandom: *Making It Explicit: Reasoning, Representing, and Discursive Commitment*. 1994.

Percy W. Bridgman: *The Logic of Modern Physics*. 1927.

Hermann Broch: *Pasenow oder die Romantik*. In: *Die Schlafwandler. Kommentierte Werkausgabe 1.* 1986.
Octavia E. Butler: *Parable of the Talents*. 1998.
Orson Scott Card: *Speaker for the Dead*. 1986.
Rudolf Carnap: *Empiricism, Semantics, and Ontology*. In: *Meaning and Necessity: A Study in Semantics and Modal Logic.* 1950.
David J. Chalmers: *constructing the world*. 2012.
Noam Chomsky: *Aspects of the Theory of Syntax*. 1965.
The Minimalist Program. 1995.
New Horizons in the Study of Language and Mind. 2000.
Some simple evo devo theses: how true might they be for language? In: Richard K. Larson, Viviane Déprez, Hiroko Yamakido: *The Evolution of Human Language*. 2010. S. 45 – 62.
What Kind of Creatures Are We? 2016.
Emile M. Cioran: *Lehre vom Zerfall.* [Dt. Übersetzung von *Précis de décomposition*, 1953, von Paul Celan.] 1979.
Syllogismes de l'amertume. 1952.
La Tentation d'exister. 1956.
La Chute dans le temps. 1964.
Histoire et Utopie. 1960.
Le Mauvauis Démiurge. 1969
De l'inconvient d'être né. 1973.
Cahiers, 1957 – 1972. 1997.
David Corfield: *Modal Homotopy Type Theory*. 2020.
William Croft: *Radical Construction Grammar. Syntactic Theory in Typological Perspective*. 2001.
Construction Grammar. In: Dirk Geeraerts, Hubert Cuyckens, eds., *Handbook of Cognitive Linguistics*. 2007. S. 467.
Ray Dalio: *Life & Work Principles*. 2017.
Richard Dawid: *String Theory and the Scientific Method*. 2013.
Gérard Debreu: *Theory of Value. An Axiomatic Analysis Of Economic Equilibrium*. 1959.
Philip K. Dick: *Autofac*. In: *Galaxy*. 1955.
Thomas Eder, Thomas Raab (Hrsg.): *Selbstbeobachtung. Oswald Wieners Denkpsychologie*. 2015.
Daniel Everett: *Don't Sleep There Are Snakes. Life and Language in the Amazonian Jungle*. 2008.
Language. The Cultural Tool. 2012.

Brigitte Falkenburg: *Mythos Determinismus. Wieviel erklärt uns die Hirnforschung?* 2012.
Michel Foucault: *Les Mots et les Choses. Une archéologie des sciences humaines.* 1966.
Surveiller et punir. 1975.
Histoire de la sexualité, vol. 1: La volonté de savoir. 1976.
Histoire de la sexualité, vol. 2: L'usage des plaisirs. 1984.
Histoire de la sexualité, vol. 3: Le souci de soi. 1984.
Histoire de la sexualité, vol. 4: Les aveux de la chair. 2018.
Le Gouvernement de soi et des autres I. 2008.
Le Gouvernement de soi et des autres II: Le Courage de la vérité. 2009.
Markus Gabriel: *Sinn und Existenz. Eine realistische Ontologie.* 2016.
Adele Goldberg: *Constructions at Work.* 2006.
Nelson Goodman: *Languages of Art: An Approach to a Theory of Symbols.* 1976.
Ways of Worldmaking. 1978.
David Graeber: *Debt: The First 5000 Years.* 2011.
Günther Grewendorf: *Minimalistische Syntax.* 2002.
Donna Haraway: *Cyborg Manifesto.* In: Linda J. Nicholson, ed.: *Feminism / Postmodernism.* 1990. S. 190 – 233.
Staying with the trouble. 2016.
G. W. F. Hegel: *Wissenschaft der Logik.* In: *Werke 5* und *Werke 6.* 1986.
Vorlesungen über die Ästhetik. In: *Werke 13.* 1986.
Enzyklopädie der philosophischen Wissenschaften im Grundriss. In: *Werke 8, 9, 10.* 1986.
Wolfram Hinzen: *Mind Design and Minimal Syntax.* 2006.
An Essay on Names and Truth. 2007.
Jim Holt: *Why Does the World Exist?* 2012.
Sabine Hossenfelder: *Das hässliche Universum.* 2018.
Eva Illouz: *Cold Intimacies: The Making of Emotional Capitalism.* 2007.
(Hrsg.) *Wa(h)re Gefühle.* 2018.
Allan Janik, Stephen Toulmin: *Wittgenstein's Vienna.* 1972.
Daniel Kahnemann: *Thinking, Fast and Slow.* 2011.
Laeta Kalogridis: *Altered Carbon.* Erstausstrahlung 2018.
Immanuel Kant: *Kritik der reinen Vernunft.* 1998.
Jürgen Kaube: *Die Anfänge von allem.* 2017.

Guido Kreis: *Negative Dialektik des Unendlichen*. 2015.
Thomas S. Kuhn: *The Structure of Scientific Revolutions*. 1962.
Raymond Kurzweil: *The Singularity Is Near*. 2005.
George Lakoff: *Women, Fire, and Dangerous Things: What Categories Reveal About the Mind*. 1987.
Glen A. Larson, Ronald D. Moore, David Eick: *Battlestar Galactica*. Erstausstrahlung 2003 bis 2009.
Bruno Latour: *Enquête sur les modes d'existence*. 2012.
Bruno Latour, Steve Woolgar: *Laboratory Life: the Social Construction of Scientific Facts*. 1979
Stanislaw Lem: *Summa Technologiae*. 1976.
Claude Lévi-Strauss: *Anthropologie structurale*. 1958.
La pensée sauvage. 1962.
David Lewis: *On the Plurality of Worlds*. 1986.
Niklas Luhmann: *Soziale Systeme. Grundriß einer allgemeinen Theorie*. 1984.
Die Wirtschaft der Gesellschaft. 1988.
Die Wissenschaft der Gesellschaft. 1990.
Das Recht der Gesellschaft. 1993.
Die Realität der Massenmedien. 1995.
Die Kunst der Gesellschaft. 1997.
Die Gesellschaft der Gesellschaft. 1997.
Die Religion der Gesellschaft. 2000.
Das Erziehungssystem der Gesellschaft. 2002.
Ideenevolution. 2008.
John Levi Martin: *The Explanation of Social Action*. 2011.
Per Martin-Löf: *Intuitionistic Type Theory, Studies in Proof Theory*. 1984.
James W. McAllister: *Beauty and Revolution in Science*. 1996.
Richard Morgan: *Altered Carbon*. 2002.
Robert Musil: *Der Mann ohne Eigenschaften*. In: *Gesammelte Werke 8*. 1978.
Friedrich Nietzsche: *Götzen-Dämmerung oder wie man mit dem Hammer philosophiert. Werke, kritische Gesamtausgabe, herausgegeben von Giorgio Colli und Mazzino Montinari, Bd. VI3*. 1969.
Nachgelassene Fragmente Frühjahr 1881 – Sommer 1882. Werke, kritische Gesamtausgabe, herausgegeben von Giorgio Colli und Mazzino Montinari, Bd. V2. 1973.

Nachgelassene Fragmente Herbst 1885 – Herbst 1887. Werke, kritische Gesamtausgabe, herausgegeben von Giorgio Colli und Mazzino Montinari, Bd. VIII1. 1974.
Jonathan Nolan, Lisa Joy: *Westworld.* Ausstrahlung 2016 bis jetzt.
Stephen Ornes: *Die Rettung des Riesentheorems.* In: *Spektrum der Wissenschaft März 2016.* S. 48 – 55.
Judea Pearl, Dana MacKenzie: *The Book of Why.* 2018.
Tomas Piketty: *Le capital au xxie siècle.* 2013.
Steven Pinker: *Enlightenment Now. The Case for Reason, Science, Humanism, and Progress. 2018.*
John Rawls: *A Theory of Justice.* 1971.
Mark Ronan: *Symmetry and the Monster: One of the Greatest Quests in Mathematics.* 2006.
Ferdinand de Saussure: *Cours de linguistique générale.* 1916.
Thomas E. Schmidt: *Wiederkehr des Menschen.* 2019.
Peter Scholze: *Zahlen und Geometrie.* Vortrag in der Akademie der Wissenschaften und der Literatur in Mainz. 2018.
Steven Spielberg: *Jurassic Parc.* 1993.
Wolfgang Stegmüller: *Probleme und Resultate der Wissenschaftstheorie und Analytischen Philosophie, Band I, Erklärung Begründung Kausalität.* 1983.
Probleme und Resultate der Wissenschaftstheorie und Analytischen Philosophie, Band II, 1. Teilband, Theorie und Erfahrung. 1974.
Probleme und Resultate der Wissenschaftstheorie und Analytischen Philosophie, Band II, 2. Teilband, Theorienstrukturen und Theoriendynamik. 1985.
Probleme und Resultate der Wissenschaftstheorie und Analytischen Philosophie, Band II, 3. Teilband, Die Entwicklung des neuen Strukturalismus seit 1973. 1986.
Galen Strawson: *The Self.* In: *The Oxford Handbook of the Philosophy of Mind.* S. 541 – S. 564.
Gabriel de Tarde: *Les lois de l'imitation, étude sociologique.* 1895. [Deutsche Übersetzung: *Die Gesetze der Imitation.* 2009.]
Max Tegmark: *Our Mathematical Universe.* 2014.
Pierre Teilhard de Chardin: *Le Phénomène humain.* 1940.
Christiane Tietz: *Karl Barth. Ein Leben im Widerspruch.* 2018.
Michael Tomasello: *Konstruktionsgrammatik und früher Erstspracherwerb.* In: Kerstin Fischer, Anatol Stefanowitsch (Hrsg.):

Konstruktionsgrammatik I. Von der Anwendung zur Theorie. 2008. S. 19 – 37.
Eine Naturgeschichte des menschlichen Denkens. 2014.
Eine Naturgeschichte der menschlichen Moral. 2016.
Willard Van Orman Quine: *On What There Is.* In: *From a Logical Point of View. Nine Logico-philosophical Essays.* 1953.
Juan Uriagereka: *Rhyme and Reason. An Introduction to Minimalist Syntax.* 1998.
Ludwig Wittgenstein: *Über Gewißheit.* 1970.
Philosophische Untersuchungen, in: *Schriften 1.* 1969.
Philosophische Bemerkungen, in: *Schriften 2.* 1964.
Harrison C. White: *Markets from Networks. Socioeconomic Models of Production.* 2005.
Identity & Control, Revised Edition. 2008.
Oswald Wiener: *Die Verbesserung von Mitteleuropa, Roman.* Dritte Auflage, *6.–8. tausend november 1969.*
Norbert C. Wolf: *Kakanien als Gesellschaftskonstruktion. Robert Musils Sozioanalyse des 20. Jahrhunderts.* 2011.
Stephen Wolfram: *A New Kind of Science.* 2002.

Anmerkungen

1 Harrison C. White: *Identity & Control, Revised Edition*. 2008. S. 1 f.
2 Ibid. S. 4.
3 Ibid. S. 29.
4 Ibid. S. 131.
5 Bruno Latour: *Enquête sur les modes d'existence*. 2012. S. 195.
6 Ibid. S. 195.
7 Cf.: Thomas Eder, Thomas Raab (Hrsg.): *Selbstbeobachtung. Oswald Wieners Denkpsychologie*. 2015.
8 Ich danke Dirk Baecker für die ausführliche Diskussion des Themenkreises Statik-Dynamik sowie für andere äußerst wertvolle Hinweise.
9 Cf. etwa: Harrison C. White: *Markets from Networks. Socioeconomic Models of Production*. 2005.
10 John Levi Martin: *The Explanation of Social Action*. 2011. S. 108.
11 Michael Tomasello: *Eine Naturgeschichte des menschlichen Denkens*. 2014.
12 Robert Musil: *Der Mann ohne Eigenschaften*. In: *Gesammelte Werke 8*. 1978. S. 163.
13 Stephen Wolfram: *A New Kind of Science*. 2002.
14 Brigitte Falkenburg: *Mythos Determinismus. Wieviel erklärt uns die Hirnforschung?* 2012.
15 Ibid. S. 301.
16 Ibid. S. 257 – 258.
17 Cf. ibid. S. 242 f.
18 Guido Kreis behandelt in *Negative Dialektik des Unendlichen* konzis und luzide die jeweiligen internen Widersprüche in den Unendlichkeitsbegriffen von Kant, Hegel und Cantor. Er kommt zu dem Ergebnis, dass die Widersprüche nicht aufgelöst werden können, ohne gegen jeweils zentrale philosophische Annahmen der beiden Philosophen und des Mathematikers und Philosophen zu verstoßen.

19 Cf. Jürgen Kaube: *Die Anfänge von allem*. 2017.
20 Stanislaw Lem: *Summa Technologiae*. 1976. S. 11.
21 In der Fernsehserie *Altered Carbon* nach dem gleichnamigen Roman von Richard Morgan wird das Bewusstsein der Menschen auf einem Chip neben dem Gehirn sowie regelmäßig extern gespeichert und im Bedarfsfall in einen neuen Körper – »sleeve« – übertragen. Nur Superreiche können sich jedoch in vollem Ausmaß dieser Technologie bedienen.
22 Cf.: Wolfgang Stegmüller: *Probleme und Resultate der Wissenschaftstheorie und Analytischen Philosophie, Band II, 1. Teilband, Theorie und Erfahrung*. 1974.
Probleme und Resultate der Wissenschaftstheorie und Analytischen Philosophie, Band II, 2. Teilband, Theorienstrukturen und Theoriendynamik. 1985.
23 Thomas Bernhard: *Gehen*. 1971.
24 Ludwig Wittgenstein: *Philosophische Untersuchungen*. In: *Schriften 1*. 1969, S. 383.
25 Ibid. S. 333.
26 Immanuel Kant: *Kritik der reinen Vernunft*. 1978. S. 256 (A 158 / B 197).
27 G. W. F. Hegel: *Wissenschaft der Logik*. In: *Werke 6*. 1986. S. 74.
28 G. W. F. Hegel: *Wissenschaft der Logik*. In: *Werke 5*. 1986. S. 276.
29 Ibid. S. 49.
30 G. W. F. Hegel: *Vorlesungen über die Ästhetik*. In: *Werke 13*. 1986. S. 131.
31 Pierre Bourdieu: *La distinction*. 1979. S. 112.
32 Pierre Bourdieu: *Raisons pratiques*. 1994. S. 69 – 70.
33 Ibid. S. 24.
34 Ibid. S. 28.
35 Ibid. S. 91.
36 Ibid. S. 94.
37 Pierre Bourdieu: *Le sens pratique*. 1980. S. 87.
38 Pierre Bourdieu: *La distinction*. S. 190.
39 Ibid. S. 353.
40 Pierre Bourdieu: *Le sens pratique*. S. 102.
41 Ibid. S. 113.
42 Ibid. S. 115.
43 Ibid. S. 123.

44 Ludwig Wittgenstein: *Über Gewißheit*. 1970. S. 33.
45 Ibid. S. 144.
46 G. W. F. Hegel: *Enzyklopädie der philosophischen Wissenschaften im Grundriss*. In: *Werke 8*. S. 388.
47 Gabriel de Tarde: *Les lois de l'Imitation, étude sociologique*. 1895. S. 151.
48 Ibid. S. 46.
49 Ibid. S. 73.
50 Ibid. S. XVII.
51 Gabriel Tarde: *Die Gesetze der Imitation*. 2009. S. 89.
52 Dirk Baecker: *Studien zur nächsten Gesellschaft*. 2007. S. 149.
53 Ibid. S. 170.
54 Der Begriff der Elementargesellschaft ist im Anhang von Kapitel 12 definiert.
55 Eva Illouz: *Cold Intimacies: The Making of Emotional Capitalism*. 2007.
Hrsg.: *Wa(h)re Gefühle*. 2018.
56 Bruno Latour: *Enquête sur les modes d'existence*. 2012.
57 G. W. F. Hegel: *Wissenschaft der Logik*. In: *Werke 6*. 1986. S. 67.
58 G. W. F. Hegel: *Vorlesungen über Ästhetik*. in: *Werke 13*. 1986. S. 137 f.
59 Tomas Piketty: *Le capital au xxie siècle*. 2013.
60 David Graeber: *Debt: The First 5000 Years*. 2011.
61 Dirk Baecker: *Der Geist wirkt, wo er will.* In: *Frankfurter Allgemeine Zeitung*, 28.11.2018, S. N 4.
62 Michel Foucault: *Le Gouvernement de soi et des autres I*. 2008.
Le Gouvernement de soi et des autres II: Le Courage de la vérité. 2009.
63 Sabine Hossenfelder: *Das hässliche Universum*. 2018.
64 Ibid. S. 35.
65 Gabriel de Tarde: *Les lois de l'imitation, étude sociologique*. 1895. S. 193.
66 Christiane Tietz: *Karl Barth. Ein Leben im Widerspruch*. 2018.
67 Cf. Bruno Latour, Steve Woolgar: *Laboratory Life: the Social Construction of Scientific Facts*. 1979.
Harrison C. White: *Markets from Networks. Socioeconomic Models of Production*. 2002.

68 Ludwig Wittgenstein: *Philosophische Bemerkungen*, in: *Schriften 2.* 1964. S. 55.

69 Isaac Asimov: *Foundation.* 1951.
Foundation and Empire. 1952.
Second Foundation. 1953.

70 Markus Gabriel: *Sinn und Existenz. Eine realistische Ontologie*. 2016.

71 Noam Chomsky: *Aspects of the Theory of Syntax*. 1965.

72 Deidre Bair: *Samuel Beckett: A Biography*. 1978.

73 Noam Chomsky: *The Minimalist Program*. 1995.

74 Noam Chomsky: *Some simple evo devo theses: how true might they be for language?* In: Richard K. Larson, Viviane Déprez, Hiroko Yamakido: *The Evolution of Human Language*. 2010. S. 45 – 62.

75 Ibid. S. 52.

76 Noam Chomsky: *What Kind of Creatures Are We?* 2016. S. 41.

77 Daniel Everett: *Don't Sleep there Are Snakes. Life and Language in the Amazonian Jungle*. 2008. S. 227.

78 George Lakoff: *Women, Fire, and Dangerous Things: What Categories Reveal About the Mind*. 1987.

79 Ibid. S. 467.

80 Adele Goldberg: *Constructions at Work*. 2006. S. 5.

81 William Croft: *Construction Grammar*. In: Dirk Geeraerts, Hubert Cuyckens, eds., *Handbook of Cognitive Linguistics*. 2007. S. 467.

82 Michael Tomasello: *Konstruktionsgrammatik und früher Erstspracherwerb*. In: Kerstin Fischer, Anatol Stefanowitsch (Hrsg.): *Konstruktionsgrammatik I. Von der Anwendung zur Theorie*. 2008. S. 19 – 37.

83 Juan Uriagereka: *Rhyme and* Reason. *An Introduction to Minimalist Syntax*. 1998. S. 103.

84 Noam Chomsky: *What Kind of Creatures Are We?* S. 43.

85 Wolfram Hinzen: *An Essay on Names and Truth*. 2007. S. 79 ff.

86 Noam Chomsky: *New Horizons in the Study of Mind*. 2000. S. 37.

87 Wolfram Hinzen: *Mind Design and Minimal Syntax*. 2006. S. 259.

88 Ibid. S. xiii.

89 Juan Uriagereka: *Rhyme and Reason. An Introduction to Minimalist Syntax.* 1998. S. 477.
90 Ibid. S. 117.
91 Daniel Everett: *Language. The Cultural Tool.* 2012. S. 35.
92 Ibid. S. 198.
93 Ibid. S. 273.
94 Theodor W. Adorno: *Minima Moralia.* In: *Gesammelte Schriften 4.* 1980.
95 Robert Musil: *Der Mann ohne Eigenschaften.* In: *Gesammelte Werke 8.* 1978. S. 16.
96 David Lewis: *On the Plurality of Worlds.* 1986.
97 Zitiert nach Norbert C. Wolf: *Kakanien als Gesellschaftskonstruktion. Robert Musils Sozioanalyse des 20. Jahrhunderts.* 2011. S. 203.
98 Alain Badiou: *L'être et l'événement.* 1988. S. 81.
99 Ibid. S. 82.
100 John Barbour: *The End of Time: The Next Revolution in* Physics. 1999.
101 Max Tegmark: *Our Mathematical Universe.* 2014.
102 Ray Dalio: *Life & Work Principles.* 2017. S. 84.
103 Klaus Birnstiel: *Wie am Meeresufer ein Gesicht im Sand.* 2016.
104 Friedrich Nietzsche: *Götzen-Dämmerung oder wie man mit dem Hammer philosophiert. Werke, kritische Gesamtausgabe, herausgegeben von Giorgio Colli und Mazzino Montinari, Bd. VI3.* 1969. S. 71.
105 Friedrich Nietzsche: *Nachgelassene Fragmente Frühjahr 1881 – Sommer 1882. Werke, kritische Gesamtausgabe, herausgegeben von Giorgio Colli und Mazzino Montinari, Bd. V2.* 1973. S. 461.
106 Friedrich Nietzsche: *Nachgelassene Fragmente Herbst 1885 – Herbst 1887. Werke, kritische Gesamtausgabe, herausgegeben von Giorgio Colli und Mazzino Montinari, Bd. VIII1.* 1974. S. 323.
107 Galen Strawson: *The Self.* In: *The Oxford Handbook of the Philosophy of Mind.* S. 541 – S. 564.
Jim Holt: *Why Does the World Exist?* 2012. S. 257.
108 Stephen Ornes: *Die Rettung des Riesentheorems.* In: *Spektrum der Wissenschaft März 2016.* S. 48 – 55.

109 Mark Ronan: *Symmetry and the Monster: One of the Greatest Quests in Mathematics*. 2006.

110 Stephen Ornes: *Die Rettung des Riesentheorems*. In: *Spektrum der Wissenschaft März 2016*. S. 48 – 55.

111 G. W. F. Hegel: *Wissenschaft der Logik*. In: *Werke 5*. 1986. S. 44. Im Internet perseveriert die Falschbehauptung, diese Stelle stamme aus der *Vorrede* zur *Wissenschaft der Logik*. Sie findet sich in der *Einleitung*.

112 Dirk Baecker: *4.0 oder Die Lücke die der Rechner lässt*. 2018. S. 69 ff.

113 Ibid. S. 70.

114 Robert Musil: *Der Mann ohne Eigenschaften*. In: *Gesammelte Werke 8*. 1978. S. 16.

115 Donna Haraway: *Staying with the trouble*. 2016. S. 33.

116 Ibid. S. 47.

117 Quelle: Mündliche Erzählung Ulrich Ott, Direktor des Deutschen Literaturarchivs Marbach von 1985 bis 2004, anlässlich einer Besichtigung der Heidegger-Memorabilia.

118 Donna Haraway: *Staying with the trouble*. 2016. S. 103.

119 Ibid. S.146.

120 Ibid. S. 206.

121 Ibid. S. 49.

122 Ibid. S. 57.

123 Ibid. S. 2.

124 Ibid. S. 36.

E

We

ww

AZ 10-